CÓMICS DE CIENCIA

PERROS

De depredadores a protectores

PERROS

De depredadores a protectores

ANDY HIRSCH

Historias gráficas

Dedicado a todos los perros. ¿Quién es un perro bueno?
¡Sí, tú, tú eres un perrito bueno!

PERROS. DE DEPREDADORES A PROTECTORES

Título original: *Dogs. From Predator to Protector*

© 2017 Andy Hirsch (texto e ilustraciones)

Esta edición se publicó según acuerdo con First Second, un sello de Roaring Brook Press,
una división de Holtzbrink Publishing Holdings Limited Partnership. Todos los derechos reservados

Trazado en Estudio Manga EX 5. Coloreado en Adobe Photoshop CS5

Traducción: Juan Cristóbal Álvarez

D.R. © Editorial Océano, S.L.
Milanesat 21-23, Edificio Océano
08017 Barcelona, España
www.oceano.com

D.R. © Editorial Océano de México, S.A. de C.V.
Homero 1500-402, col. Polanco
Miguel Hidalgo, 11560, Ciudad de México
www.oceano.mx
www.oceanotravesia.mx

Primera edición: 2019

ISBN: 978-607-557-023-5

Depósito legal: B 21495-2019

IMPRESO EN ESPAÑA/*PRINTED IN SPAIN*

9004813010919

Estás por conocer a Rudy un amiguito peludo y amistoso de cuatro patas que ama las pelotas y a su humana, y un experto en conocer perros y gente nueva, con el curioso interés de viajar en el tiempo. Con la guía de Rudy entrarás a un viaje por la evolución, la genética, y finalmente, por el interior de los perros, un mundo que la mayor parte de la gente no conoce.

¿Te sorprende? ¡Tal vez pienses que la gente sabe mucho de perros! Seguro has conocido a un perro, o a muchos. Es probable que haya un perro en tu familia, quizá durmiendo en tu cama. ¡Hasta podría llamarse Rudy! Los perros no son algo nuevo. Quizá tus padres, abuelos y bisabuelos crecieron con perros que les pasaban entre las piernas, los ayudaban en sus granjas o los lamían hasta despertarlos por las mañanas. Los perros han vivido entre nosotros por miles de años, como compañeros de vida y hasta de trabajo.

Pero no fue sino hasta hace muy poco que realmente empezamos a entender a los perros. Varias áreas de investigación científica apenas han comenzado a estudiarlos con atención. En lugar de tratarlos como si ya supiéramos todo lo que hay que saber, los investigadores empezaron a hacer preguntas científicas analizables, como ¿de dónde vienen los perros?, ¿por qué ladran?, ¿por qué huelen traseros?, y ¿por qué tenemos perros, y no lobos, de mascotas? Resulta que muchísimos científicos están esforzándose por descubrir la respuesta a estas preguntas. Y el único propósito en la vida de Rudy es compartir contigo el mundo secreto de los perros.

Por ejemplo, en tiempos de tus padres se pensaba que los perros no eran sino lobos disfrazados que buscaban controlar a sus humanos y que había que mantener sometidos. Aunque algunas personas aún creen este mito, hoy sabemos que los perros son parientes muy lejanos de sus ancestros lobo. Además ellos no quieren controlarnos, y casi todos los conflictos entre perros y humanos son producto de una falta de comunicación: no entendemos de dónde vienen ni por qué hacen lo que hacen. La ciencia nos ha ayudado a descifrar estos complicados problemas para que perros y humanos vivan lo mejor posible en equipo.

Tal vez has escuchado que para que un perro se lleve bien contigo tienes que adoptarlo desde cachorro. Investigaciones publicadas a principios de este siglo cambiaron esta idea completamente: ahora sabemos que, gracias a su historia evolutiva a nuestro lado, los perros de todas las edades, y no únicamente los cachorros, están listos para establecer lazos con los humanos. No sólo los perros viejos aprenden nuevos trucos; un perro de cualquier edad puede ser un gran miembro de tu familia.

Tú naciste en la Era del Perro, y debemos admitir que esto nos da un poco de celos. Ah, hola. Somos Julie y Mia, dos investigadoras que estudian la ciencia del comportamiento canino, su capacidad cognitiva, aprendizaje

y bienestar, así como su trabajo y sus relaciones con los humanos. (¡Uf! ¡Estamos muy ocupadas!) Igual que tus padres, crecimos en una era que amaba mucho a los perros pero los entendía poco. Y si bien el amor es parte importante de la fórmula, funciona mucho mejor en equipo con su mejor amigo, el *conocimiento*. Saber lo que los perros quieren, lo que hacen y por qué lo hacen es lo que nos permite darles vidas largas y saludables. El conocimiento es lo que nos ayuda a ver a los perros como ellos se ven a sí mismos, y no como humanitos disfrazados que se saludan de forma extraña (sí, nos referimos a olerse el trasero, que es un saludo normal entre perros). Ojalá disfrutes este viaje con Rudy, ¡a nosotras nos encantó!

Julie Hecht y Mia Cobb (que casualmente tiene un perro llamado Rudy)
Científicas caninas
Blog *¿Crees en los perros?*
Centro de Estudios de Posgrado de la Universidad de la Ciudad
de Nueva York, Estados Unidos y Universidad de Monash, Australia

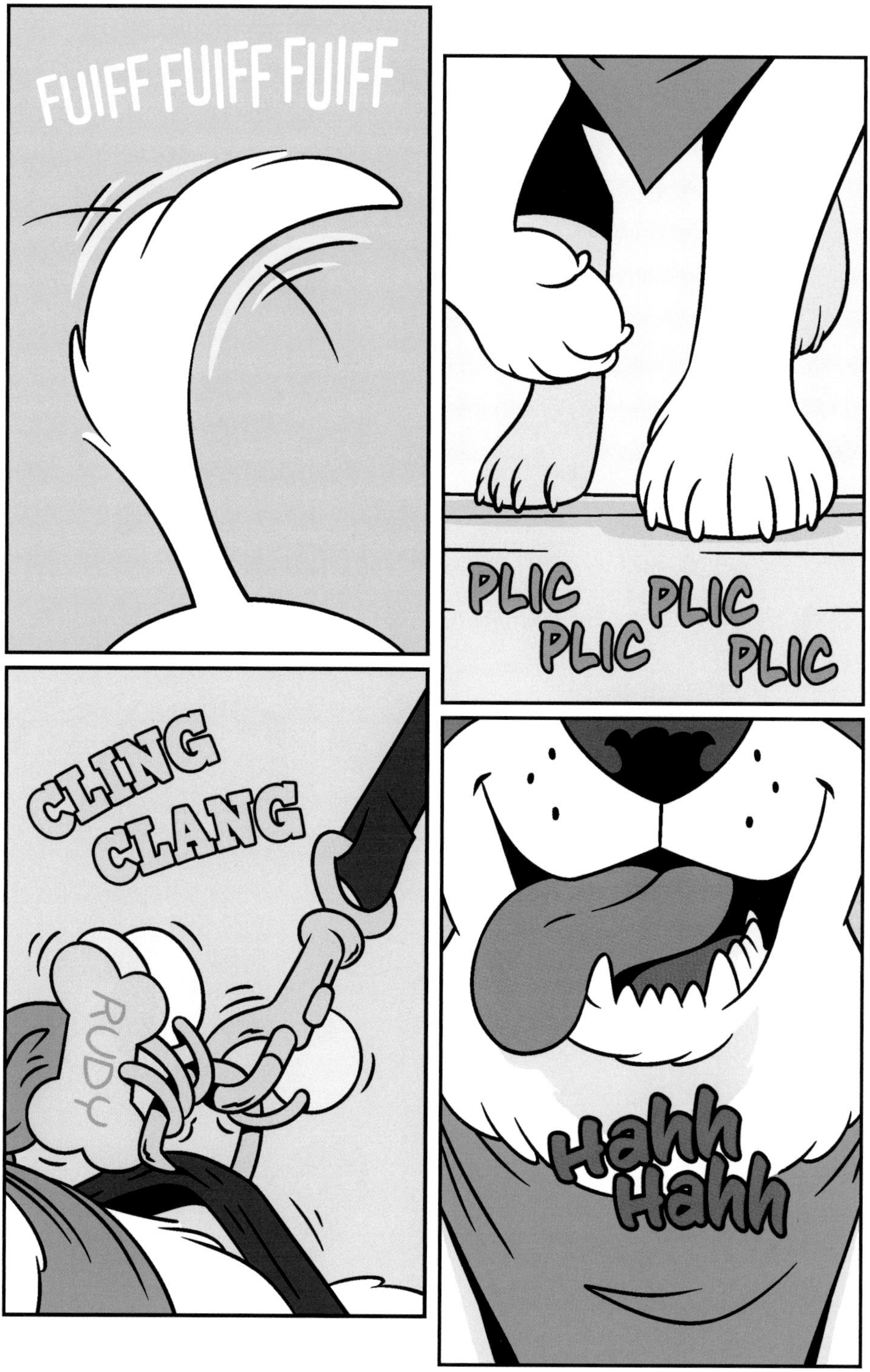
FUIFF FUIFF FUIFF
PLIC PLIC PLIC PLIC
CLING CLANG
RUDY
Hahh Hahh

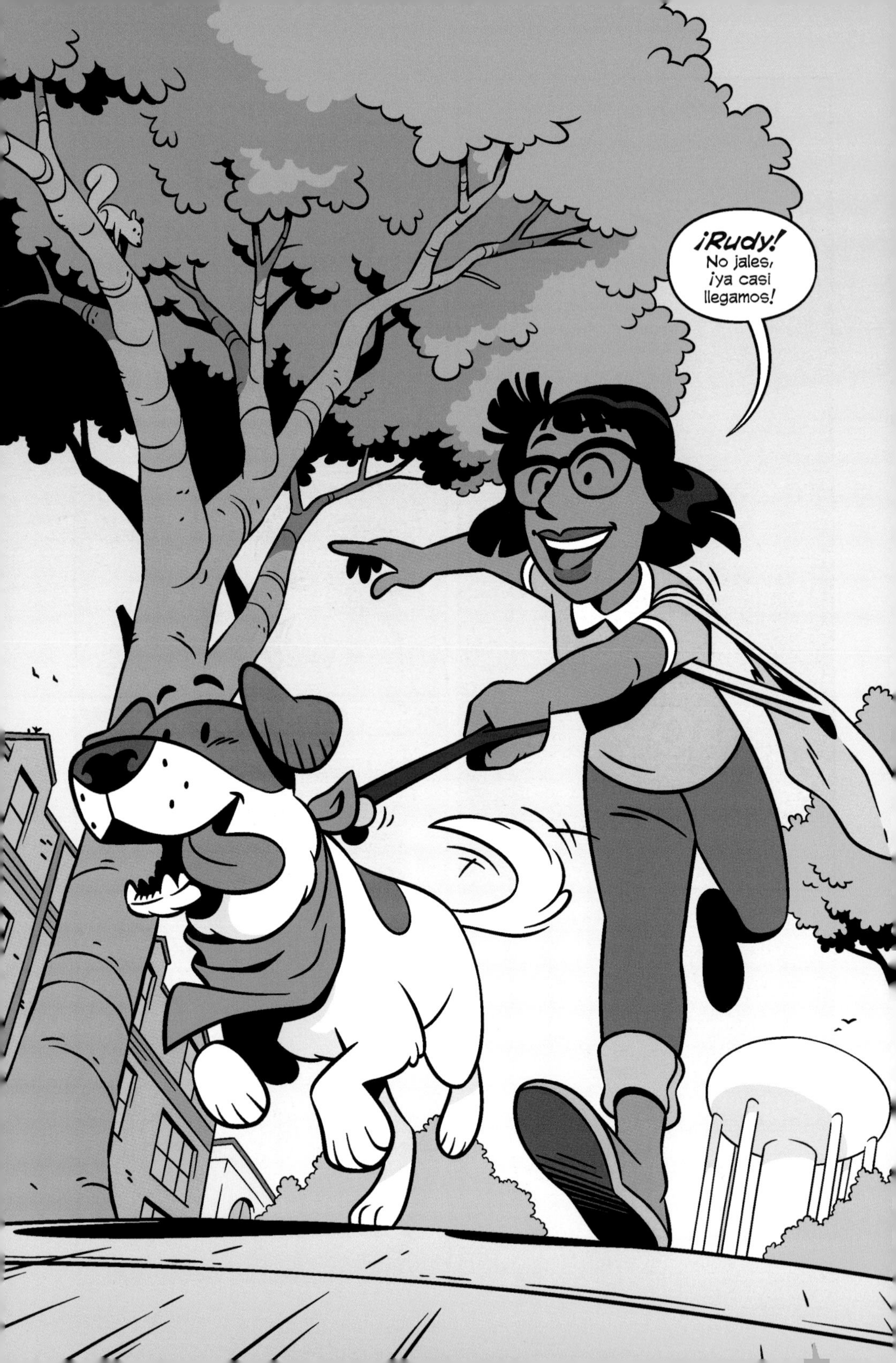
¡Rudy!
No jales,
¡ya casi
llegamos!

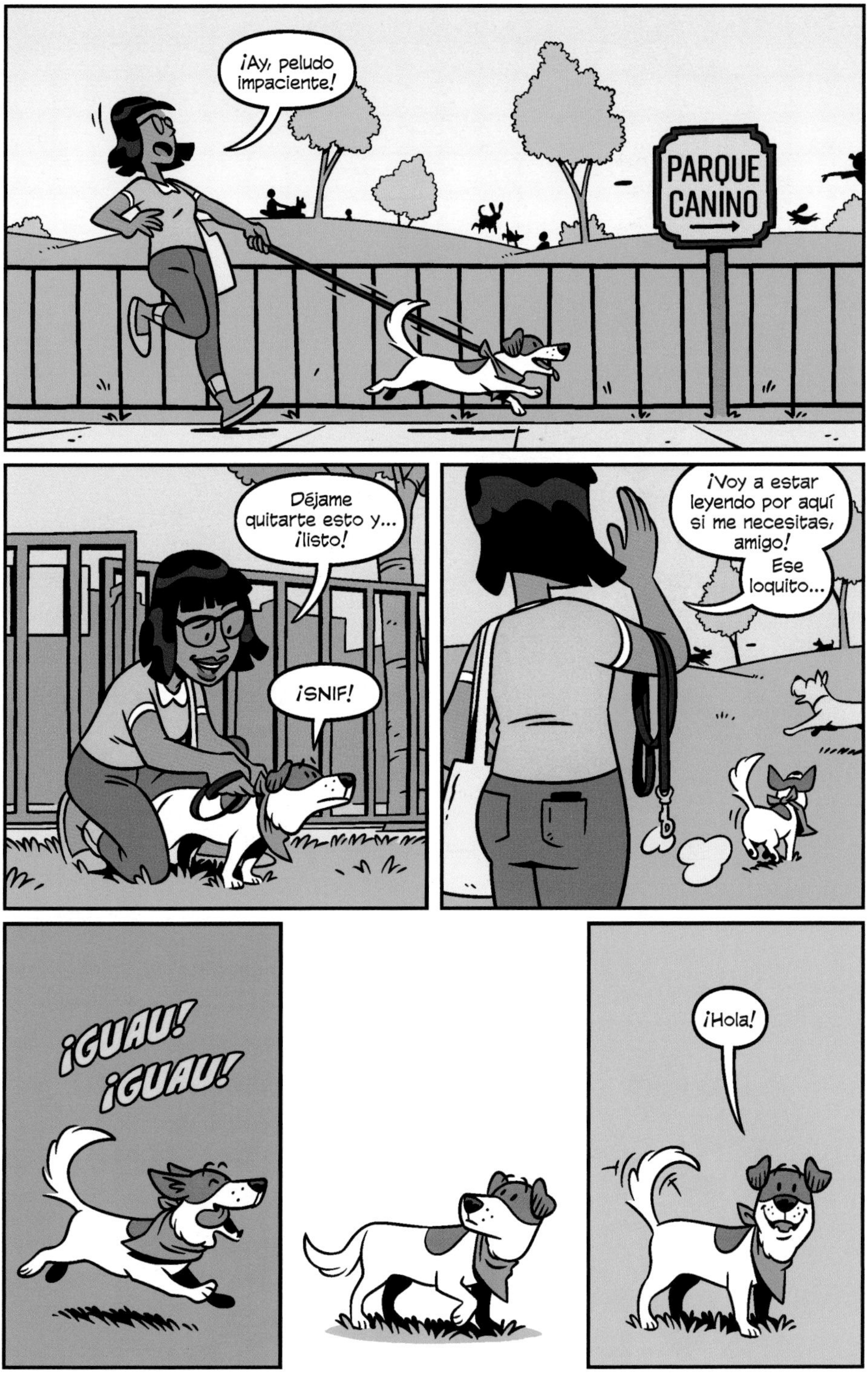

¡Ay, peludo impaciente!
PARQUE CANINO
Déjame quitarte esto y... ¡listo!
¡SNIF!
¡Voy a estar leyendo por aquí si me necesitas, amigo!
Ese loquito...
¡GUAU! ¡GUAU!
¡Hola!

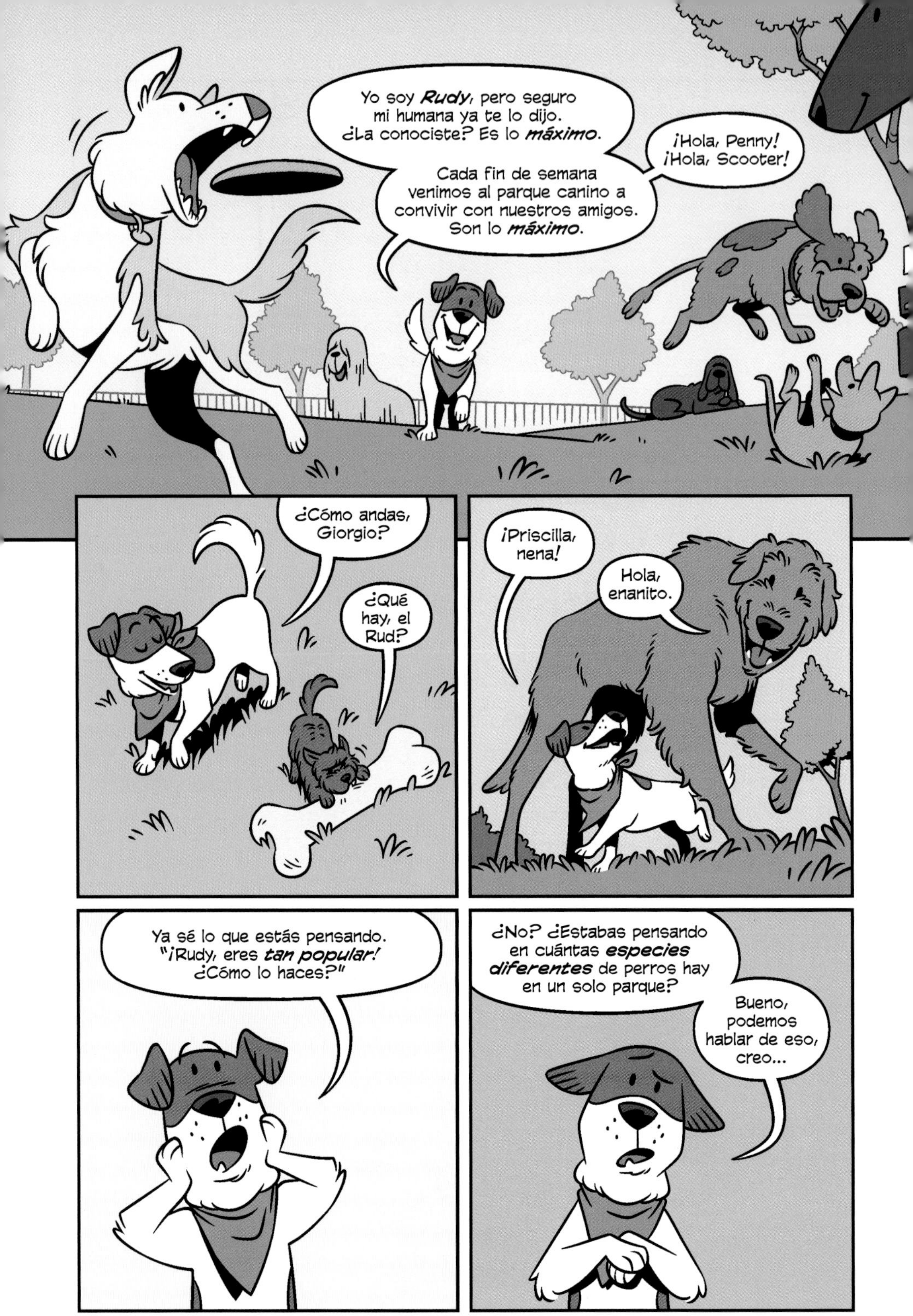

Yo soy *Rudy*, pero seguro mi humana ya te lo dijo. ¿La conociste? Es lo *máximo*.
Cada fin de semana venimos al parque canino a convivir con nuestros amigos. Son lo *máximo*.
¡Hola, Penny! ¡Hola, Scooter!
¿Cómo andas, Giorgio?
¿Qué hay, el Rud?
¡Priscilla, nena!
Hola, enanito.
Ya sé lo que estás pensando. "¡Rudy, eres *tan popular*! ¿Cómo lo haces?"
¿No? ¿Estabas pensando en cuántas *especies diferentes* de perros hay en un solo parque?
Bueno, podemos hablar de eso, creo...

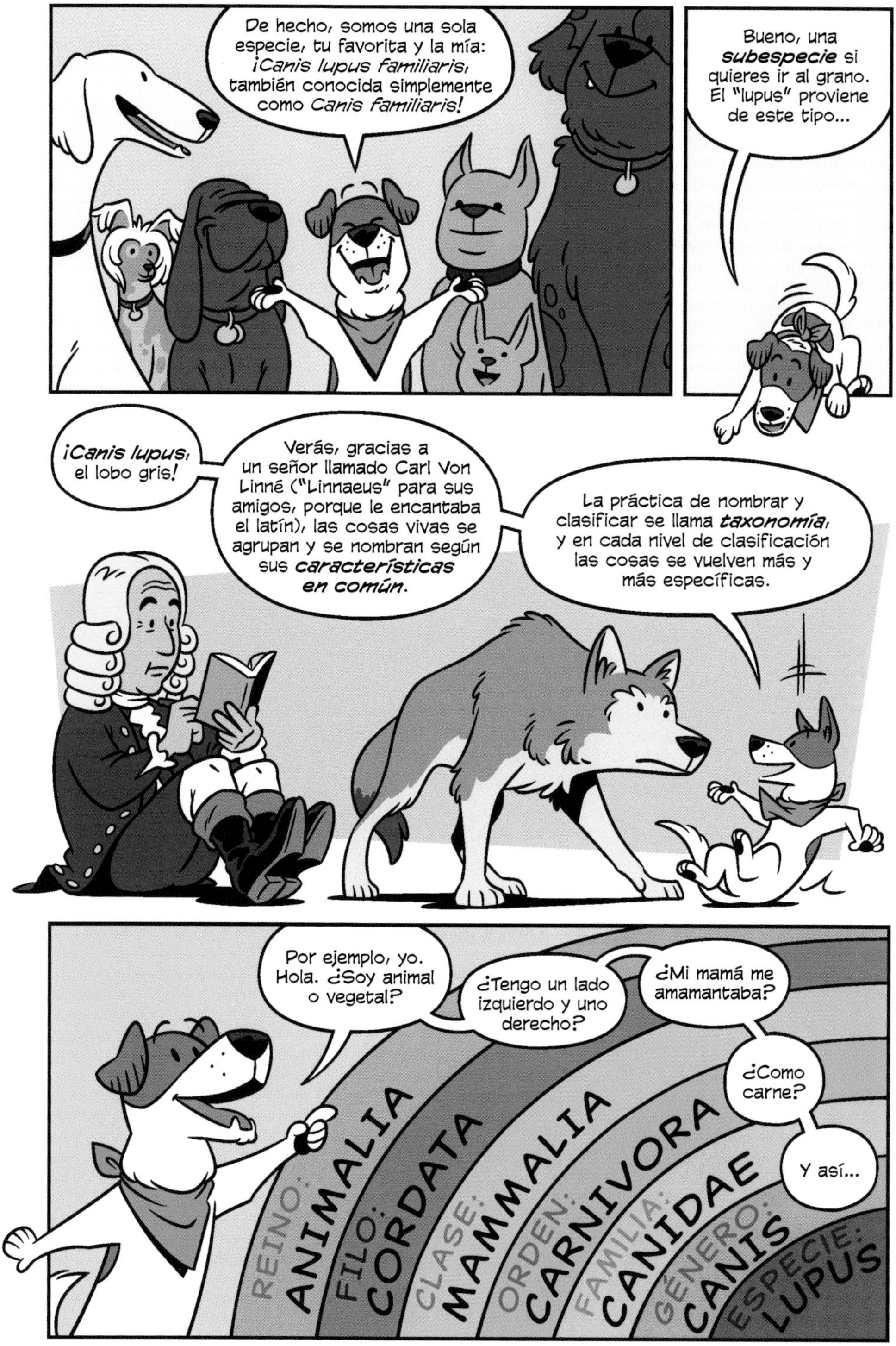
De hecho, somos una sola especie, tu favorita y la mía: ¡*Canis lupus familiaris*, también conocida simplemente como *Canis familiaris*!
Bueno, una ***subespecie*** si quieres ir al grano. El "lupus" proviene de este tipo...
¡*Canis lupus*, el lobo gris!
Verás, gracias a un señor llamado Carl Von Linné ("Linnaeus" para sus amigos, porque le encantaba el latín), las cosas vivas se agrupan y se nombran según sus ***características en común***.
La práctica de nombrar y clasificar se llama ***taxonomía***, y en cada nivel de clasificación las cosas se vuelven más y más específicas.
Por ejemplo, yo. Hola. ¿Soy animal o vegetal?
¿Tengo un lado izquierdo y uno derecho?
¿Mi mamá me amamantaba?
¿Como carne?
Y así...
REINO: ANIMALIA
FILO: CORDATA
CLASE: MAMMALIA
ORDEN: CARNIVORA
FAMILIA: CANIDAE
GÉNERO: CANIS
ESPECIE: LUPUS

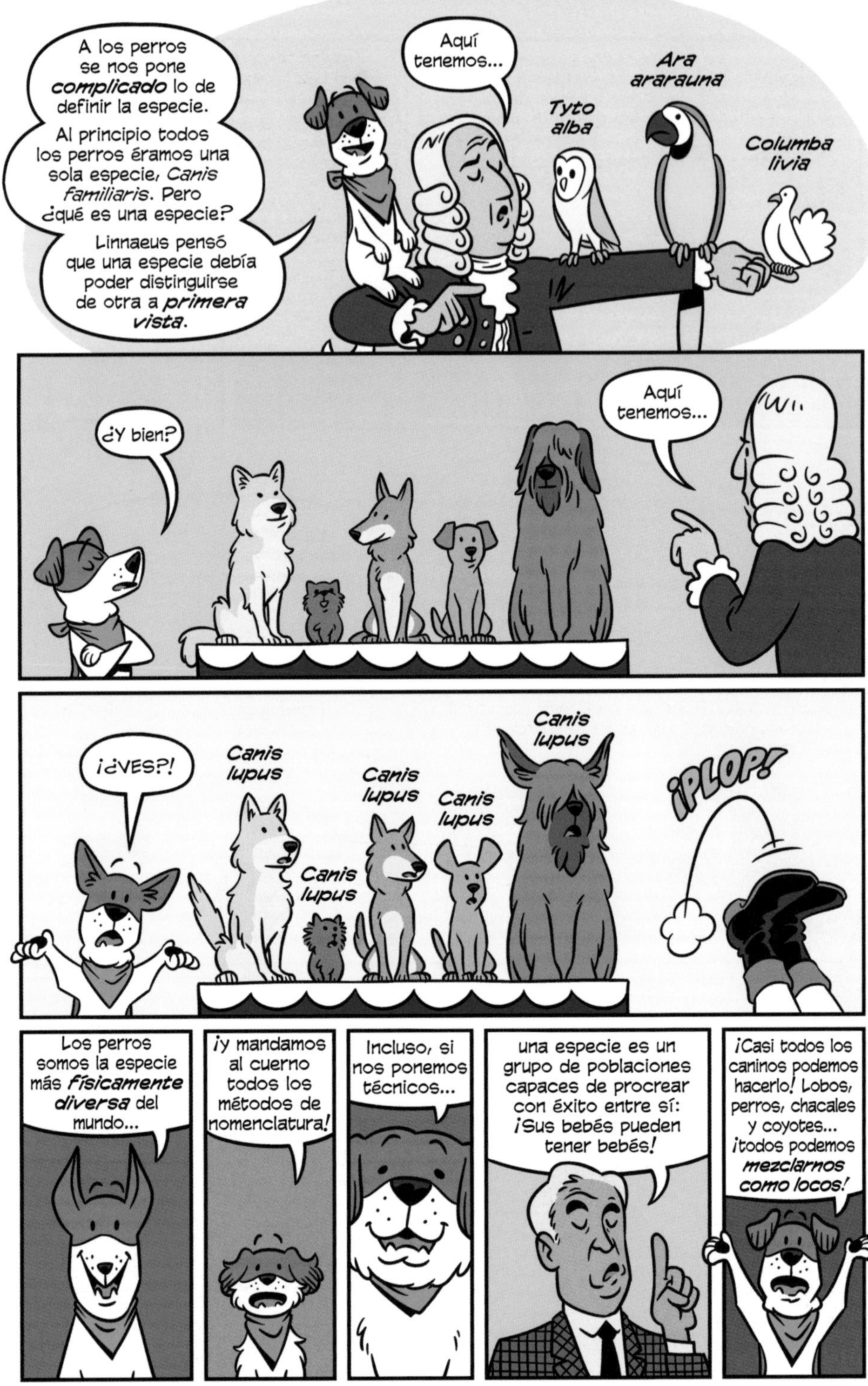
A los perros se nos pone *complicado* lo de definir la especie.
Al principio todos los perros éramos una sola especie, *Canis familiaris*. Pero ¿qué es una especie?
Linnaeus pensó que una especie debía poder distinguirse de otra a *primera vista*.
Aquí tenemos...
Tyto alba
Ara ararauna
Columba livia
¿Y bien?
Aquí tenemos...
¡¿VES?!
Canis lupus
Canis lupus
Canis lupus
Canis lupus
Canis lupus
¡PLOP!
Los perros somos la especie más *físicamente diversa* del mundo...
¡y mandamos al cuerno todos los métodos de nomenclatura!
Incluso, si nos ponemos técnicos...
una especie es un grupo de poblaciones capaces de procrear con éxito entre sí: ¡Sus bebés pueden tener bebés!
¡Casi todos los caninos podemos hacerlo! Lobos, perros, chacales y coyotes... ¡todos podemos *mezclarnos como locos*!

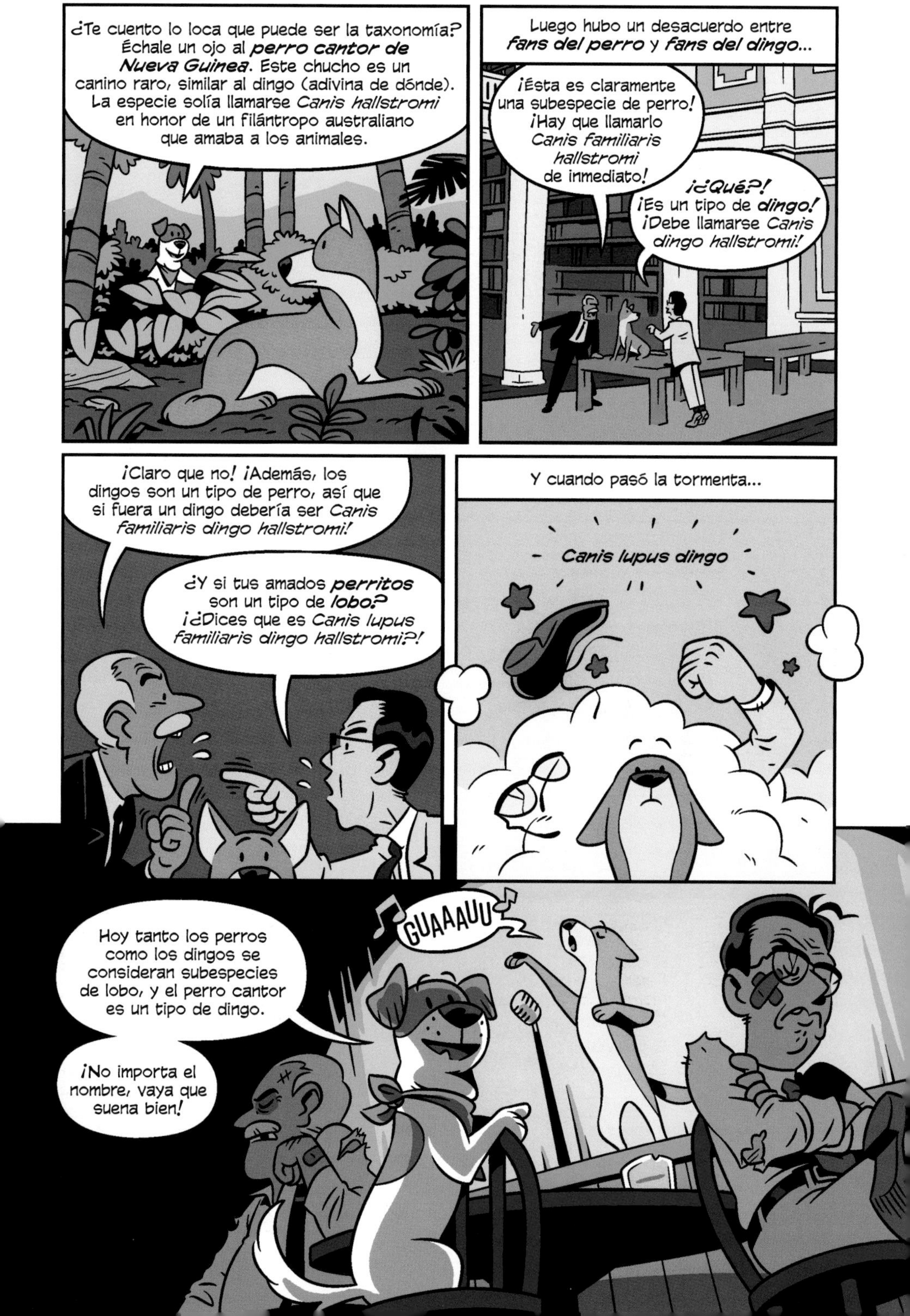

¿Te cuento lo loca que puede ser la taxonomía? Échale un ojo al **perro cantor de Nueva Guinea**. Este chucho es un canino raro, similar al dingo (adivina de dónde). La especie solía llamarse *Canis hallstromi* en honor de un filántropo australiano que amaba a los animales.
Luego hubo un desacuerdo entre ***fans del perro*** y ***fans del dingo***...
¡Ésta es claramente una subespecie de perro! ¡Hay que llamarlo *Canis familiaris hallstromi* de inmediato!
¡¿Qué?! ¡Es un tipo de **dingo!** ¡Debe llamarse *Canis dingo hallstromi!*
¡Claro que no! ¡Además, los dingos son un tipo de perro, así que si fuera un dingo debería ser *Canis familiaris dingo hallstromi!*
¿Y si tus amados **perritos** son un tipo de **lobo?** ¡¿Dices que es *Canis lupus familiaris dingo hallstromi?!*
Y cuando pasó la tormenta...
Canis lupus dingo
Hoy tanto los perros como los dingos se consideran subespecies de lobo, y el perro cantor es un tipo de dingo.
GUAAAUU
¡No importa el nombre, vaya que suena bien!

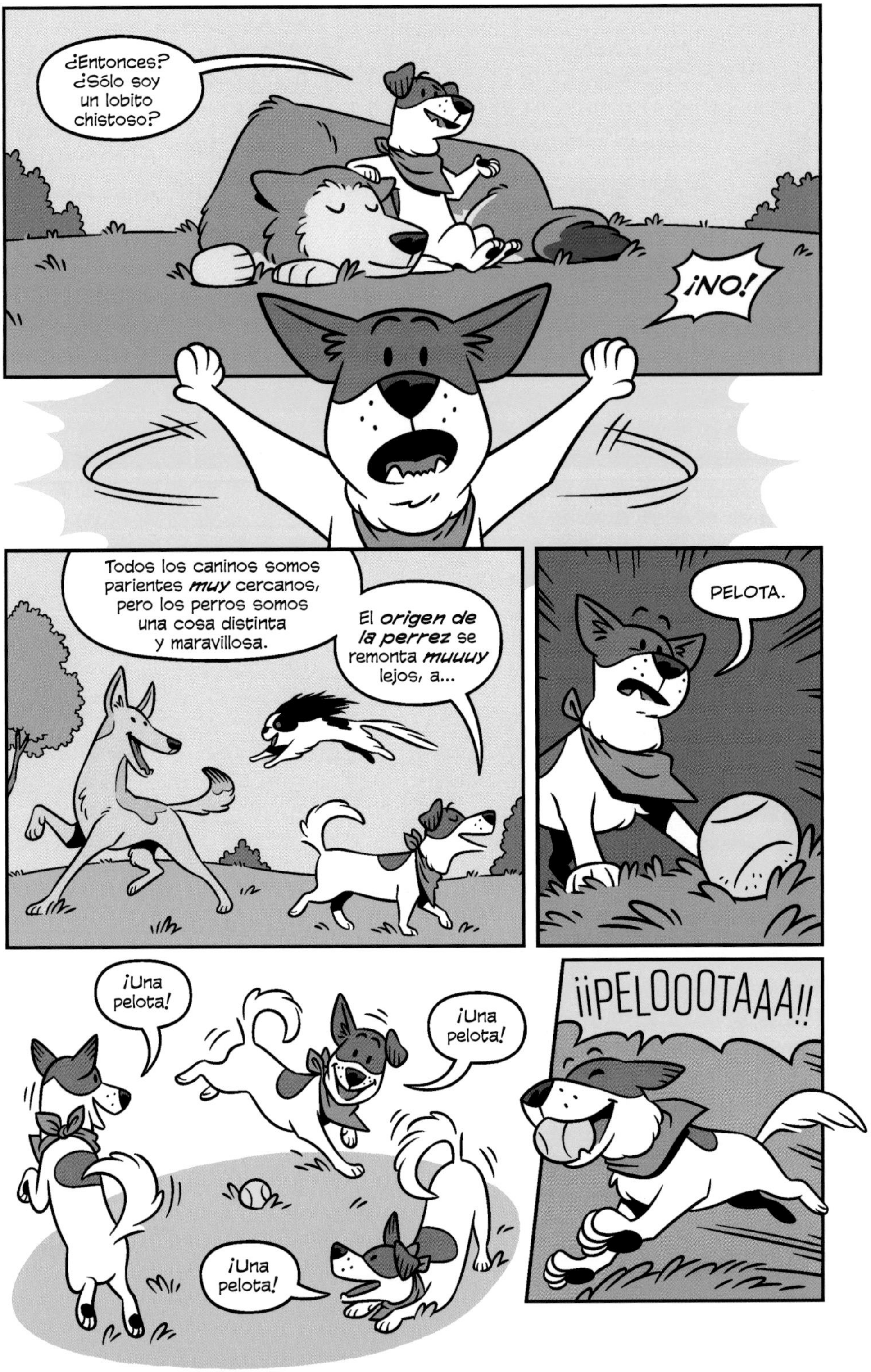

¿Entonces? ¿Sólo soy un lobito chistoso?
¡NO!
Todos los caninos somos parientes *muy* cercanos, pero los perros somos una cosa distinta y maravillosa.
El ***origen de la perrez*** se remonta ***muuuy*** lejos, a...
PELOTA.
¡Una pelota!
¡Una pelota!
¡Una pelota!
¡¡PELOOOTAAA!!

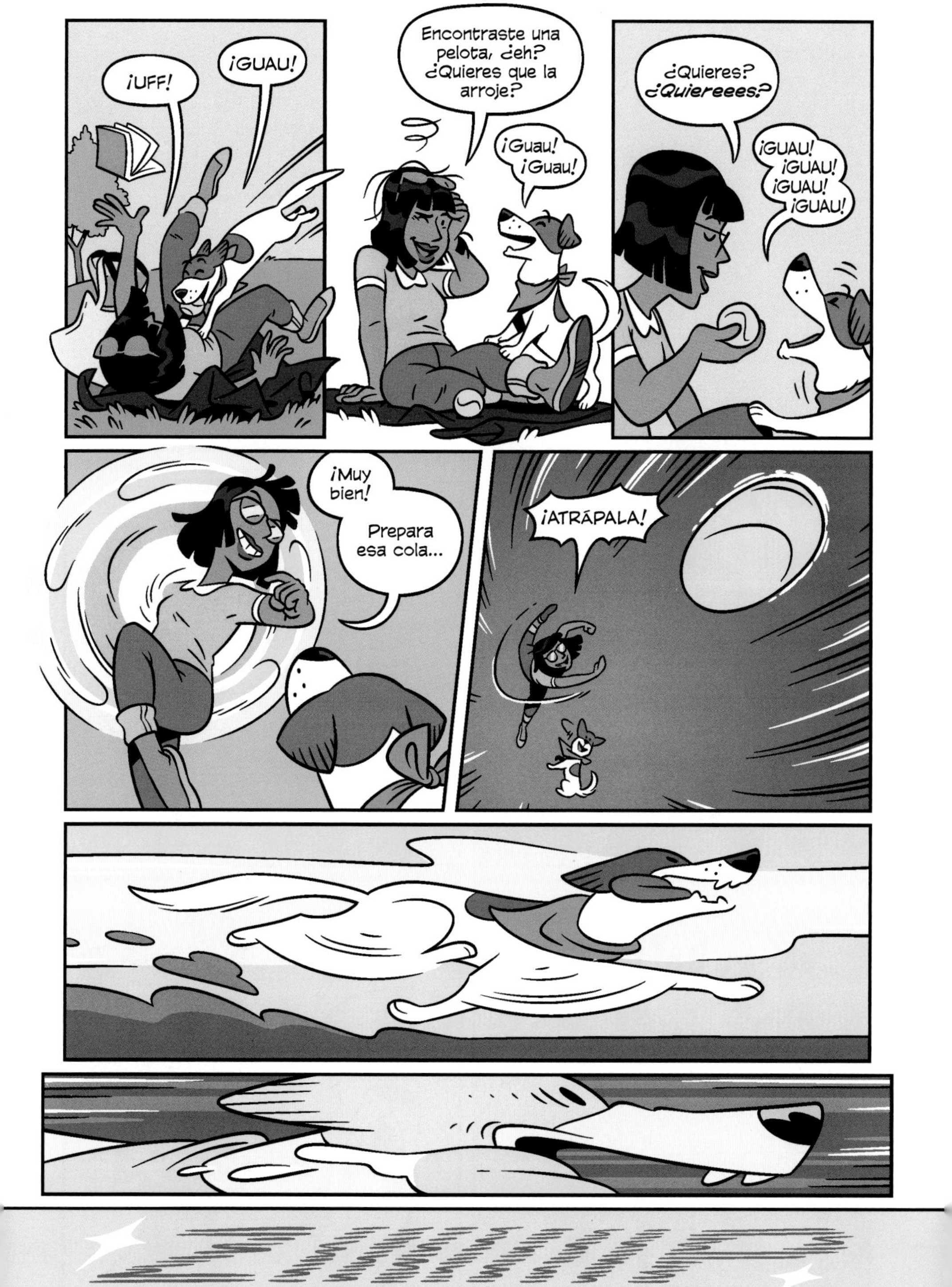
¡UFF!
¡GUAU!
Encontraste una pelota, ¿eh? ¿Quieres que la arroje?
¡Guau! ¡Guau!
¿Quieres? *¿Quiereeees?*
¡GUAU! ¡GUAU! ¡GUAU! ¡GUAU!
¡Muy bien!
Prepara esa cola...
¡ATRÁPALA!

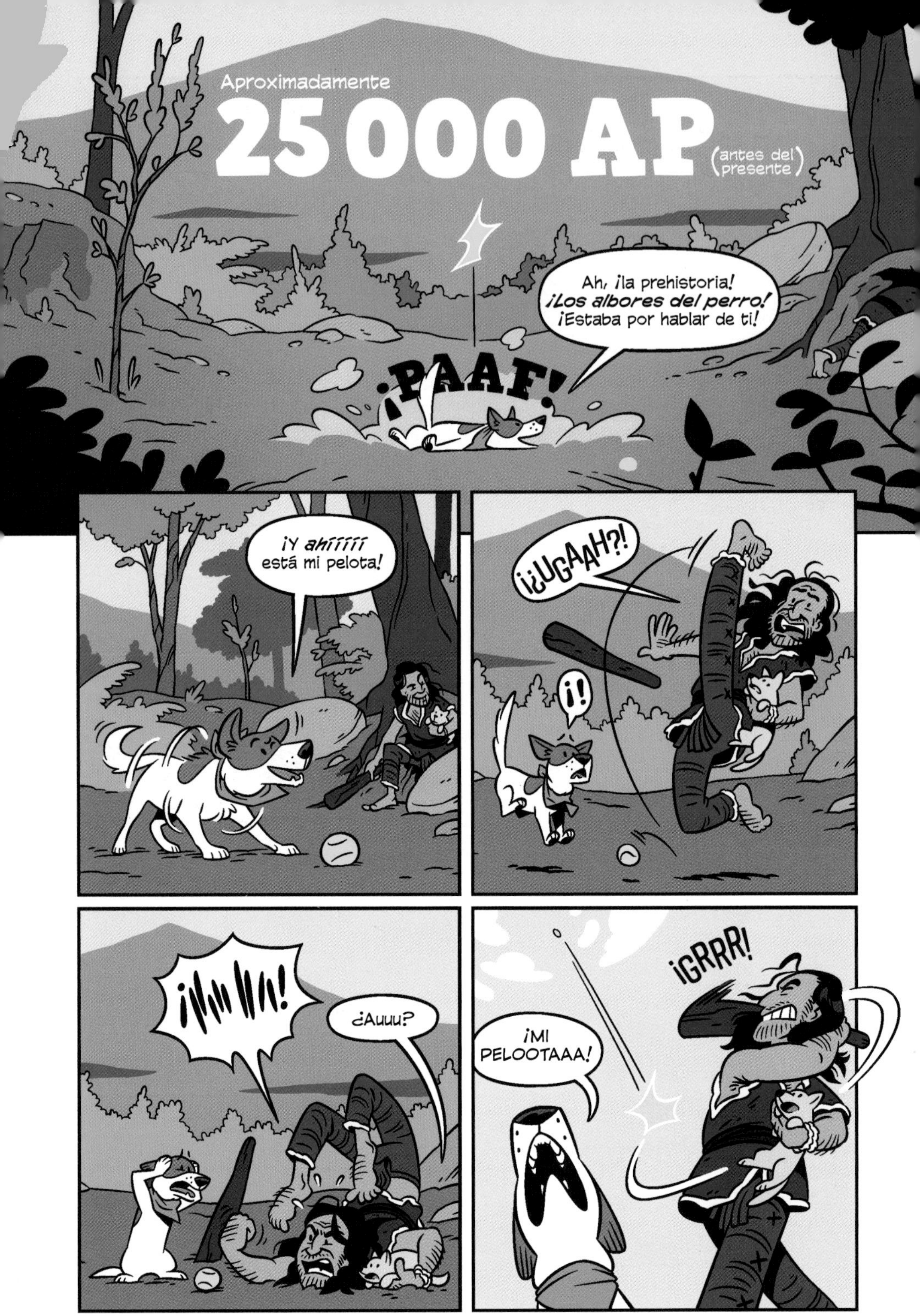
Aproximadamente
25 000 AP
(antes del presente)
¡PAAF!
Ah, ¡la prehistoria!
¡Los albores del perro!
¡Estaba por hablar de ti!
¡Y *ahííííí* está mi pelota!
¡¿UGAAH?!
¡!
¡!!!!!!
¿Auuu?
¡GRRR!
¡MI PELOOTAAA!

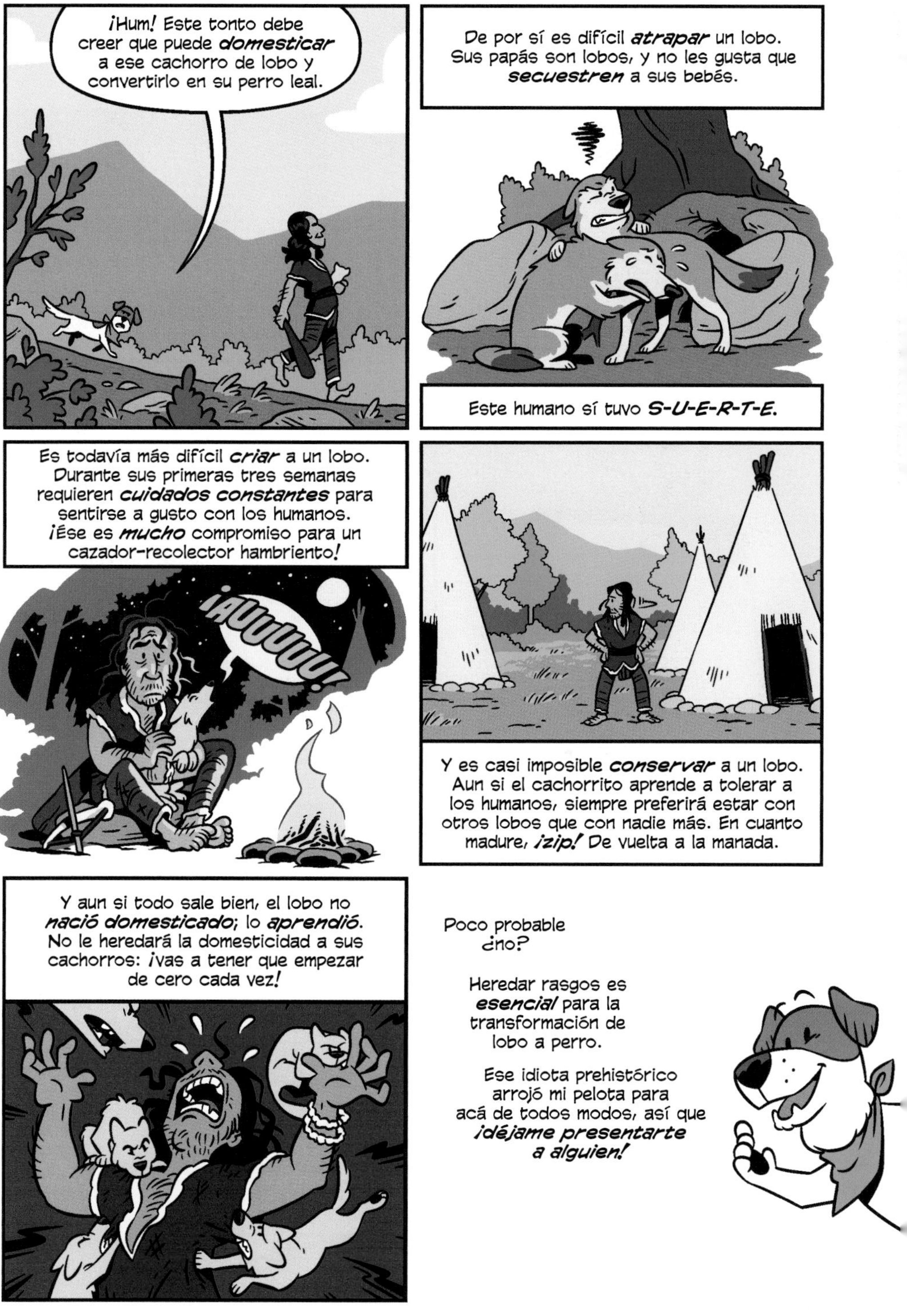
¡Hum! Este tonto debe creer que puede *domesticar* a ese cachorro de lobo y convertirlo en su perro leal.
De por sí es difícil *atrapar* un lobo. Sus papás son lobos, y no les gusta que *secuestren* a sus bebés.
Este humano sí tuvo *S-U-E-R-T-E.*
Es todavía más difícil *criar* a un lobo. Durante sus primeras tres semanas requieren *cuidados constantes* para sentirse a gusto con los humanos. ¡Ése es *mucho* compromiso para un cazador-recolector hambriento!
¡AUUUUU!
Y es casi imposible *conservar* a un lobo. Aun si el cachorrito aprende a tolerar a los humanos, siempre preferirá estar con otros lobos que con nadie más. En cuanto madure, *¡zip!* De vuelta a la manada.
Y aun si todo sale bien, el lobo no *nació domesticado*; lo *aprendió*. No le heredará la domesticidad a sus cachorros: ¡vas a tener que empezar de cero cada vez!
Poco probable ¿no?
Heredar rasgos es *esencial* para la transformación de lobo a perro.
Ese idiota prehistórico arrojó mi pelota para acá de todos modos, así que *¡déjame presentarte a alguien!*

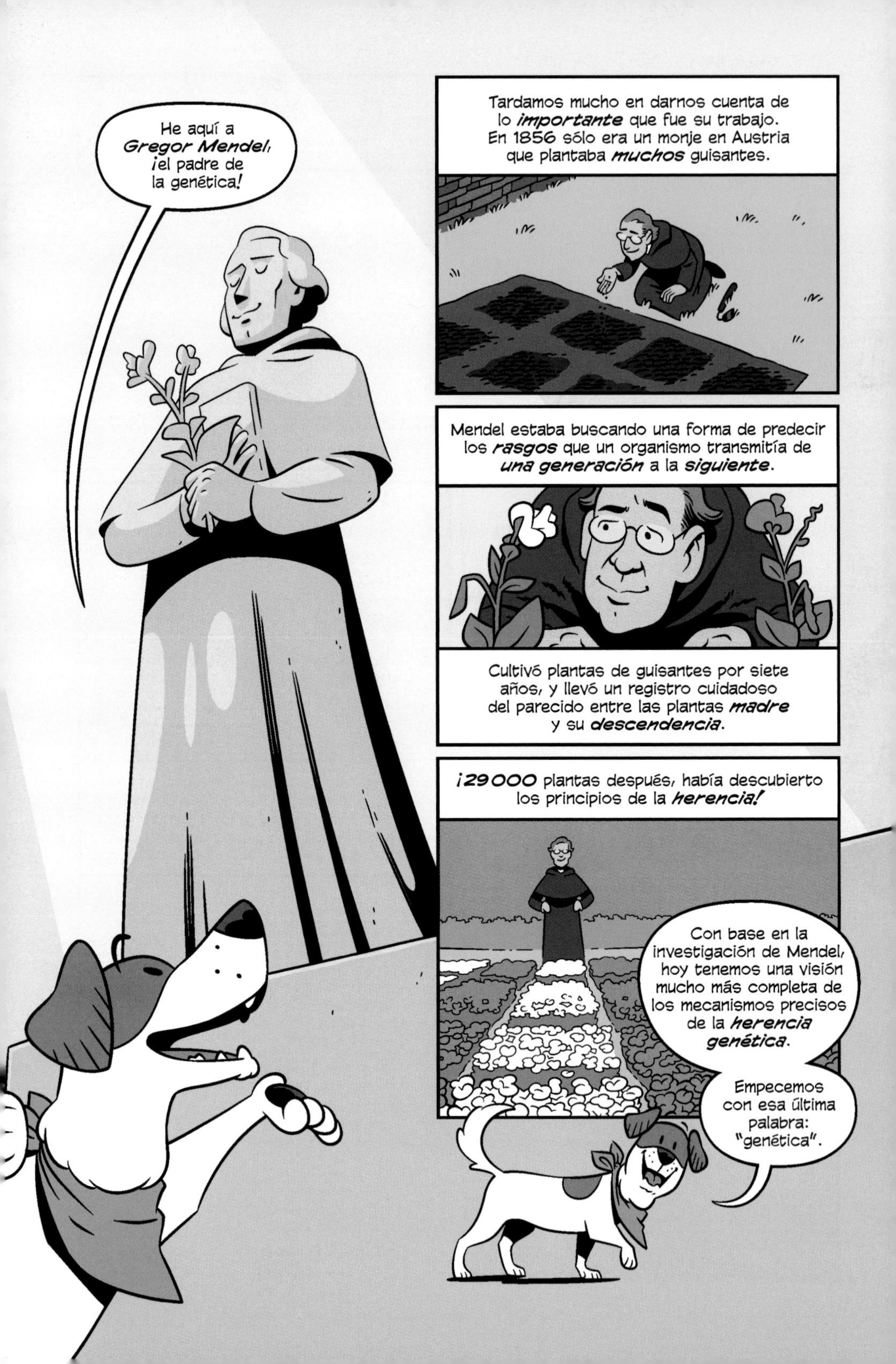
He aquí a *Gregor Mendel*, ¡el padre de la genética!
Tardamos mucho en darnos cuenta de lo *importante* que fue su trabajo. En 1856 sólo era un monje en Austria que plantaba *muchos* guisantes.
Mendel estaba buscando una forma de predecir los *rasgos* que un organismo transmitía de *una generación* a la *siguiente*.
Cultivó plantas de guisantes por siete años, y llevó un registro cuidadoso del parecido entre las plantas *madre* y su *descendencia*.
¡*29 000* plantas después, había descubierto los principios de la *herencia*!
Con base en la investigación de Mendel, hoy tenemos una visión mucho más completa de los mecanismos precisos de la *herencia genética*.
Empecemos con esa última palabra: "genética".

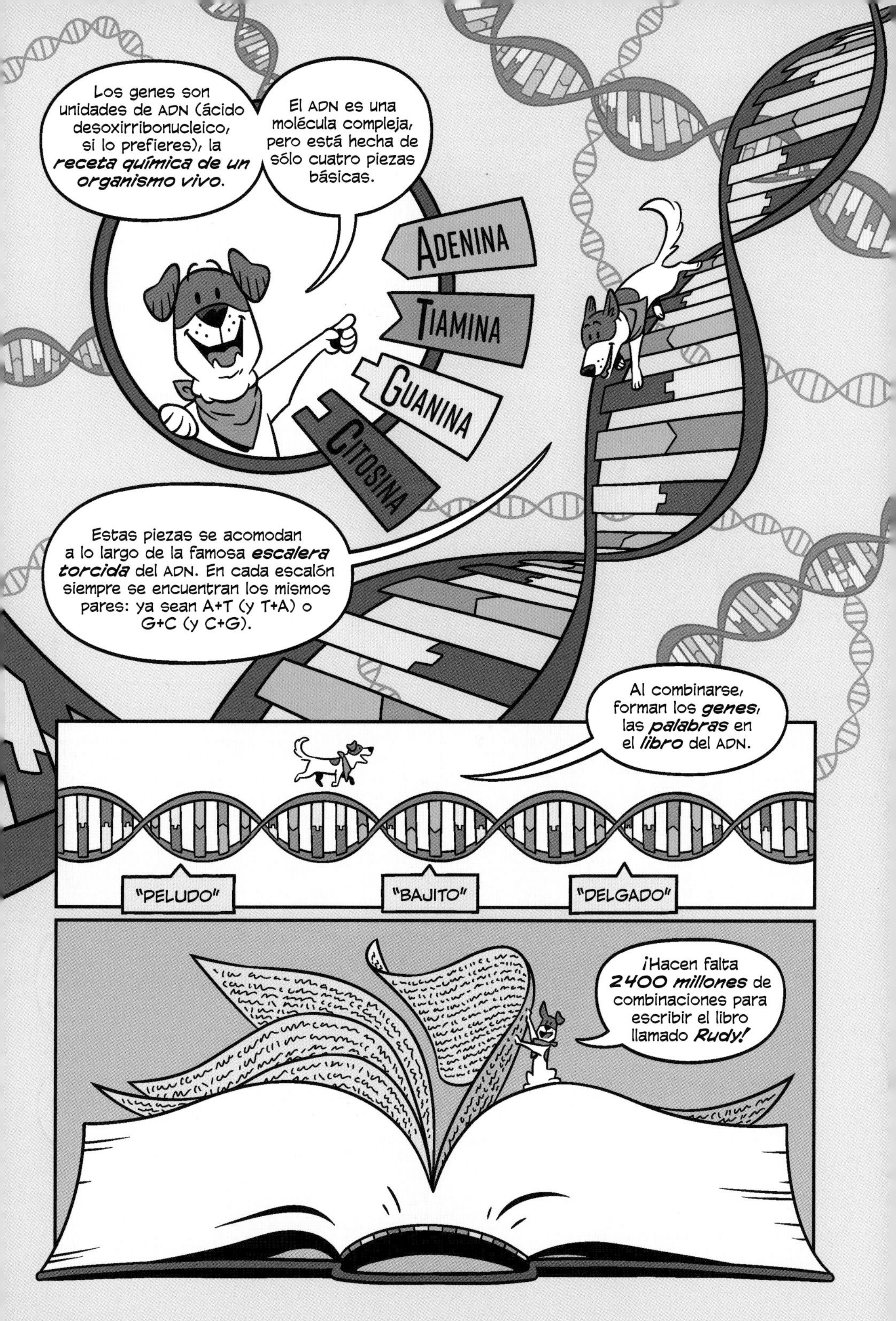
Los genes son unidades de ADN (ácido desoxirribonucleico, si lo prefieres), la ***receta química de un organismo vivo.***
El ADN es una molécula compleja, pero está hecha de sólo cuatro piezas básicas.
ADENINA
TIAMINA
GUANINA
CITOSINA
Estas piezas se acomodan a lo largo de la famosa ***escalera torcida*** del ADN. En cada escalón siempre se encuentran los mismos pares: ya sean A+T (y T+A) o G+C (y C+G).
Al combinarse, forman los ***genes***, las ***palabras*** en el ***libro*** del ADN.
"PELUDO"
"BAJITO"
"DELGADO"
¡Hacen falta ***2400 millones*** de combinaciones para escribir el libro llamado ***Rudy!***

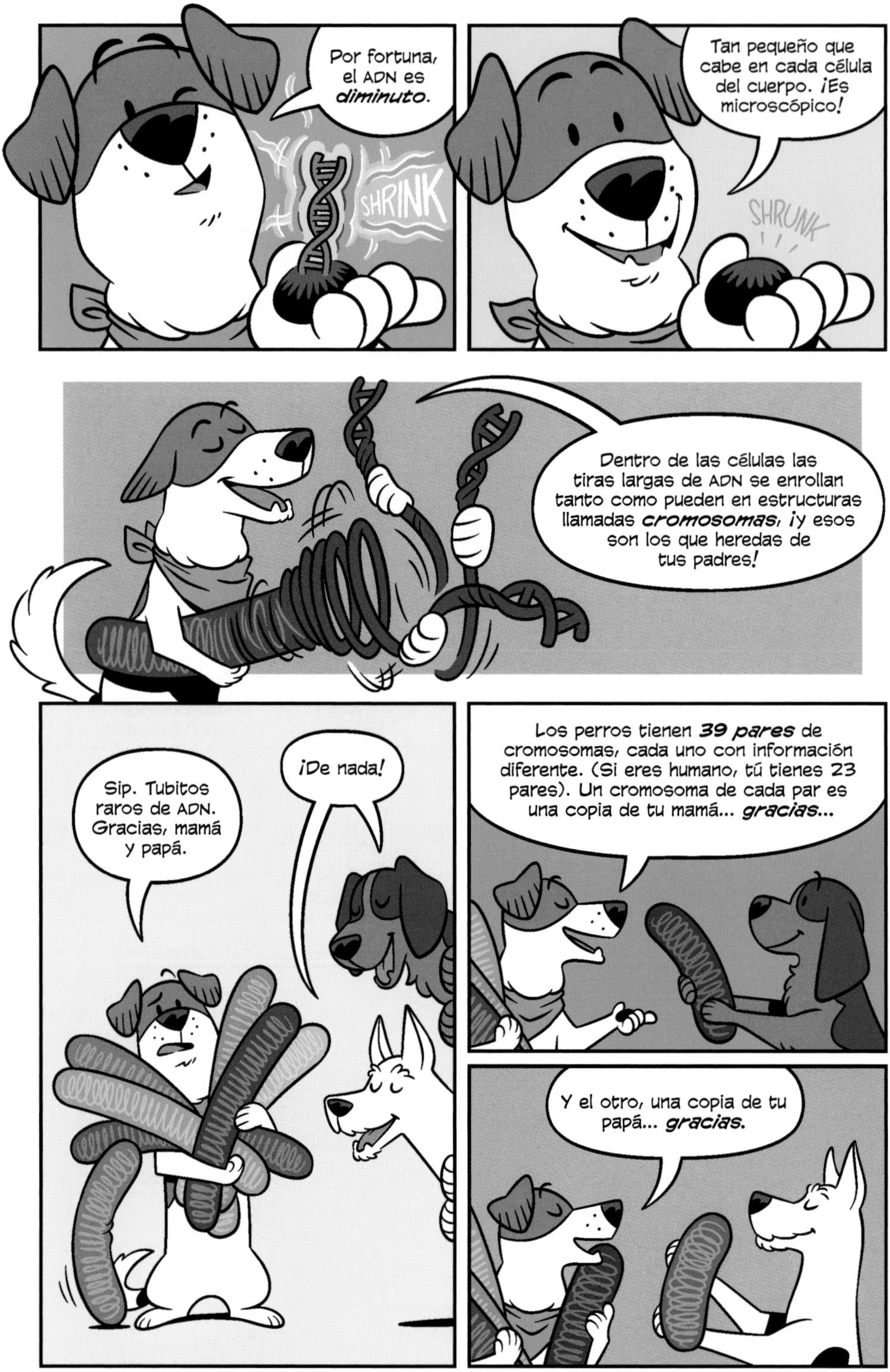
Por fortuna, el ADN es *diminuto*.
SHRINK
Tan pequeño que cabe en cada célula del cuerpo. ¡Es microscópico!
SHRUNK
Dentro de las células las tiras largas de ADN se enrollan tanto como pueden en estructuras llamadas *cromosomas*, ¡y esos son los que heredas de tus padres!
Sip. Tubitos raros de ADN. Gracias, mamá y papá.
¡De nada!
Los perros tienen **39 pares** de cromosomas, cada uno con información diferente. (Si eres humano, tú tienes 23 pares). Un cromosoma de cada par es una copia de tu mamá... *gracias*...
Y el otro, una copia de tu papá... *gracias*.

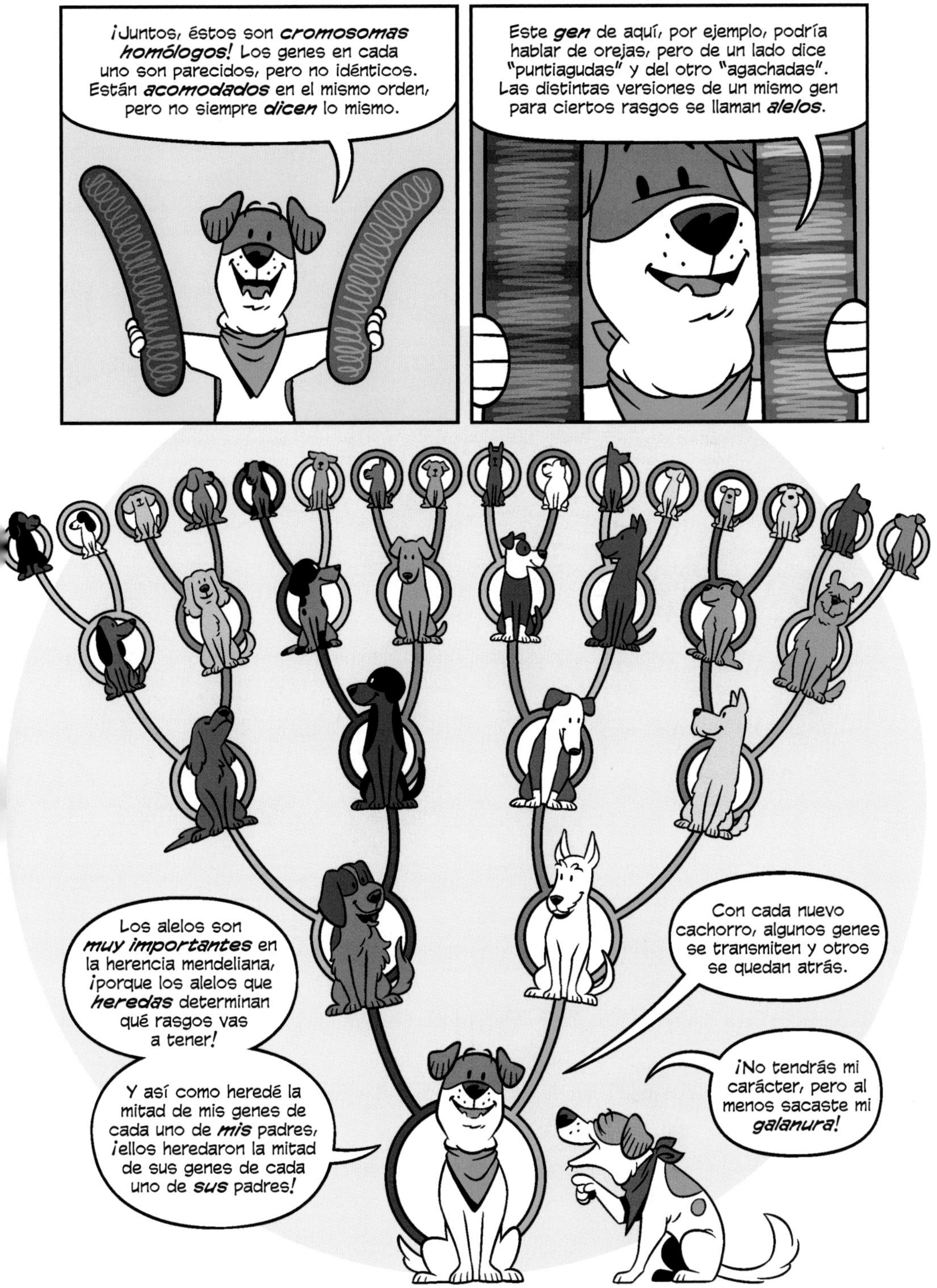
¡Juntos, éstos son ***cromosomas homólogos!*** Los genes en cada uno son parecidos, pero no idénticos. Están ***acomodados*** en el mismo orden, pero no siempre ***dicen*** lo mismo.
Este ***gen*** de aquí, por ejemplo, podría hablar de orejas, pero de un lado dice "puntiagudas" y del otro "agachadas". Las distintas versiones de un mismo gen para ciertos rasgos se llaman ***alelos***.
Los alelos son ***muy importantes*** en la herencia mendeliana, ¡porque los alelos que ***heredas*** determinan qué rasgos vas a tener!
Y así como heredé la mitad de mis genes de cada uno de ***mis*** padres, ¡ellos heredaron la mitad de sus genes de cada uno de ***sus*** padres!
Con cada nuevo cachorro, algunos genes se transmiten y otros se quedan atrás.
¡No tendrás mi carácter, pero al menos sacaste mi ***galanura***!

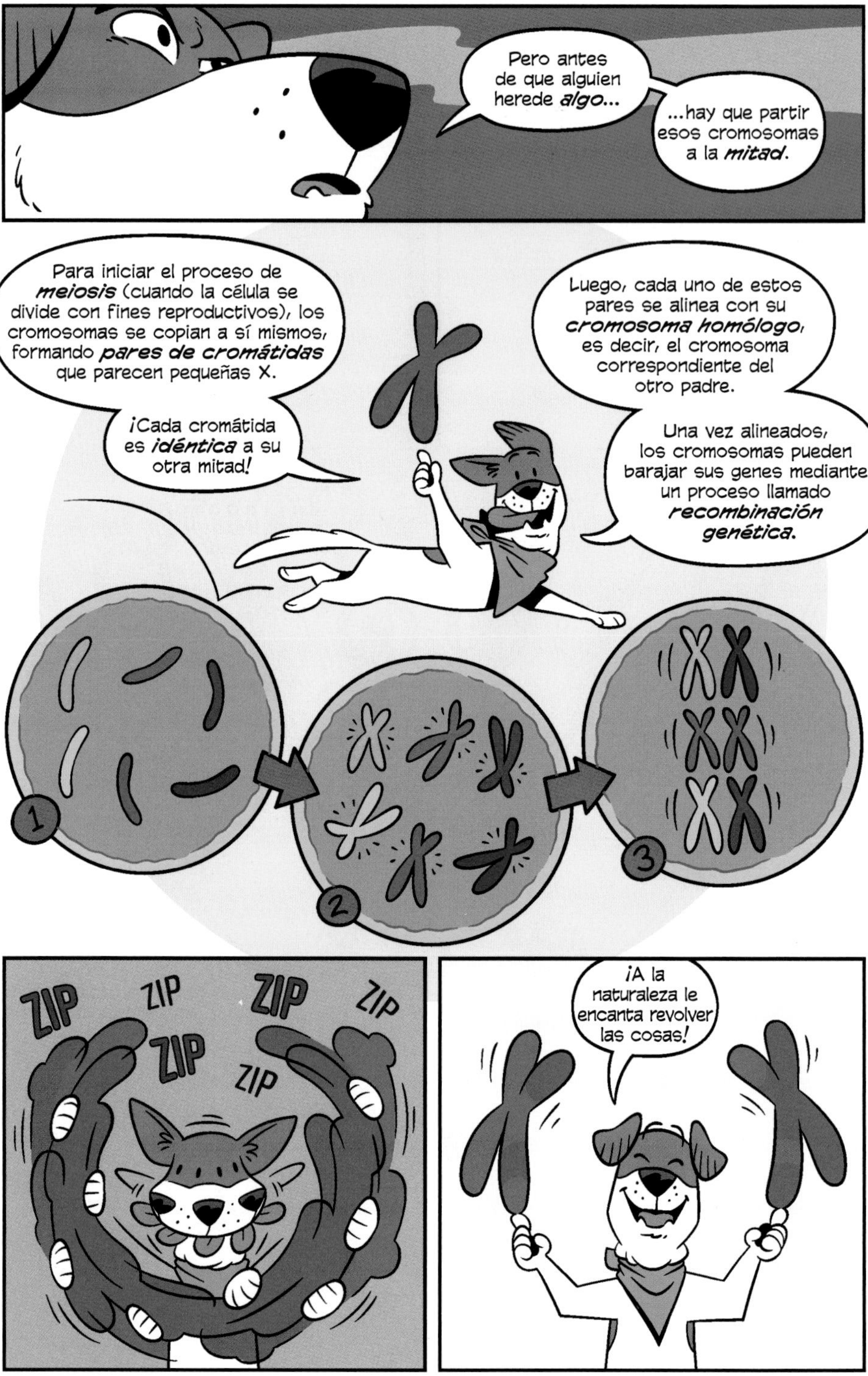
Pero antes de que alguien herede *algo*...
...hay que partir esos cromosomas a la *mitad*.
Para iniciar el proceso de *meiosis* (cuando la célula se divide con fines reproductivos), los cromosomas se copian a sí mismos, formando *pares de cromátidas* que parecen pequeñas X.
¡Cada cromátida es *idéntica* a su otra mitad!
Luego, cada uno de estos pares se alinea con su *cromosoma homólogo*, es decir, el cromosoma correspondiente del otro padre.
Una vez alineados, los cromosomas pueden barajar sus genes mediante un proceso llamado *recombinación genética*.
1
2
3
ZIP ZIP ZIP ZIP ZIP ZIP
¡A la naturaleza le encanta revolver las cosas!

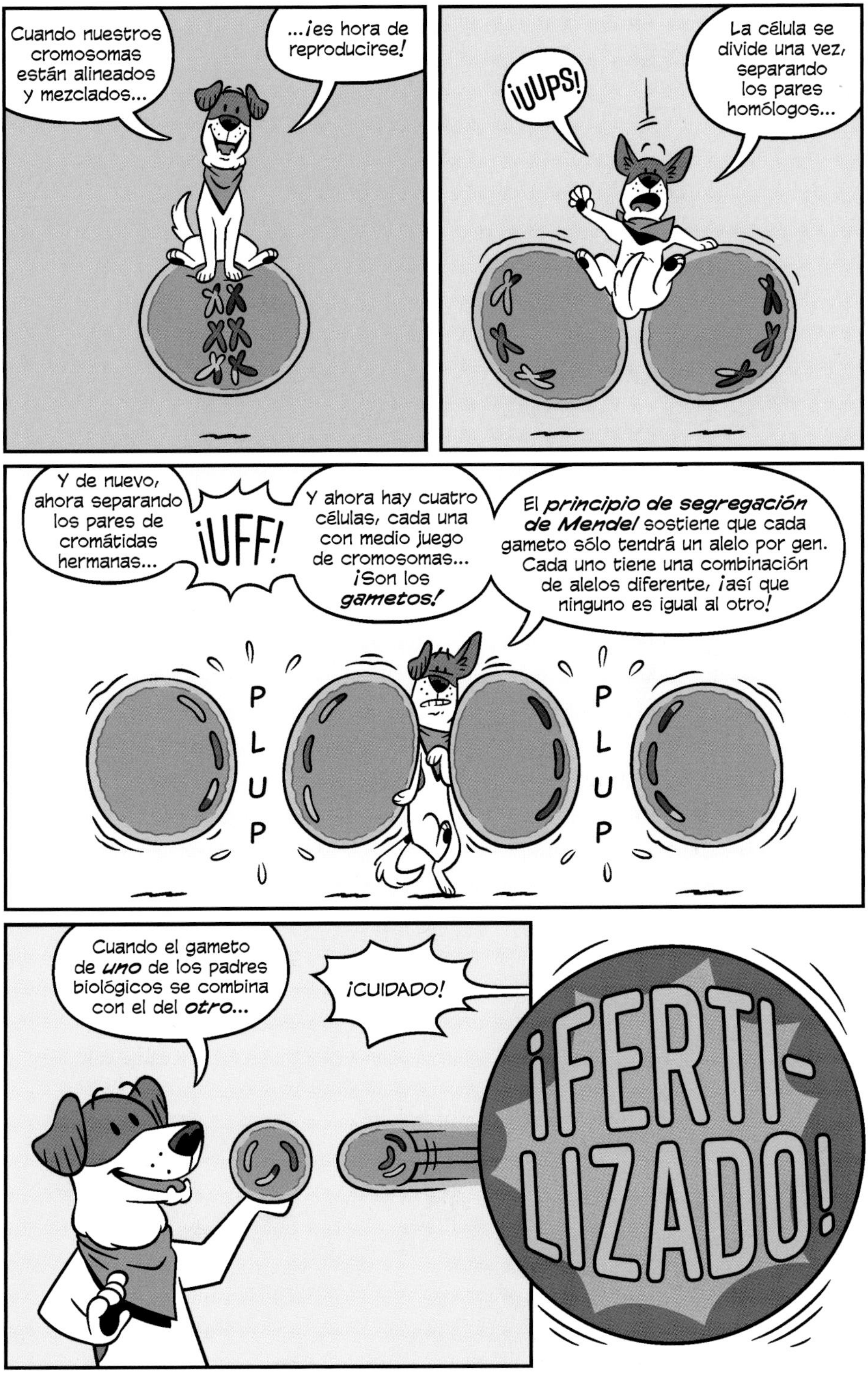
Cuando nuestros cromosomas están alineados y mezclados...
...¡es hora de reproducirse!
¡UUPS!
La célula se divide una vez, separando los pares homólogos...
Y de nuevo, ahora separando los pares de cromátidas hermanas...
¡UFF!
Y ahora hay cuatro células, cada una con medio juego de cromosomas... ¡Son los *gametos!*
El ***principio de segregación de Mendel*** sostiene que cada gameto sólo tendrá un alelo por gen. Cada uno tiene una combinación de alelos diferente, ¡así que ninguno es igual al otro!
PLUP
PLUP
Cuando el gameto de *uno* de los padres biológicos se combina con el del *otro*...
¡CUIDADO!
¡FERTI-LIZADO!

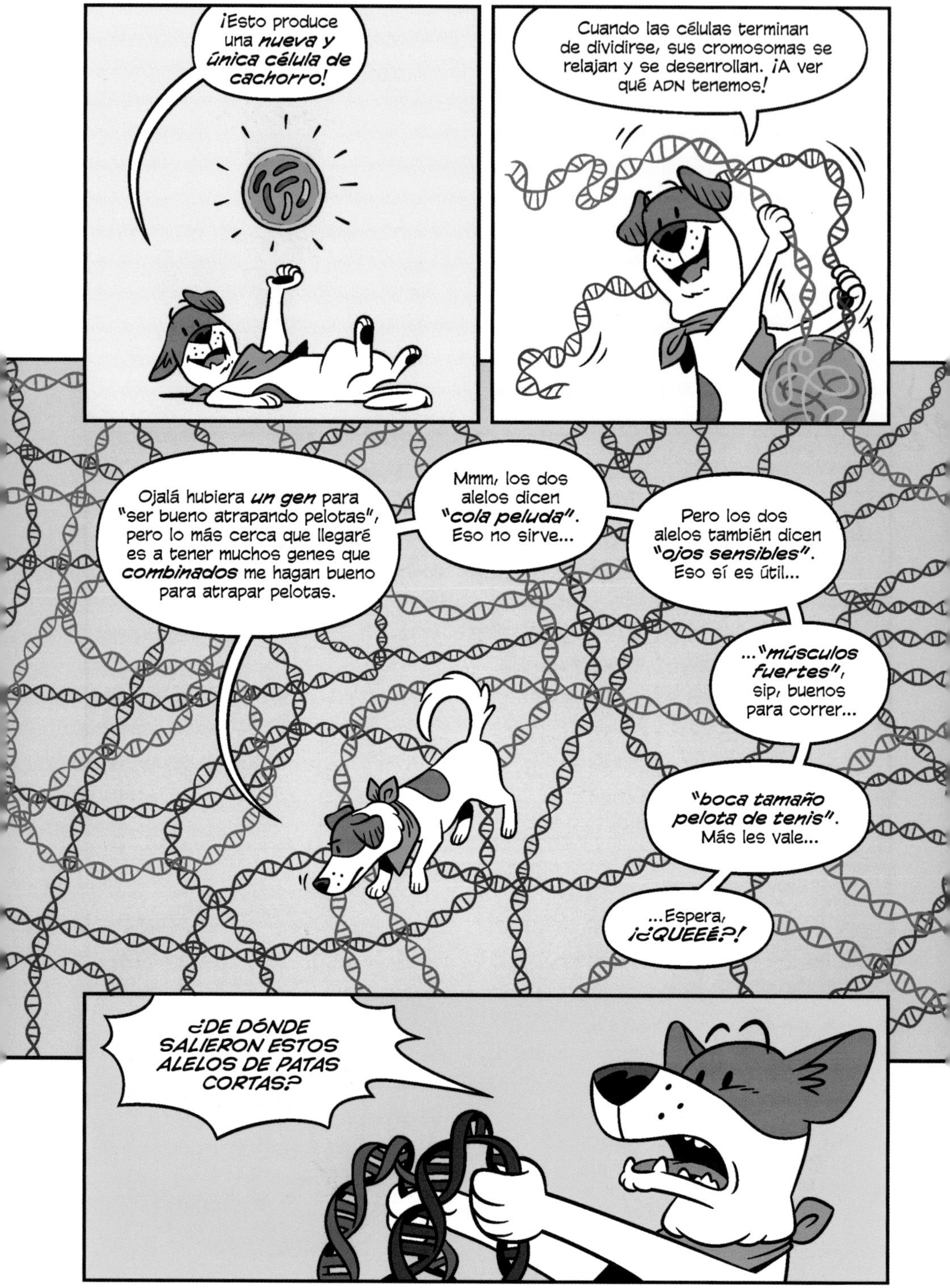
¡Esto produce una *nueva y única célula de cachorro*!
Cuando las células terminan de dividirse, sus cromosomas se relajan y se desenrollan. ¡A ver qué ADN tenemos!
Ojalá hubiera *un gen* para "ser bueno atrapando pelotas", pero lo más cerca que llegaré es a tener muchos genes que *combinados* me hagan bueno para atrapar pelotas.
Mmm, los dos alelos dicen *"cola peluda"*. Eso no sirve...
Pero los dos alelos también dicen *"ojos sensibles"*. Eso sí es útil...
...*"músculos fuertes"*, sip, buenos para correr...
"boca tamaño pelota de tenis". Más les vale...
...Espera, *¡¿QUEEÉ?!*
¿DE DÓNDE SALIERON ESTOS ALELOS DE PATAS CORTAS?

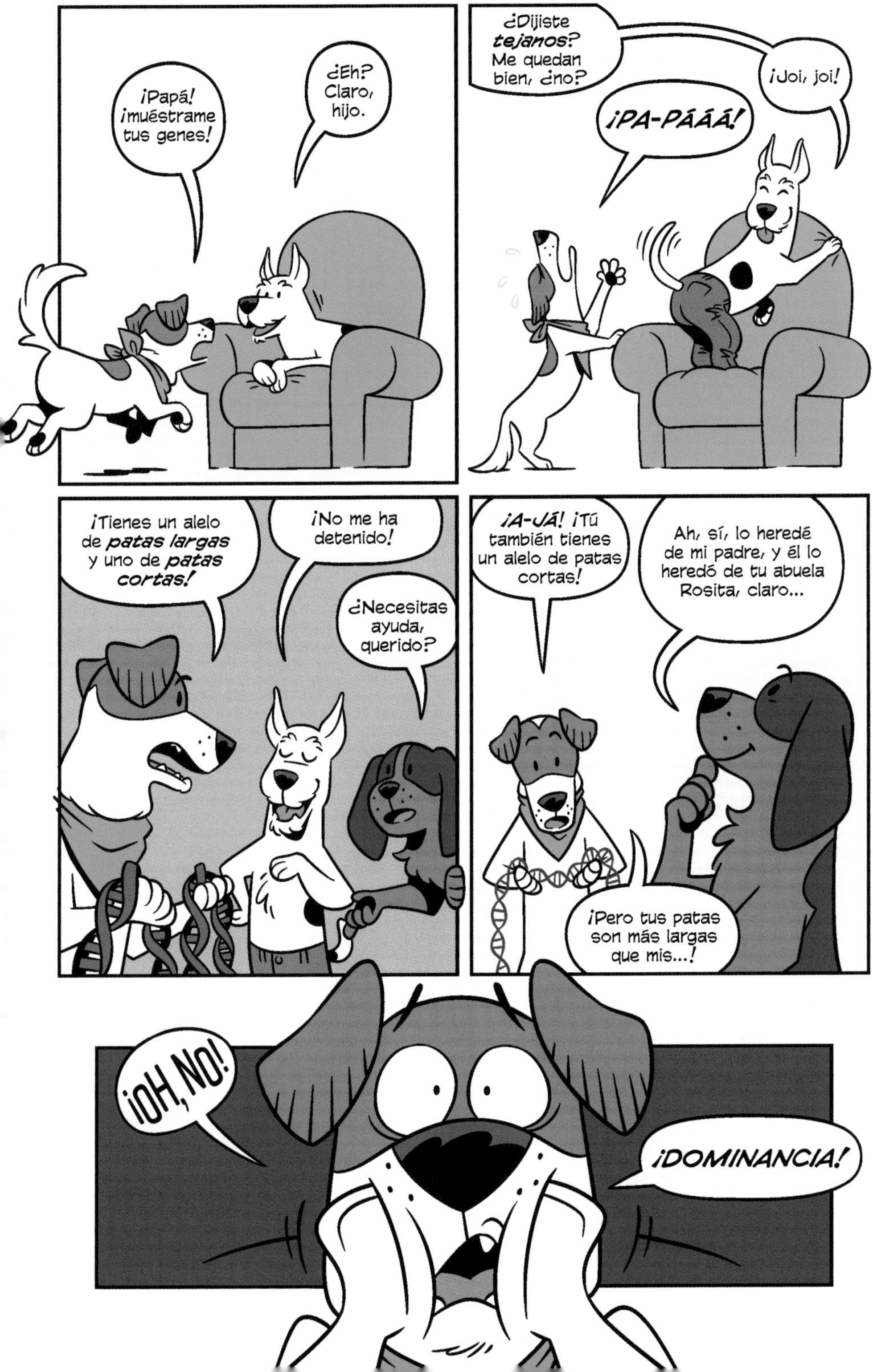
¡Papá! ¡muéstrame tus genes!
¿Eh? Claro, hijo.
¿Dijiste *tejanos*? Me quedan bien, ¿no?
¡Joi, joi!
¡PA-PÁÁÁ!
¡Tienes un alelo de *patas largas* y uno de *patas cortas*!
¡No me ha detenido!
¿Necesitas ayuda, querido?
¡A-JÁ! ¡Tú también tienes un alelo de patas cortas!
Ah, sí, lo heredé de mi padre, y él lo heredó de tu abuela Rosita, claro...
¡Pero tus patas son más largas que mis...!
¡OH, NO!
¡DOMINANCIA!

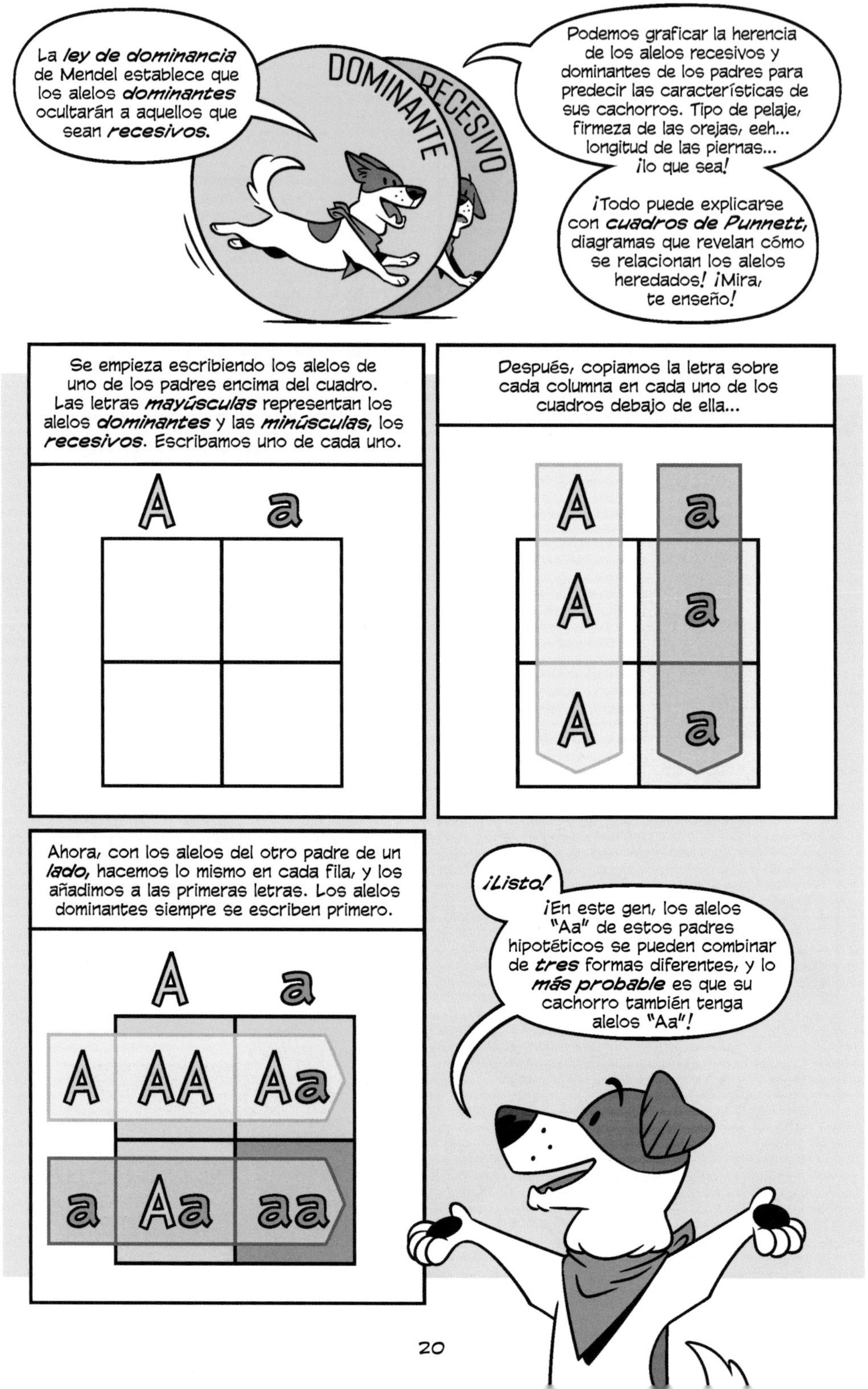
La ley de dominancia de Mendel establece que los alelos dominantes ocultarán a aquellos que sean recesivos.
DOMINANTE
RECESIVO
Podemos graficar la herencia de los alelos recesivos y dominantes de los padres para predecir las características de sus cachorros. Tipo de pelaje, firmeza de las orejas, eeh... longitud de las piernas... ¡lo que sea!
¡Todo puede explicarse con cuadros de Punnett, diagramas que revelan cómo se relacionan los alelos heredados! ¡Mira, te enseño!
Se empieza escribiendo los alelos de uno de los padres encima del cuadro. Las letras mayúsculas representan los alelos dominantes y las minúsculas, los recesivos. Escribamos uno de cada uno.
A
a
Después, copiamos la letra sobre cada columna en cada uno de los cuadros debajo de ella...
A
a
A
a
A
a
Ahora, con los alelos del otro padre de un lado, hacemos lo mismo en cada fila, y los añadimos a las primeras letras. Los alelos dominantes siempre se escriben primero.
A
a
A
AA
Aa
a
Aa
aa
¡Listo!
¡En este gen, los alelos "Aa" de estos padres hipotéticos se pueden combinar de tres formas diferentes, y lo más probable es que su cachorro también tenga alelos "Aa"!

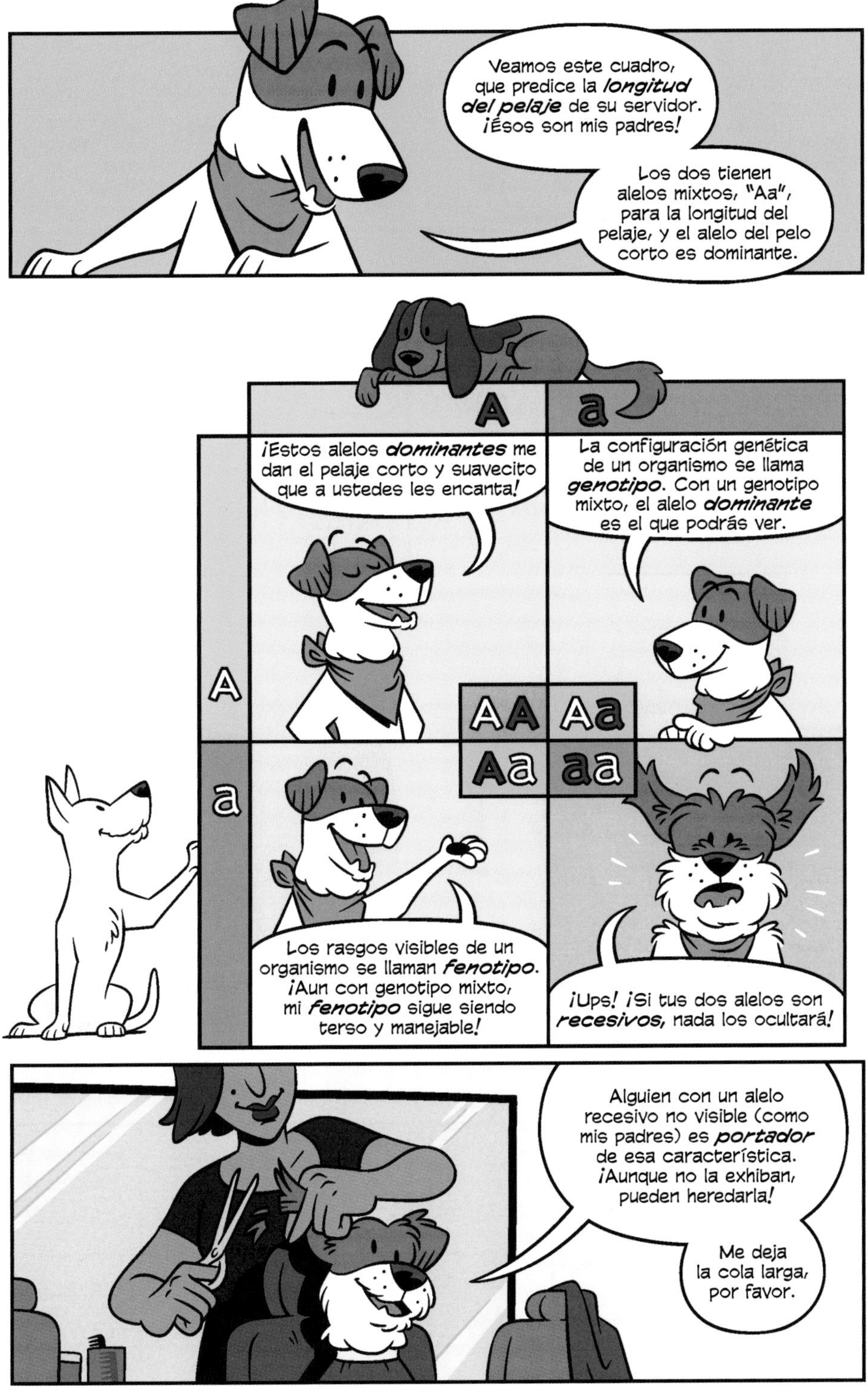
Veamos este cuadro, que predice la longitud del pelaje de su servidor. ¡Ésos son mis padres!
Los dos tienen alelos mixtos, "Aa", para la longitud del pelaje, y el alelo del pelo corto es dominante.
A
a
A
a
¡Estos alelos dominantes me dan el pelaje corto y suavecito que a ustedes les encanta!
La configuración genética de un organismo se llama genotipo. Con un genotipo mixto, el alelo dominante es el que podrás ver.
AA
Aa
Aa
aa
Los rasgos visibles de un organismo se llaman fenotipo. ¡Aun con genotipo mixto, mi fenotipo sigue siendo terso y manejable!
¡Ups! ¡Si tus dos alelos son recesivos, nada los ocultará!
Alguien con un alelo recesivo no visible (como mis padres) es portador de esa característica. ¡Aunque no la exhiban, pueden heredarla!
Me deja la cola larga, por favor.

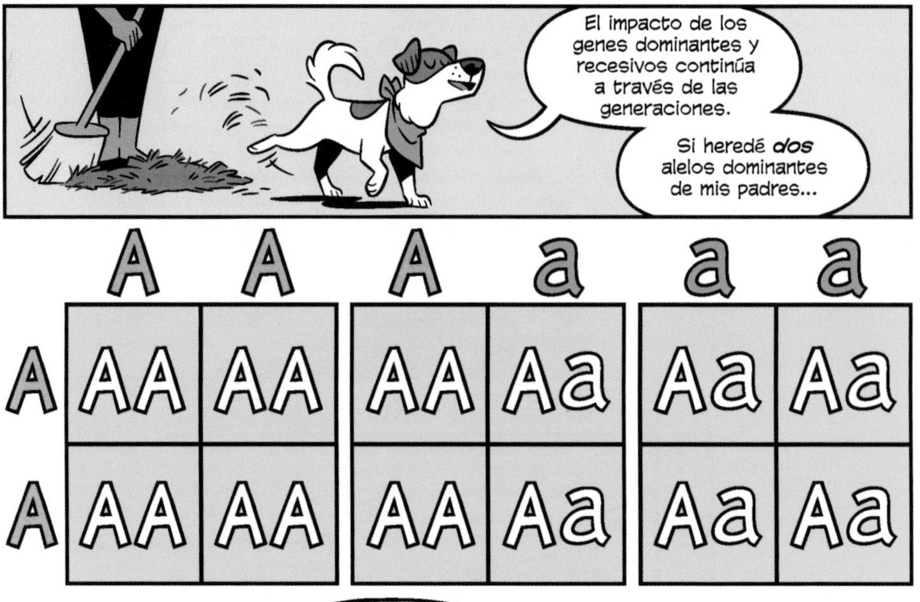
El impacto de los genes dominantes y recesivos continúa a través de las generaciones.
Si heredé ***dos*** alelos dominantes de mis padres...

	A	A
A	AA	AA
A	AA	AA

	A	a
A	AA	Aa
A	AA	Aa

	a	a
A	Aa	Aa
A	Aa	Aa

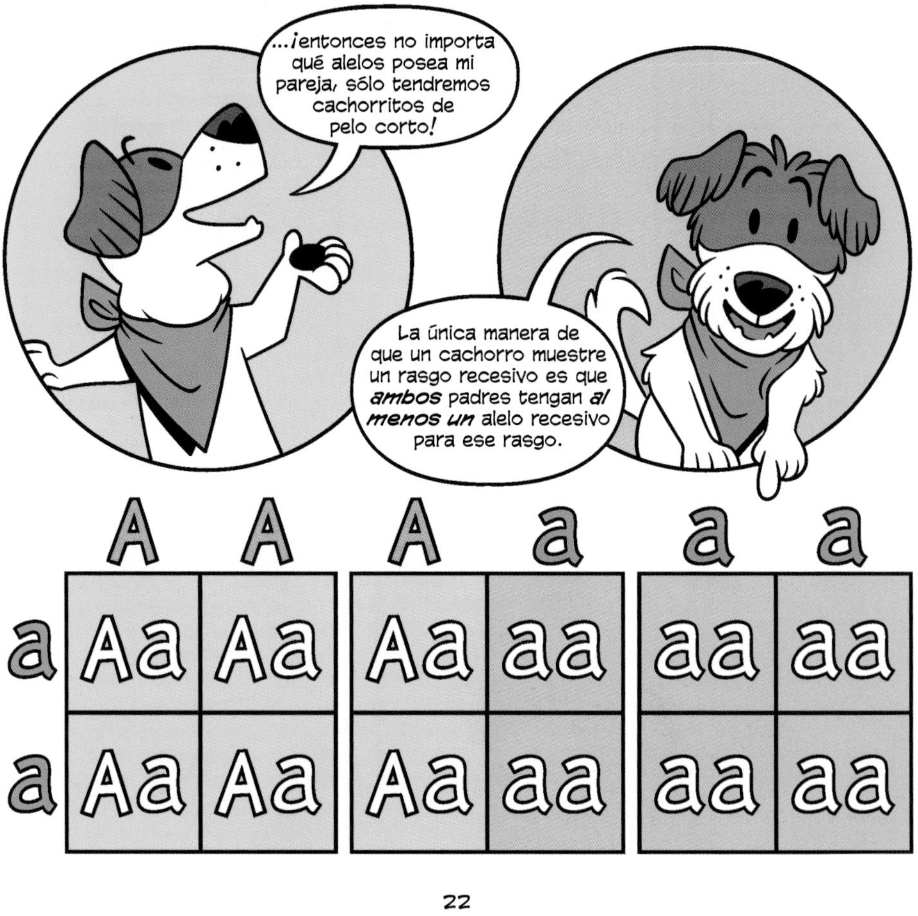
...¡entonces no importa qué alelos posea mi pareja, sólo tendremos cachorritos de pelo corto!
La única manera de que un cachorro muestre un rasgo recesivo es que ***ambos*** padres tengan ***al menos un*** alelo recesivo para ese rasgo.

	A	A
a	Aa	Aa
a	Aa	Aa

	A	a
a	Aa	aa
a	Aa	aa

	a	a
a	aa	aa
a	aa	aa

Y ése es el ejemplo de un rasgo con *dominancia completa,* ¡pero no siempre funciona así!

Lo cual nos regresa al caso de mis patitas cortas...

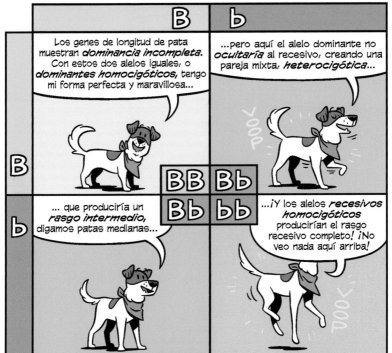

	B	b
B	Los genes de longitud de pata muestran *dominancia incompleta.* Con estos dos alelos iguales, o *dominantes homocigóticos,* tengo mi forma perfecta y maravillosa...	...pero aquí el alelo dominante no *ocultaría* al recesivo, creando una pareja mixta, *heterocigótica*...
b	... que produciría un *rasgo intermedio,* digamos patas medianas...	...¡Y los alelos *recesivos homocigóticos* producirían el rasgo recesivo completo! ¡No veo nada aquí arriba!

BB Bb
Bb bb

Los alelos también podrían ser *codominantes,* es decir que se expresan *ambos* rasgos. ¡Tus genes son una gran mezcla desordenada de alelos y de sus interacciones!

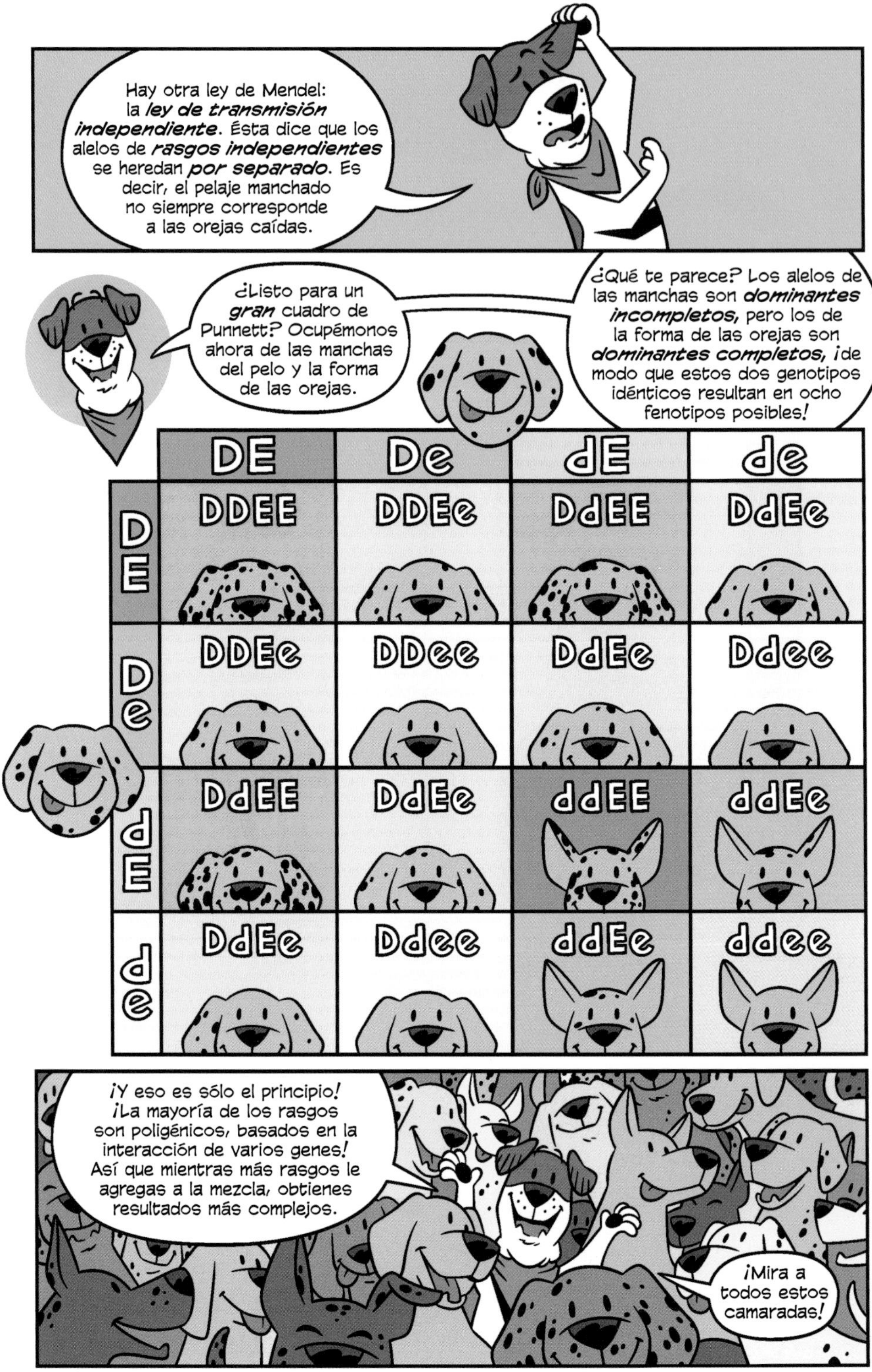
Hay otra ley de Mendel: la *ley de transmisión independiente*. Ésta dice que los alelos de *rasgos independientes* se heredan *por separado*. Es decir, el pelaje manchado no siempre corresponde a las orejas caídas.
¿Listo para un *gran* cuadro de Punnett? Ocupémonos ahora de las manchas del pelo y la forma de las orejas.
¿Qué te parece? Los alelos de las manchas son *dominantes incompletos*, pero los de la forma de las orejas son *dominantes completos*, ¡de modo que estos dos genotipos idénticos resultan en ocho fenotipos posibles!
DE De dE de
DE DDEE DDEe DdEE DdEe
De DDEe DDee DdEe Ddee
dE DdEE DdEe ddEE ddEe
de DdEe Ddee ddEe ddee
¡Y eso es sólo el principio! ¡La mayoría de los rasgos son poligénicos, basados en la interacción de varios genes! Así que mientras más rasgos le agregas a la mezcla, obtienes resultados más complejos.
¡Mira a todos estos camaradas!

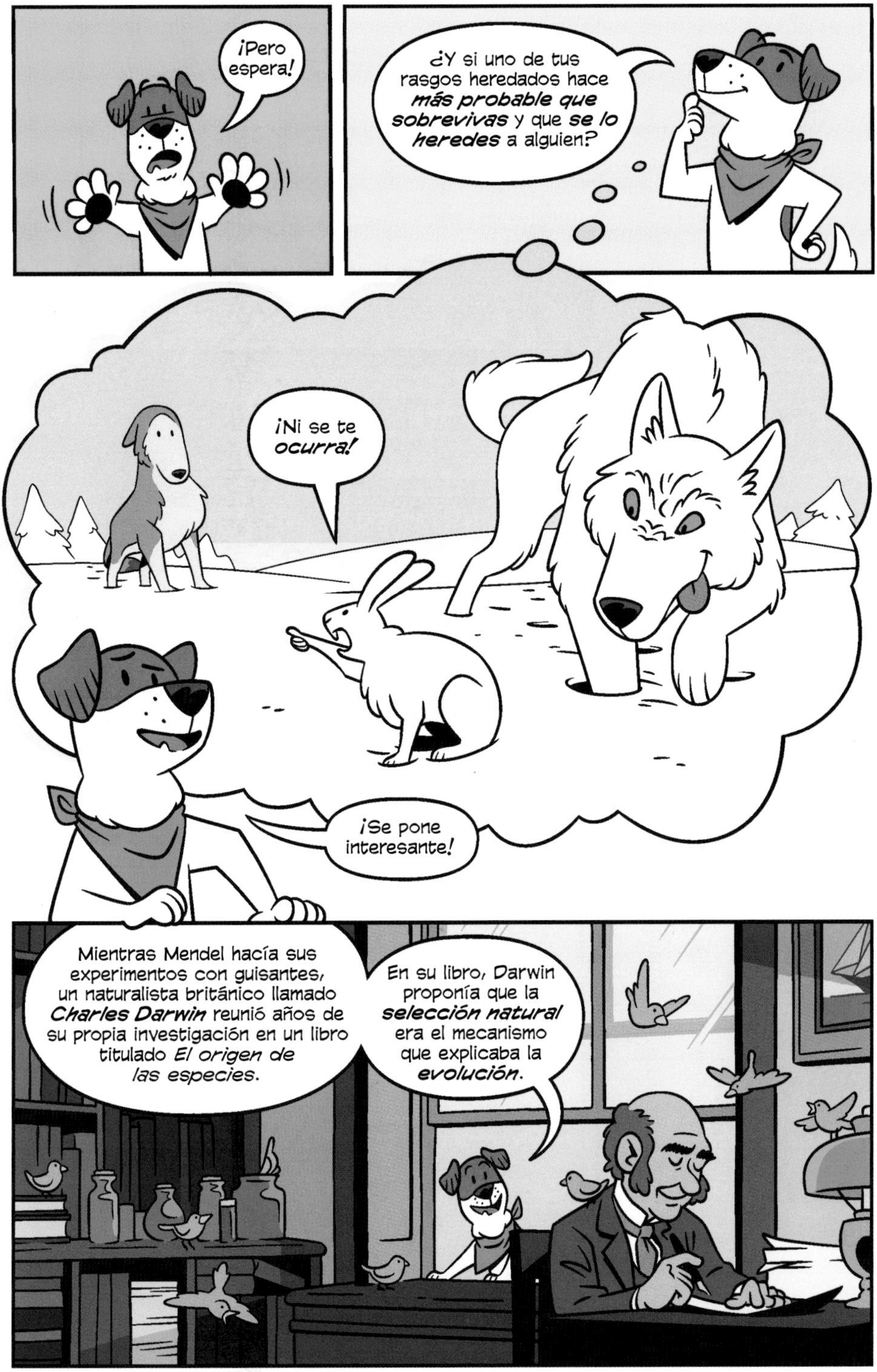

¡Pero espera!
¿Y si uno de tus rasgos heredados hace *más probable que sobrevivas* y que *se lo heredes* a alguien?
¡Ni se te *ocurra!*
¡Se pone interesante!
Mientras Mendel hacía sus experimentos con guisantes, un naturalista británico llamado *Charles Darwin* reunió años de su propia investigación en un libro titulado *El origen de las especies*.
En su libro, Darwin proponía que la *selección natural* era el mecanismo que explicaba la *evolución*.

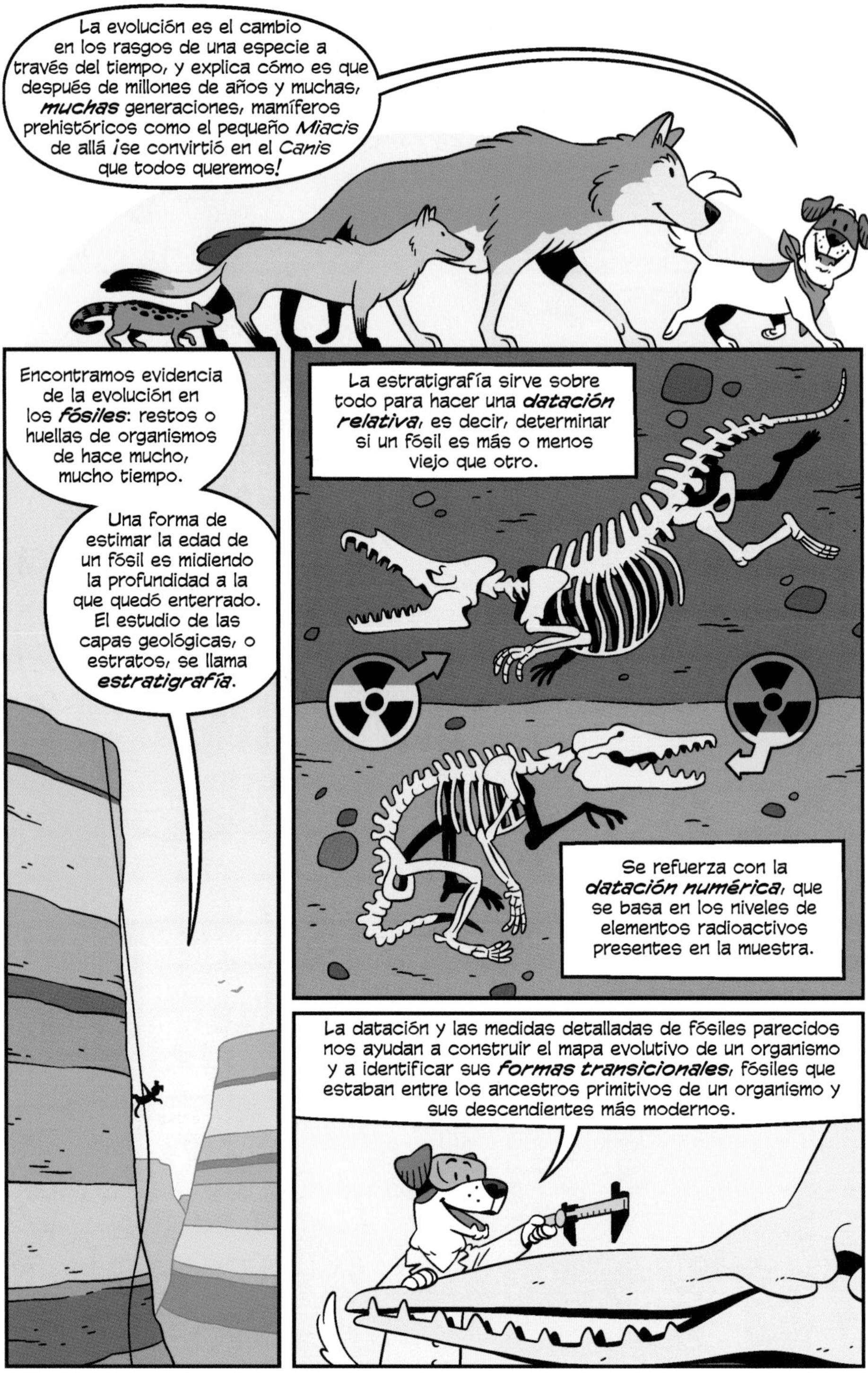
La evolución es el cambio en los rasgos de una especie a través del tiempo, y explica cómo es que después de millones de años y muchas, *muchas* generaciones, mamíferos prehistóricos como el pequeño *Miacis* de allá ¡se convirtió en el *Canis* que todos queremos!
Encontramos evidencia de la evolución en los *fósiles*: restos o huellas de organismos de hace mucho, mucho tiempo.
Una forma de estimar la edad de un fósil es midiendo la profundidad a la que quedó enterrado. El estudio de las capas geológicas, o estratos, se llama *estratigrafía*.
La estratigrafía sirve sobre todo para hacer una *datación relativa*, es decir, determinar si un fósil es más o menos viejo que otro.
Se refuerza con la *datación numérica*, que se basa en los niveles de elementos radioactivos presentes en la muestra.
La datación y las medidas detalladas de fósiles parecidos nos ayudan a construir el mapa evolutivo de un organismo y a identificar sus *formas transicionales*, fósiles que estaban entre los ancestros primitivos de un organismo y sus descendientes más modernos.

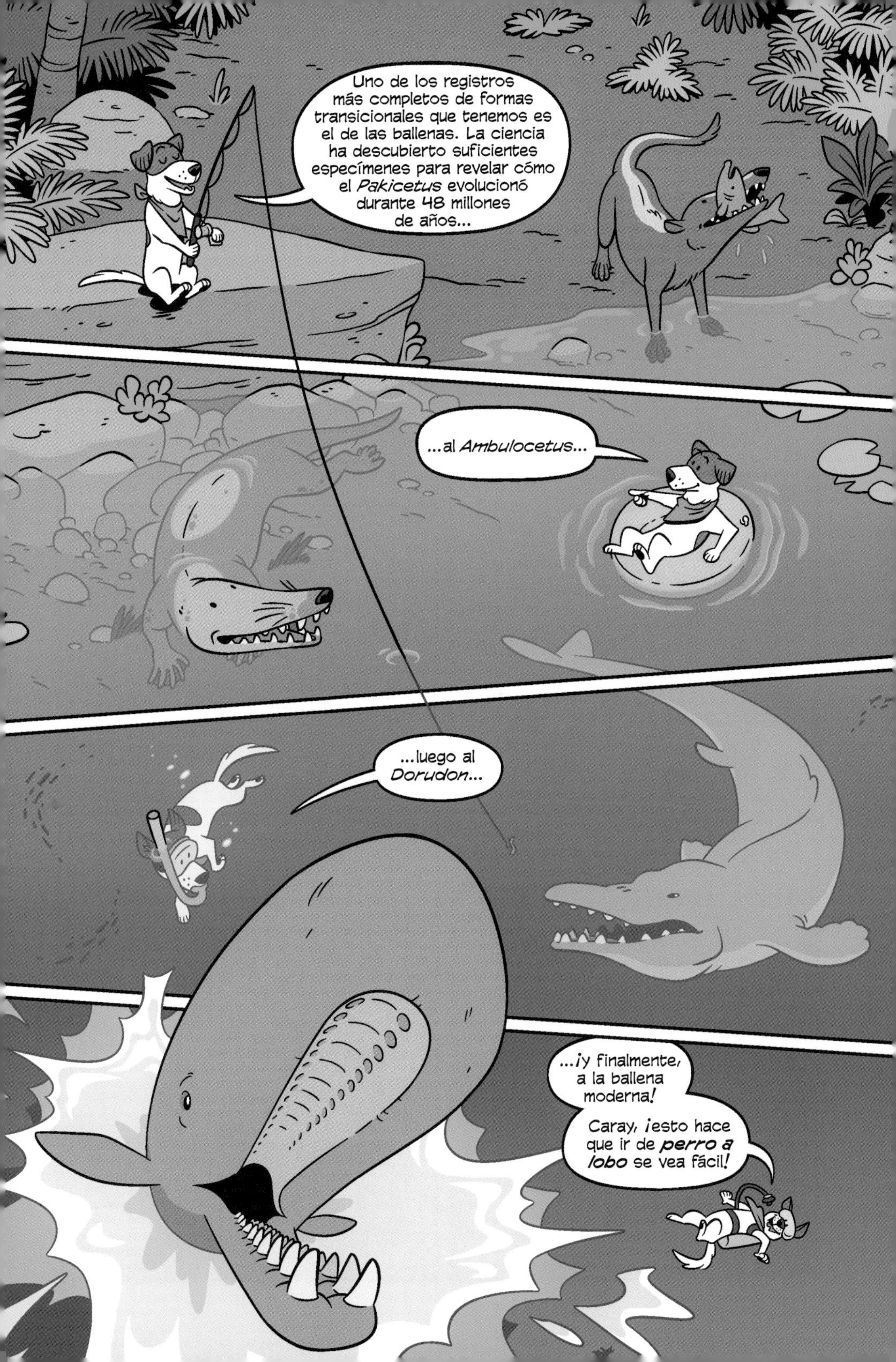
Uno de los registros más completos de formas transicionales que tenemos es el de las ballenas. La ciencia ha descubierto suficientes especímenes para revelar cómo el *Pakicetus* evolucionó durante 48 millones de años...
...al *Ambulocetus*...
...luego al *Dorudon*...
...¡y finalmente, a la ballena moderna!
Caray, ¡esto hace que ir de ***perro a lobo*** se vea fácil!

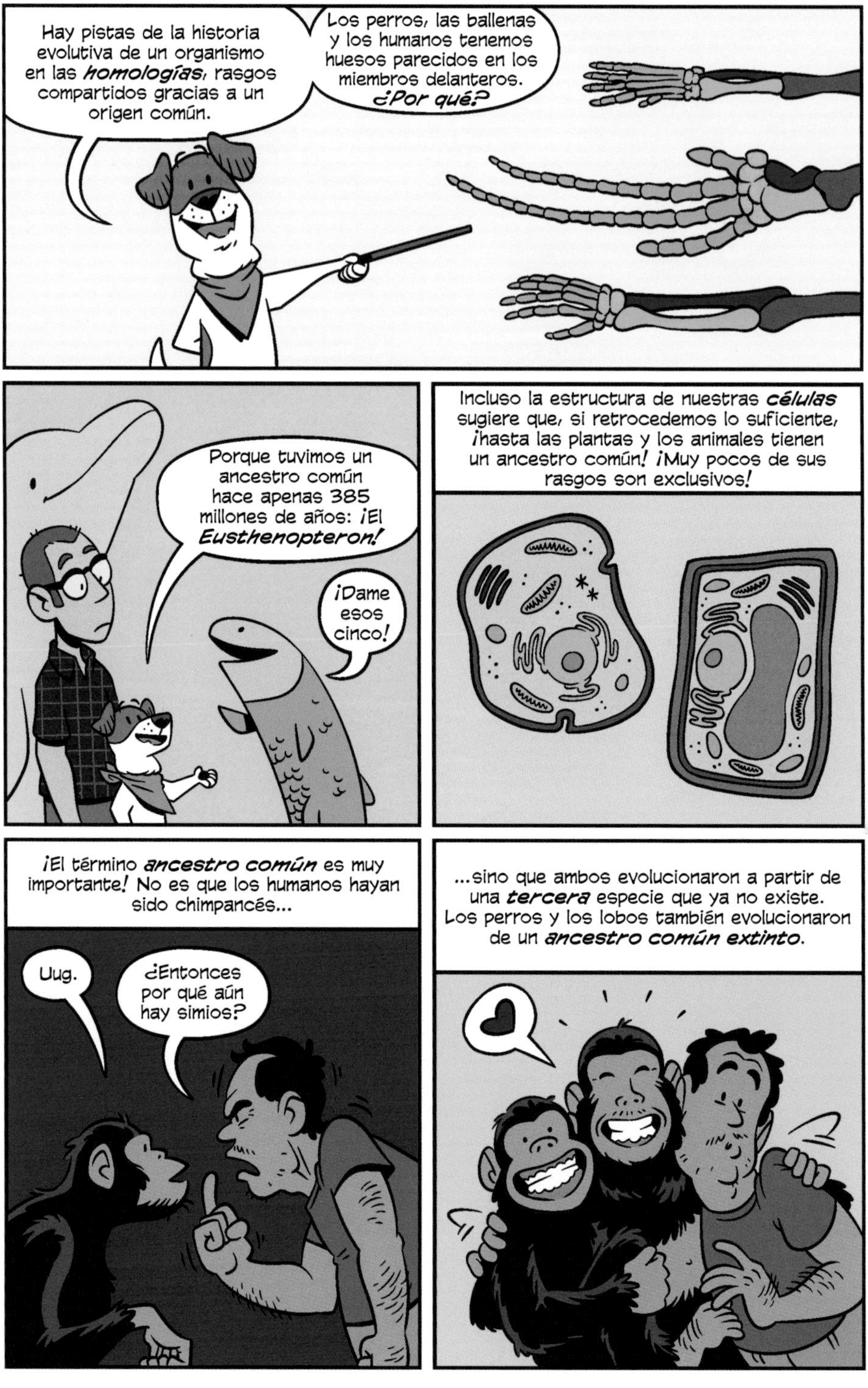
Hay pistas de la historia evolutiva de un organismo en las *homologías*, rasgos compartidos gracias a un origen común.
Los perros, las ballenas y los humanos tenemos huesos parecidos en los miembros delanteros. *¿Por qué?*
Porque tuvimos un ancestro común hace apenas 385 millones de años: ¡El *Eusthenopteron!*
¡Dame esos cinco!
Incluso la estructura de nuestras *células* sugiere que, si retrocedemos lo suficiente, ¡hasta las plantas y los animales tienen un ancestro común! ¡Muy pocos de sus rasgos son exclusivos!
¡El término *ancestro común* es muy importante! No es que los humanos hayan sido chimpancés...
Uug.
¿Entonces por qué aún hay simios?
...sino que ambos evolucionaron a partir de una *tercera* especie que ya no existe. Los perros y los lobos también evolucionaron de un *ancestro común extinto*.

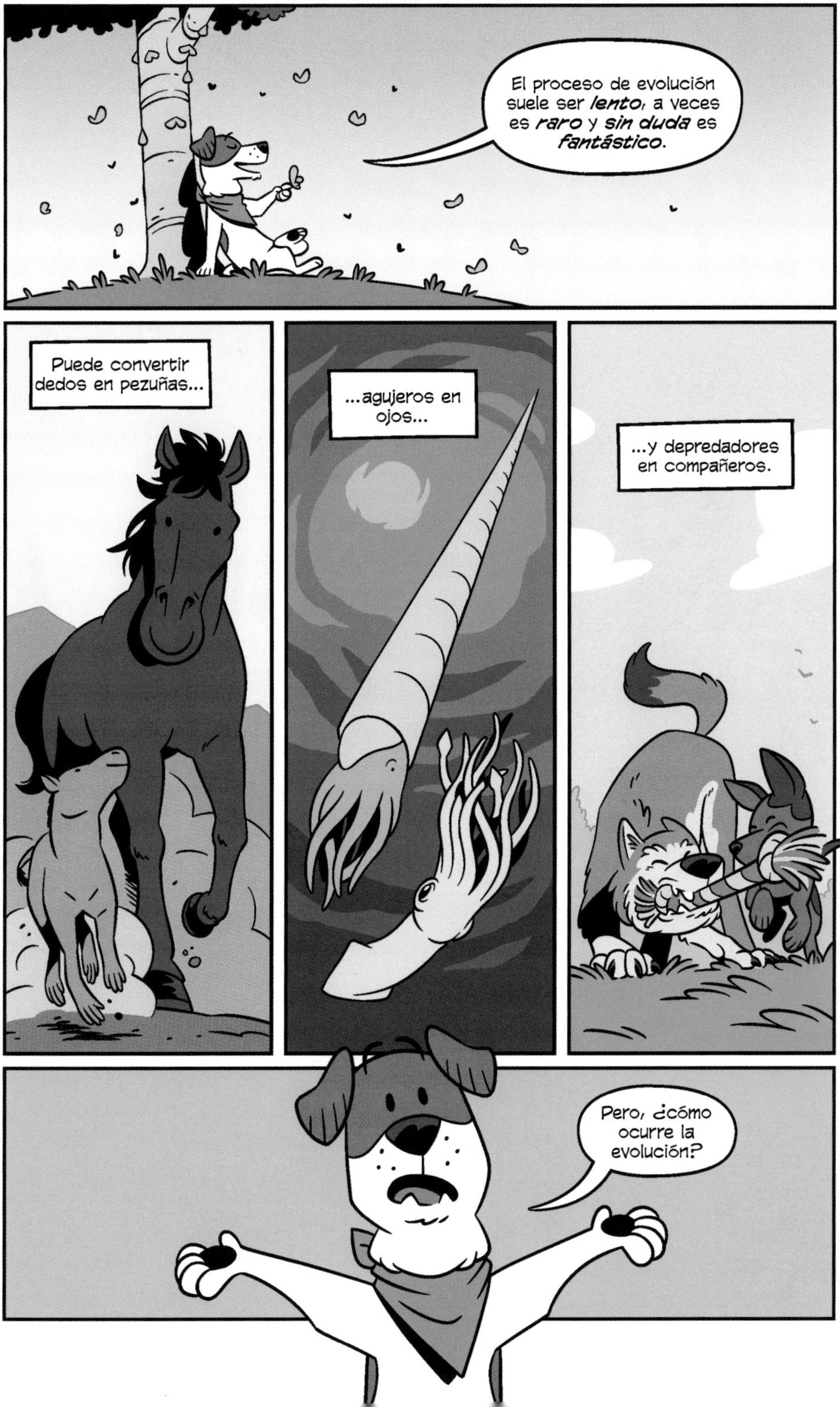
El proceso de evolución suele ser *lento*, a veces es *raro* y *sin duda* es *fantástico*.
Puede convertir dedos en pezuñas...
...agujeros en ojos...
...y depredadores en compañeros.
Pero, ¿cómo ocurre la evolución?

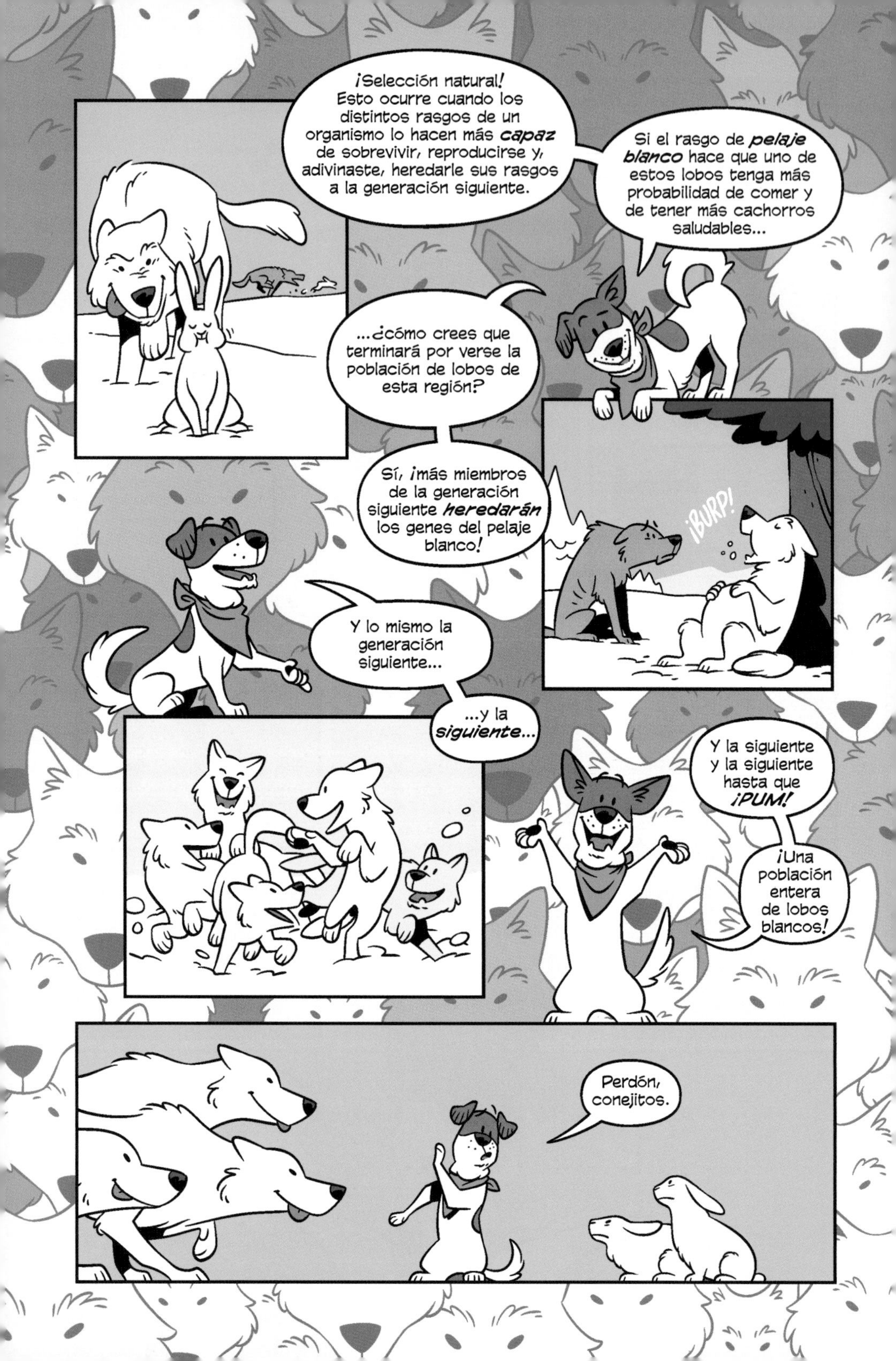
¡Selección natural! Esto ocurre cuando los distintos rasgos de un organismo lo hacen más *capaz* de sobrevivir, reproducirse y, adivinaste, heredarle sus rasgos a la generación siguiente.
Si el rasgo de *pelaje blanco* hace que uno de estos lobos tenga más probabilidad de comer y de tener más cachorros saludables...
...¿cómo crees que terminará por verse la población de lobos de esta región?
Sí, ¡más miembros de la generación siguiente *heredarán* los genes del pelaje blanco!
¡BURP!
Y lo mismo la generación siguiente...
...y la *siguiente*...
Y la siguiente y la siguiente hasta que *¡PUM!*
¡Una población entera de lobos blancos!
Perdón, conejitos.

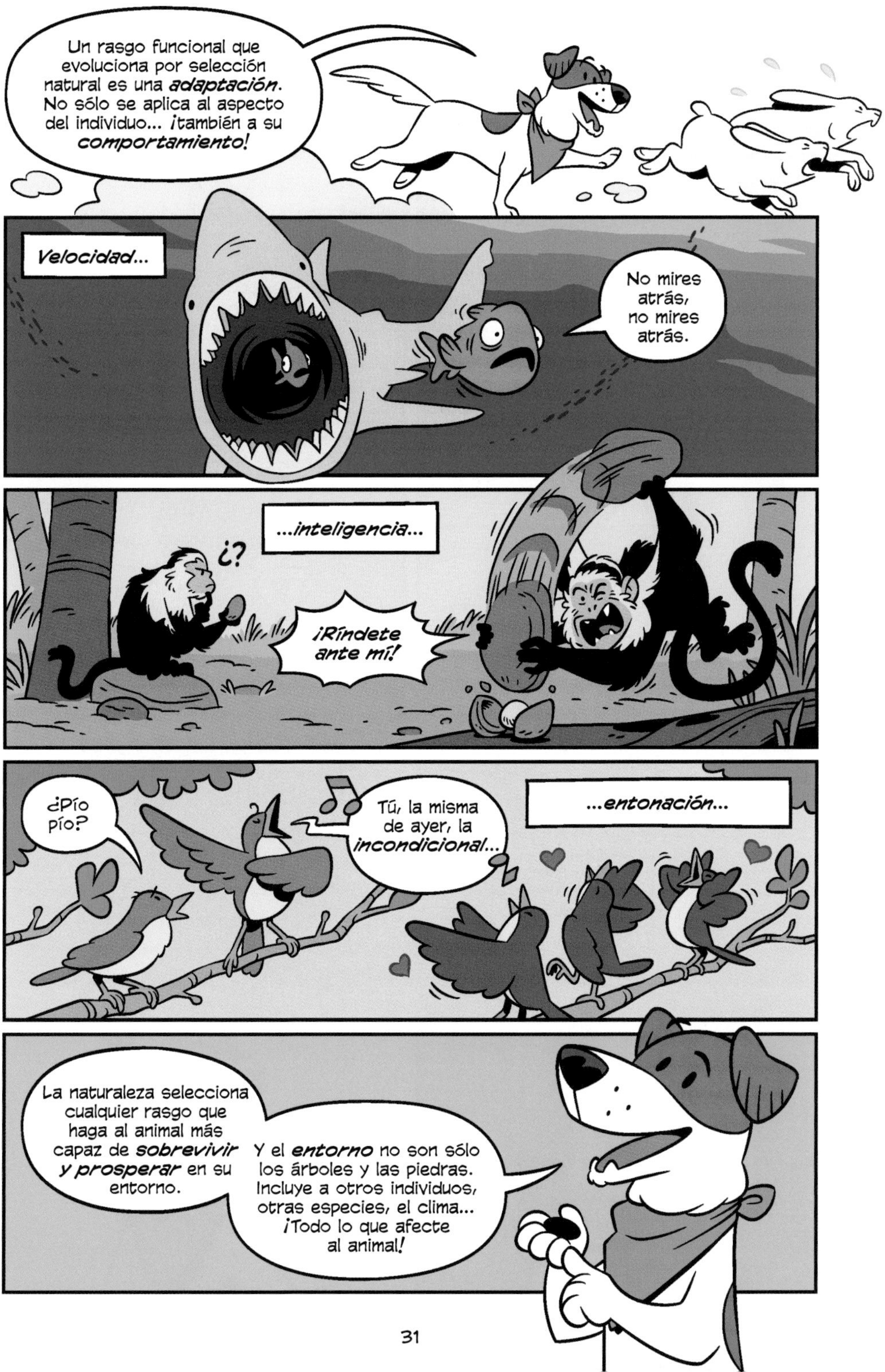
Un rasgo funcional que evoluciona por selección natural es una *adaptación*. No sólo se aplica al aspecto del individuo... ¡también a su *comportamiento*!
Velocidad...
No mires atrás, no mires atrás.
...inteligencia...
¿?
¡Ríndete ante mí!
¿Pío pío?
Tú, la misma de ayer, la *incondicional...*
...entonación...
La naturaleza selecciona cualquier rasgo que haga al animal más capaz de *sobrevivir y prosperar* en su entorno.
Y el *entorno* no son sólo los árboles y las piedras. Incluye a otros individuos, otras especies, el clima... ¡Todo lo que afecte al animal!

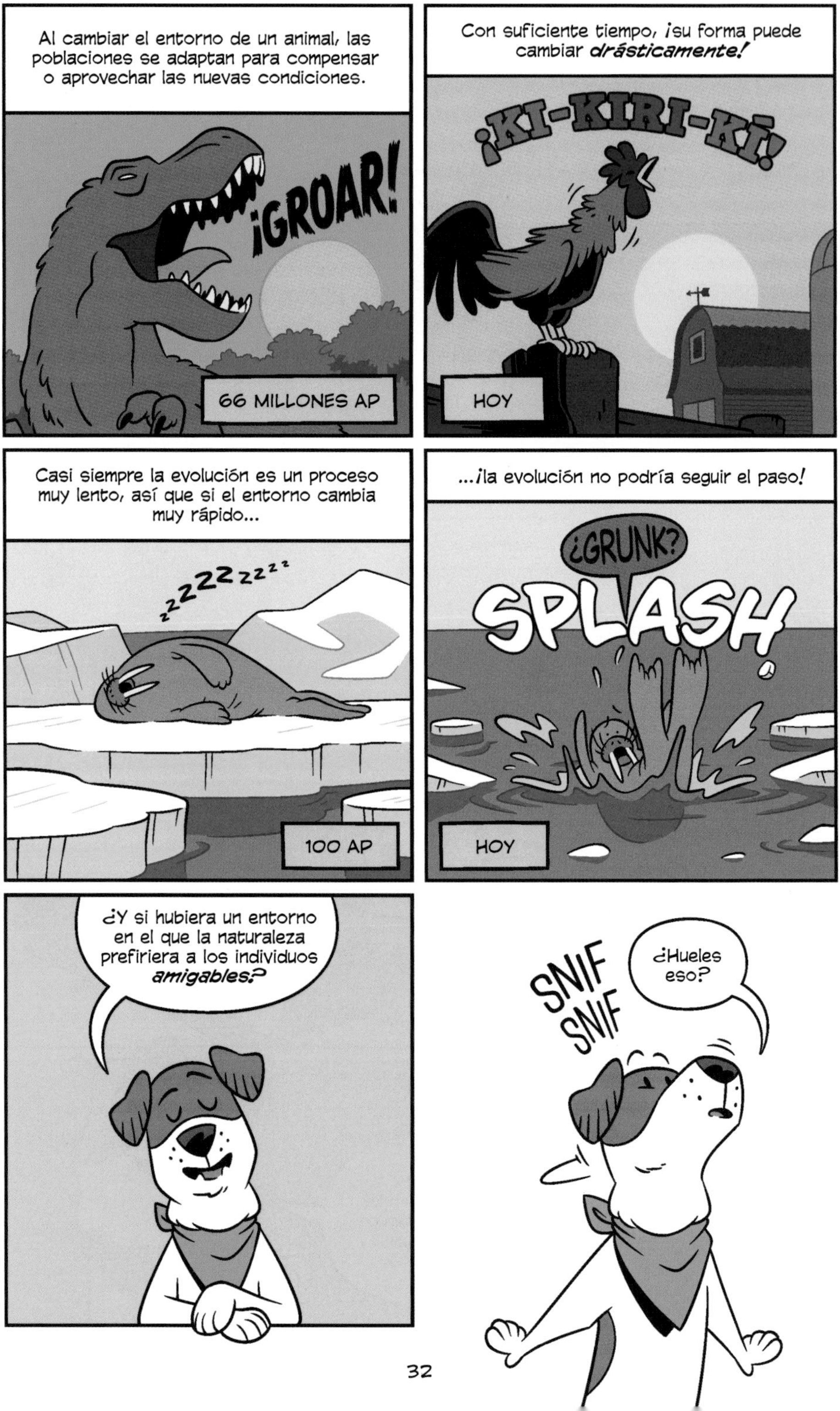

Al cambiar el entorno de un animal, las poblaciones se adaptan para compensar o aprovechar las nuevas condiciones.
¡GROAR!
66 MILLONES AP
Con suficiente tiempo, ¡su forma puede cambiar *drásticamente!*
¡KI-KIRI-KÍ!
HOY
Casi siempre la evolución es un proceso muy lento, así que si el entorno cambia muy rápido...
zzzZZzzzz
100 AP
...¡la evolución no podría seguir el paso!
¿GRUNK?
SPLASH
HOY
¿Y si hubiera un entorno en el que la naturaleza prefiriera a los individuos *amigables?*
SNIF SNIF
¿Hueles eso?

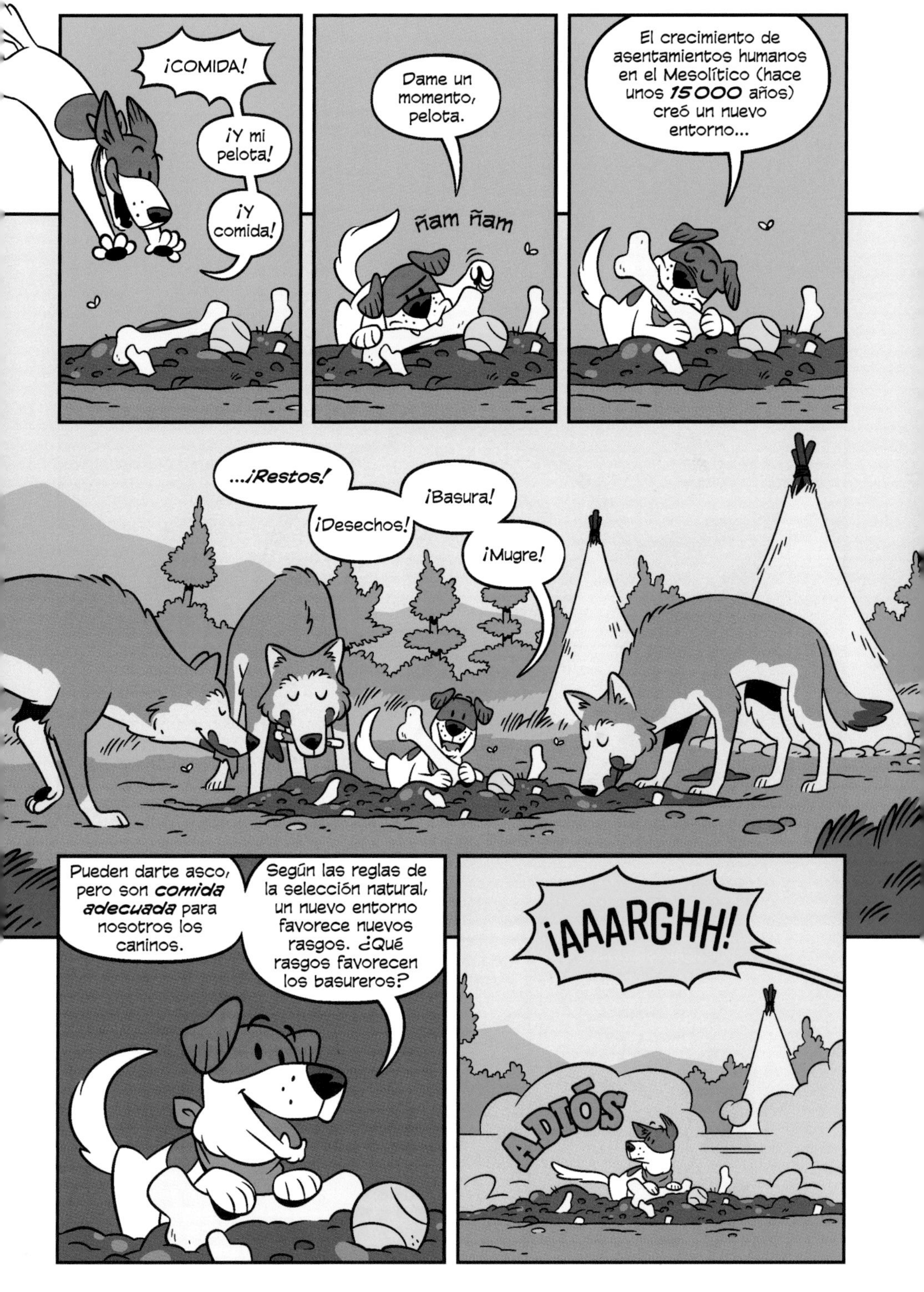

¡COMIDA!
¡Y mi pelota!
¡Y comida!
Dame un momento, pelota.
ñam ñam
El crecimiento de asentamientos humanos en el Mesolítico (hace unos 15 000 años) creó un nuevo entorno...
...¡Restos!
¡Basura!
¡Desechos!
¡Mugre!
Pueden darte asco, pero son comida adecuada para nosotros los caninos.
Según las reglas de la selección natural, un nuevo entorno favorece nuevos rasgos. ¿Qué rasgos favorecen los basureros?
¡AAARGHH!
ADIÓS

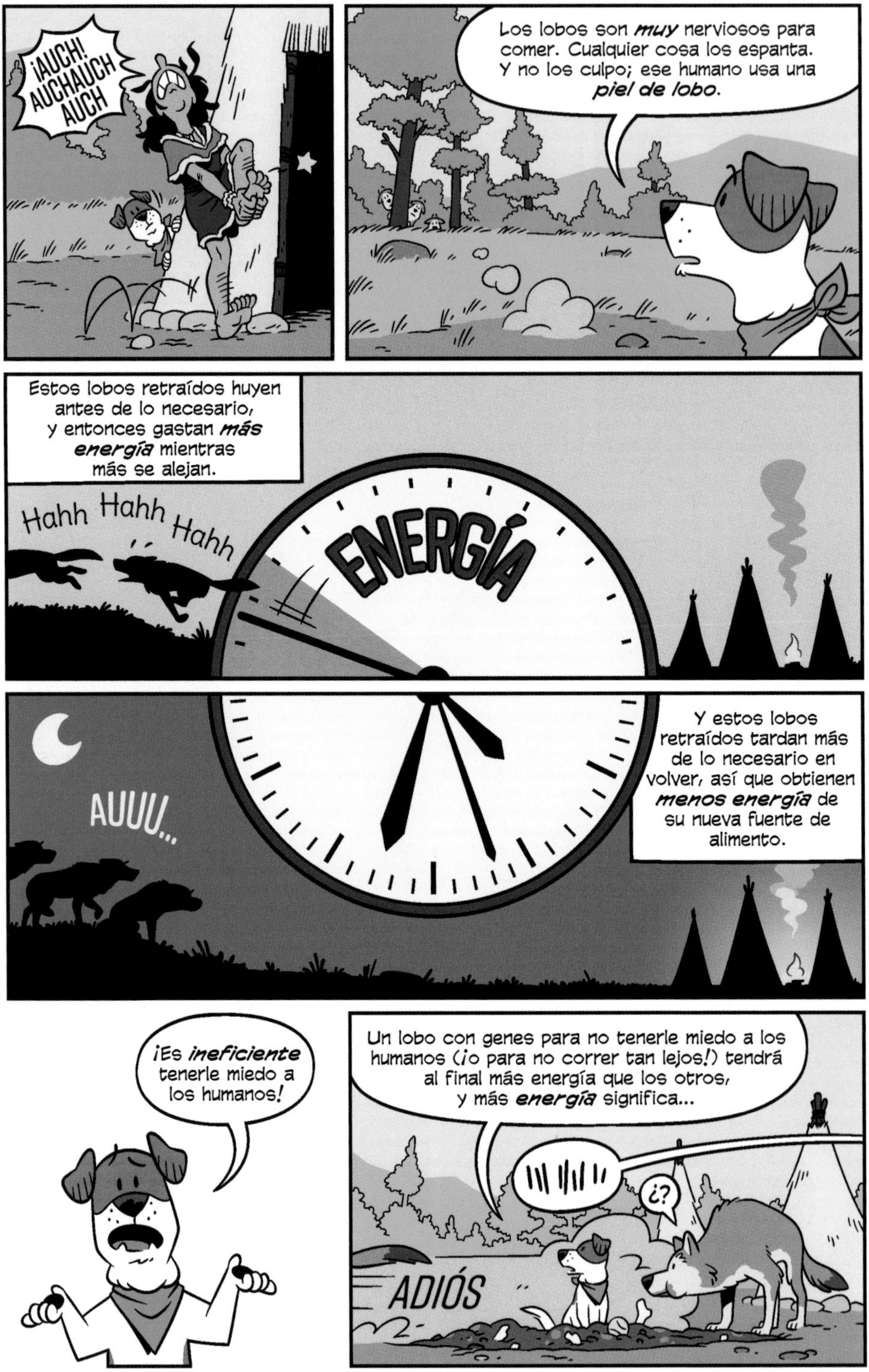
¡AUCH! AUCHAUCH AUCH
Los lobos son *muy* nerviosos para comer. Cualquier cosa los espanta. Y no los culpo; ese humano usa una *piel de lobo*.
Estos lobos retraídos huyen antes de lo necesario, y entonces gastan *más energía* mientras más se alejan.
Hahh Hahh Hahh
ENERGÍA
AUUU...
Y estos lobos retraídos tardan más de lo necesario en volver, así que obtienen *menos energía* de su nueva fuente de alimento.
¡Es *ineficiente* tenerle miedo a los humanos!
Un lobo con genes para no tenerle miedo a los humanos (¡o para no correr tan lejos!) tendrá al final más energía que los otros, y más *energía* significa...
¿?
ADIÓS

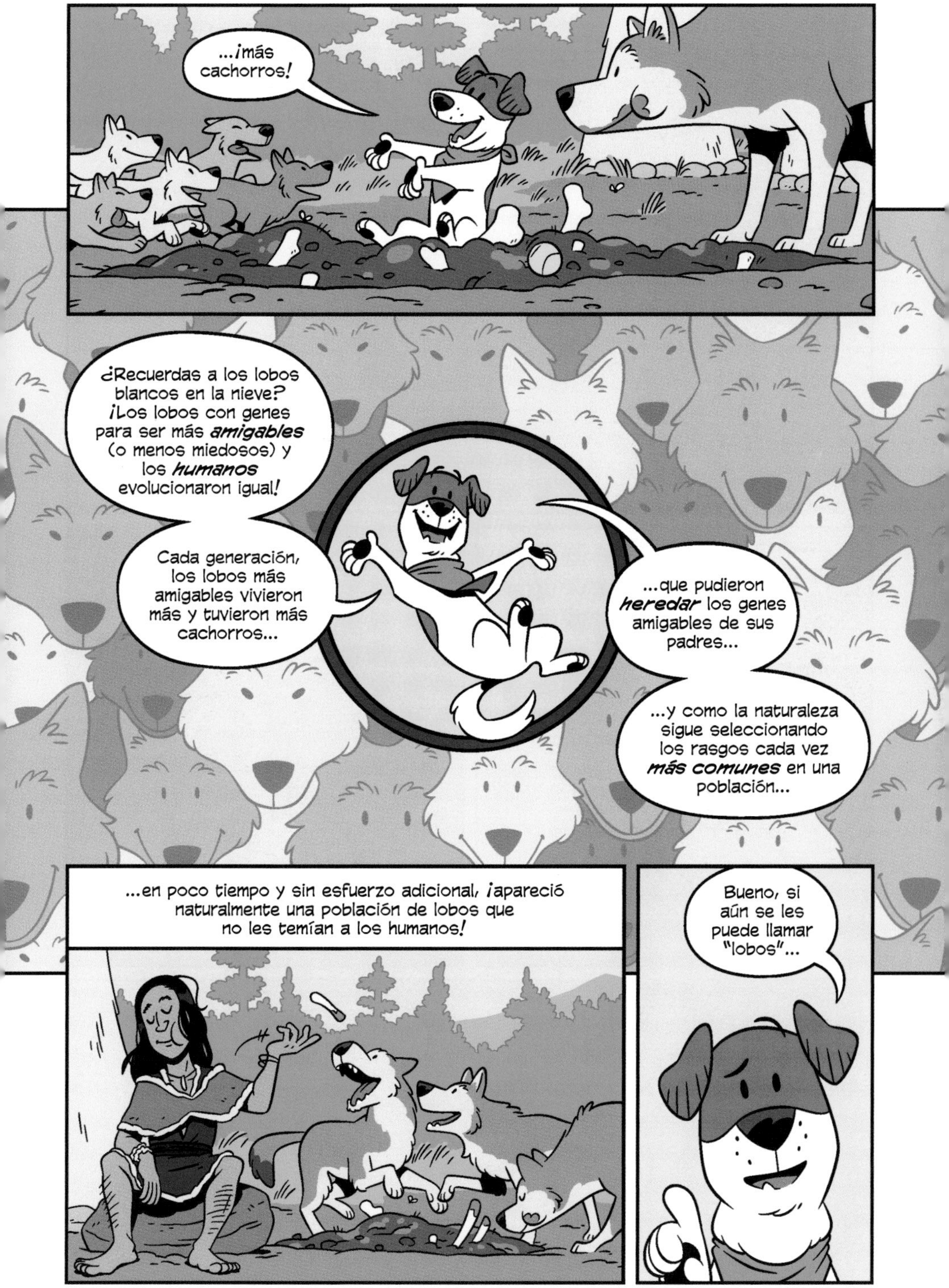

...¡más cachorros!
¿Recuerdas a los lobos blancos en la nieve? ¡Los lobos con genes para ser más amigables (o menos miedosos) y los humanos evolucionaron igual!
Cada generación, los lobos más amigables vivieron más y tuvieron más cachorros...
...que pudieron heredar los genes amigables de sus padres...
...y como la naturaleza sigue seleccionando los rasgos cada vez más comunes en una población...
...en poco tiempo y sin esfuerzo adicional, ¡apareció naturalmente una población de lobos que no les temían a los humanos!
Bueno, si aún se les puede llamar "lobos"...

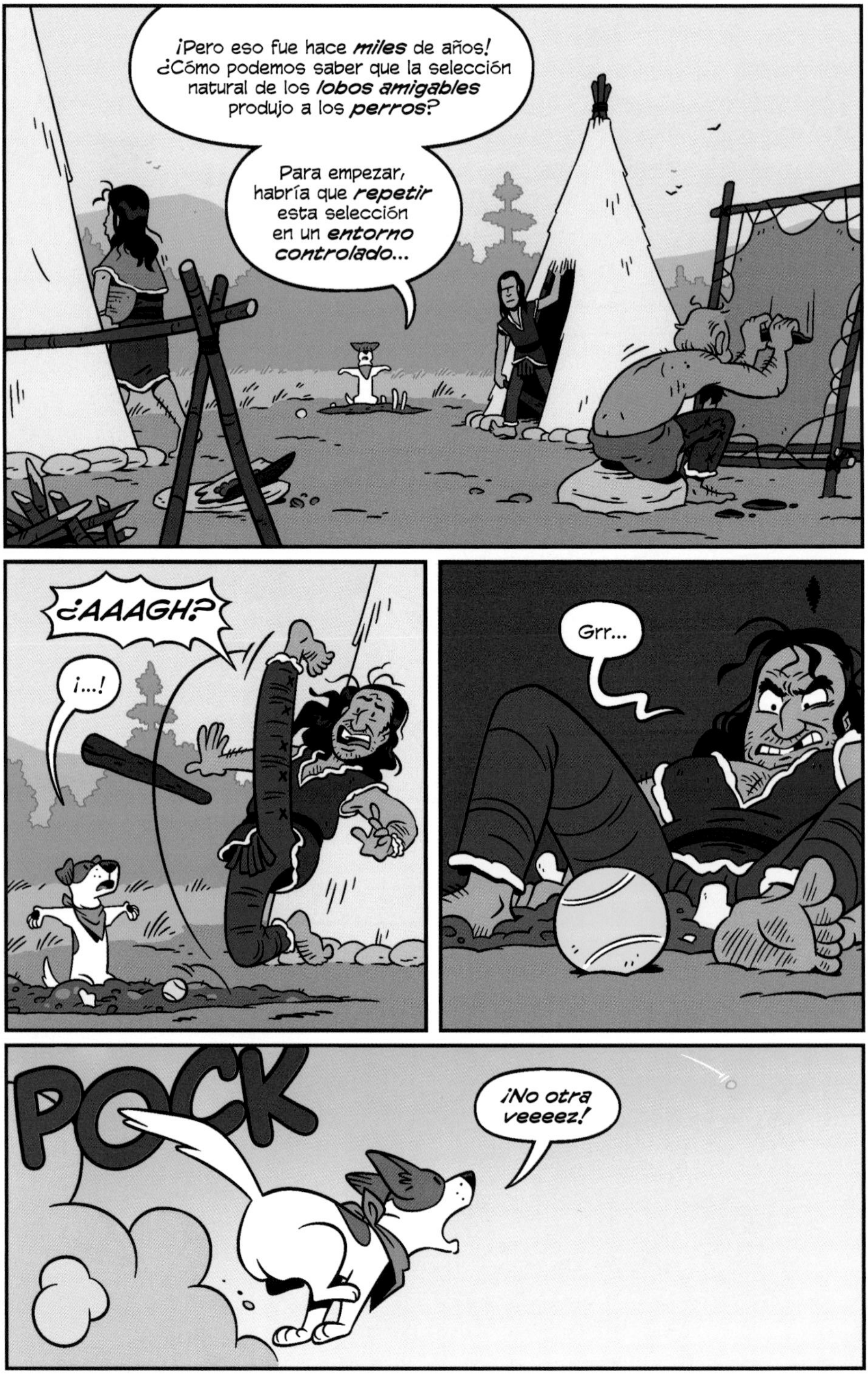
¡Pero eso fue hace *miles* de años! ¿Cómo podemos saber que la selección natural de los *lobos amigables* produjo a los *perros*?
Para empezar, habría que *repetir* esta selección en un *entorno controlado*...
¿AAAGH?
¡...!
Grr...
POCK
¡No otra veeeez!

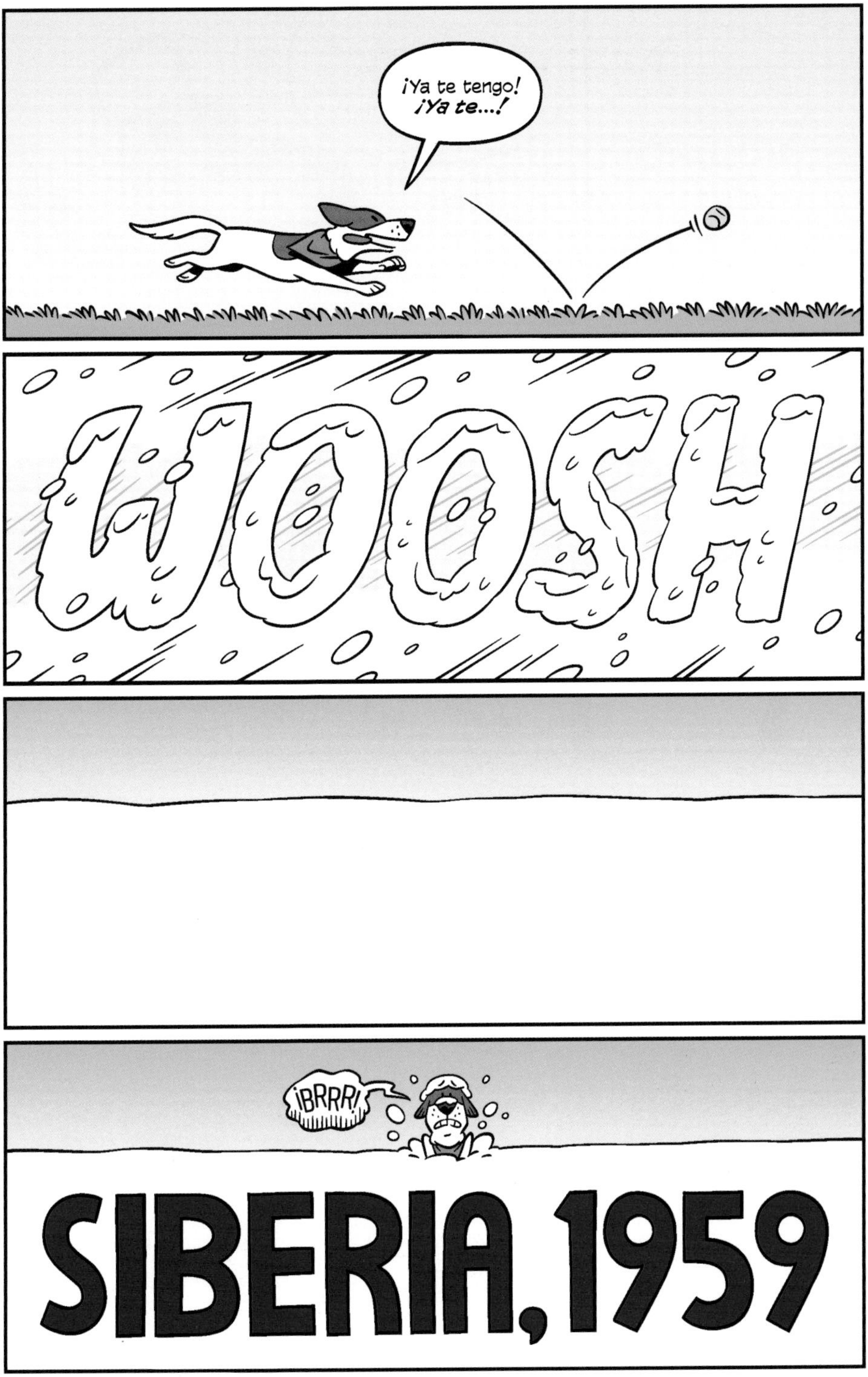

¡Ya te tengo! *¡Ya te...!*
WOOSH
¡BRRR!
SIBERIA, 1959

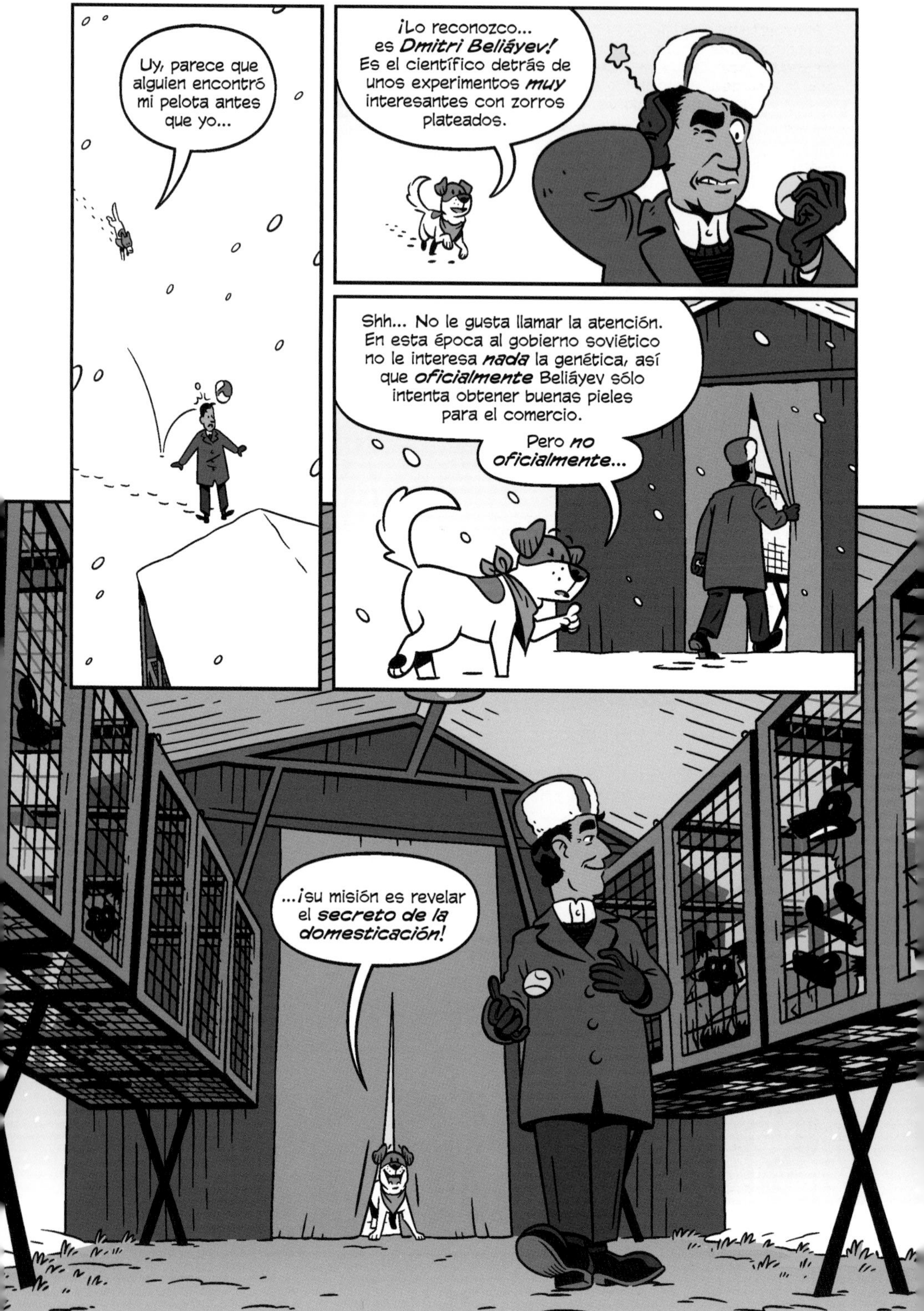
Uy, parece que alguien encontró mi pelota antes que yo...
¡Lo reconozco... es *Dmitri Beliáyev!* Es el científico detrás de unos experimentos *muy* interesantes con zorros plateados.
Shh... No le gusta llamar la atención. En esta época al gobierno soviético no le interesa *nada* la genética, así que *oficialmente* Beliáyev sólo intenta obtener buenas pieles para el comercio.
Pero *no oficialmente*...
...¡su misión es revelar el *secreto de la domesticación*!

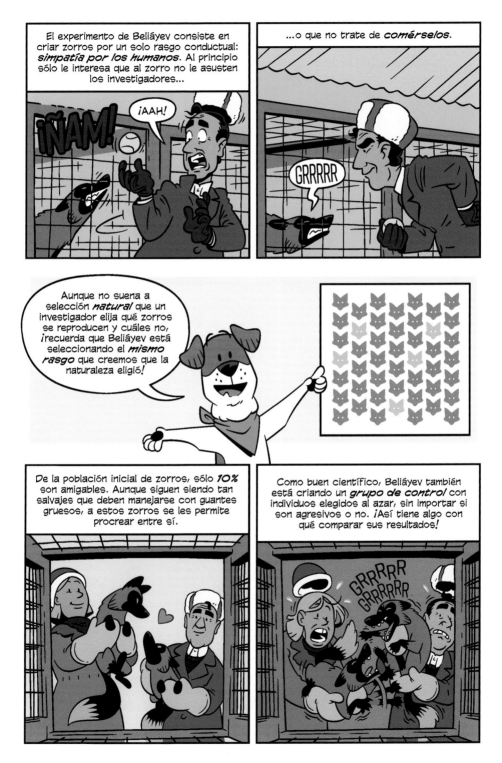

El experimento de Beliáyev consiste en criar zorros por un solo rasgo conductual: *simpatía por los humanos*. Al principio sólo le interesa que al zorro no le asusten los investigadores...

¡AAH!

¡ÑAM!

...o que no trate de *comérselos*.

GRRRRR

Aunque no suena a selección *natural* que un investigador elija qué zorros se reproducen y cuáles no, ¡recuerda que Beliáyev está seleccionando el *mismo rasgo* que creemos que la naturaleza eligió!

De la población inicial de zorros, sólo *10%* son amigables. Aunque siguen siendo tan salvajes que deben manejarse con guantes gruesos, a estos zorros se les permite procrear entre sí.

Como buen científico, Beliáyev también está criando un *grupo de control* con individuos elegidos al azar, sin importar si son agresivos o no. ¡Así tiene algo con qué comparar sus resultados!

GRRRRR
GRRRRRR

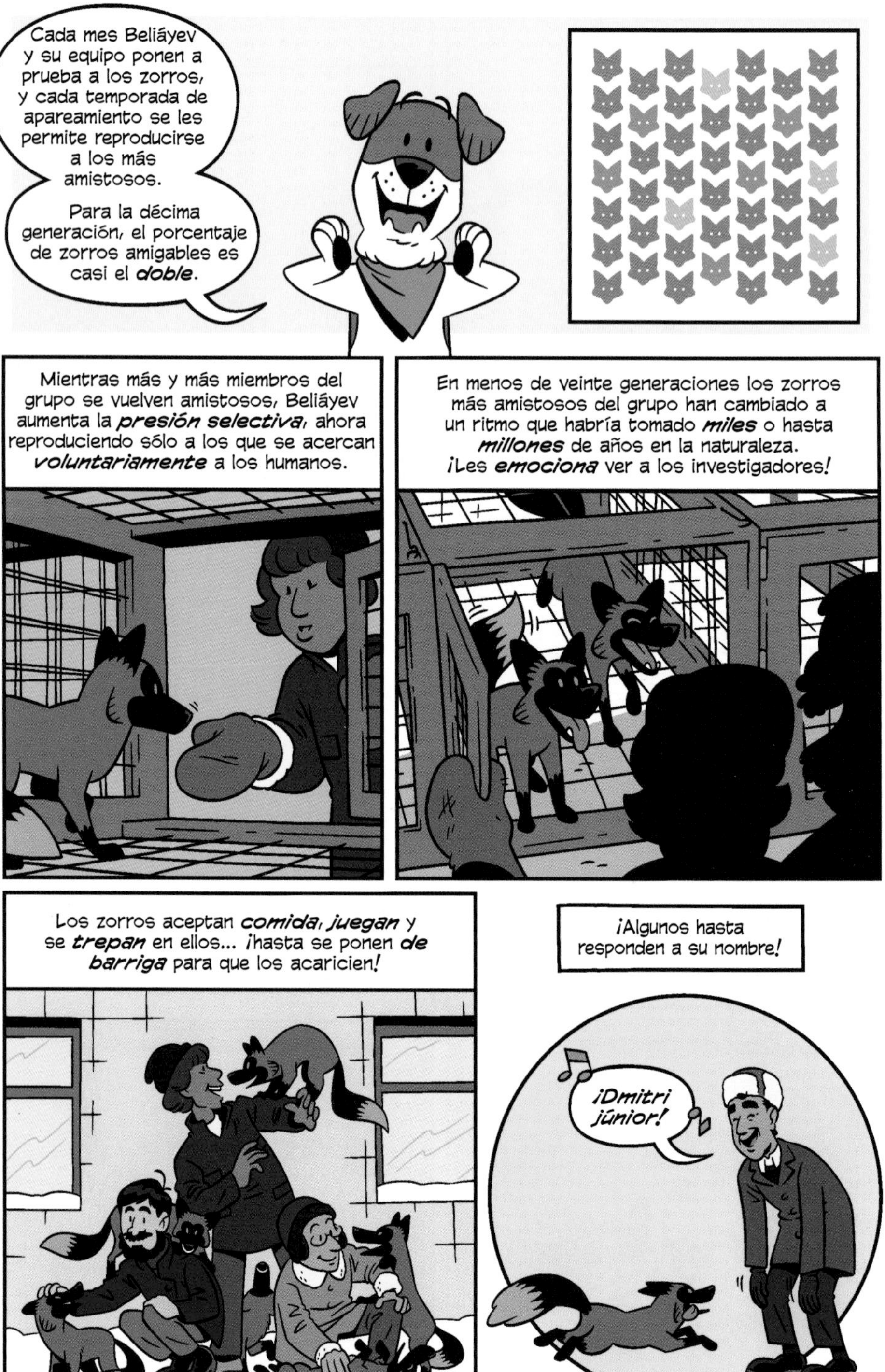
Cada mes Beliáyev y su equipo ponen a prueba a los zorros, y cada temporada de apareamiento se les permite reproducirse a los más amistosos.
Para la décima generación, el porcentaje de zorros amigables es casi el *doble*.
Mientras más y más miembros del grupo se vuelven amistosos, Beliáyev aumenta la *presión selectiva*, ahora reproduciendo sólo a los que se acercan *voluntariamente* a los humanos.
En menos de veinte generaciones los zorros más amistosos del grupo han cambiado a un ritmo que habría tomado *miles* o hasta *millones* de años en la naturaleza. ¡Les *emociona* ver a los investigadores!
Los zorros aceptan *comida*, *juegan* y se *trepan* en ellos... ¡hasta se ponen *de barriga* para que los acaricien!
¡Algunos hasta responden a su nombre!
¡Dmitri júnior!

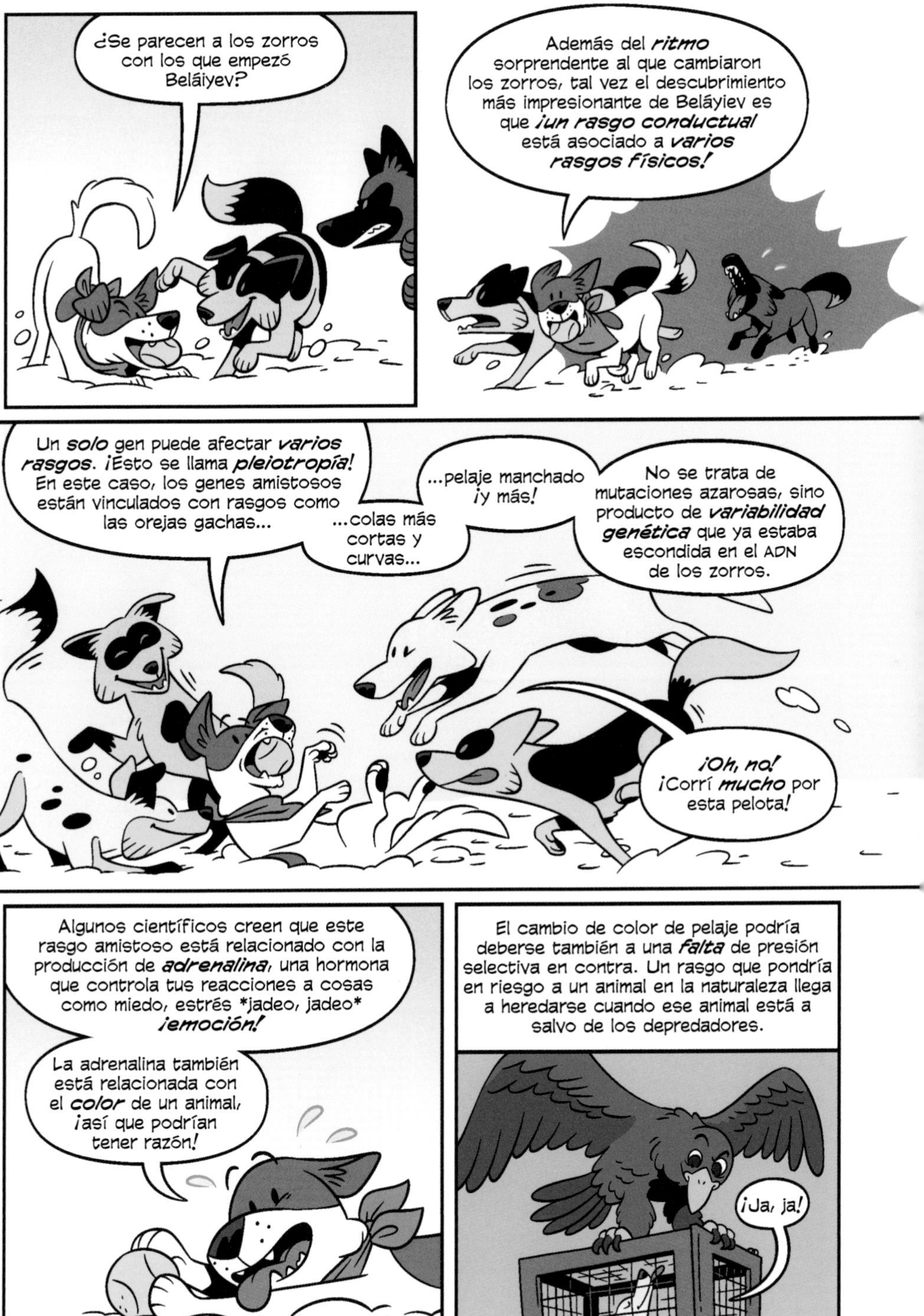
¿Se parecen a los zorros con los que empezó Beláiyev?
Además del ritmo sorprendente al que cambiaron los zorros, tal vez el descubrimiento más impresionante de Beláyiev es que ¡un rasgo conductual está asociado a varios rasgos físicos!
Un solo gen puede afectar varios rasgos. ¡Esto se llama pleiotropía! En este caso, los genes amistosos están vinculados con rasgos como las orejas gachas...
...colas más cortas y curvas...
...pelaje manchado ¡y más!
No se trata de mutaciones azarosas, sino producto de variabilidad genética que ya estaba escondida en el ADN de los zorros.
¡Oh, no! ¡Corrí mucho por esta pelota!
Algunos científicos creen que este rasgo amistoso está relacionado con la producción de adrenalina, una hormona que controla tus reacciones a cosas como miedo, estrés *jadeo, jadeo* ¡emoción!
La adrenalina también está relacionada con el color de un animal, ¡así que podrían tener razón!
El cambio de color de pelaje podría deberse también a una falta de presión selectiva en contra. Un rasgo que pondría en riesgo a un animal en la naturaleza llega a heredarse cuando ese animal está a salvo de los depredadores.
¡Ja, ja!

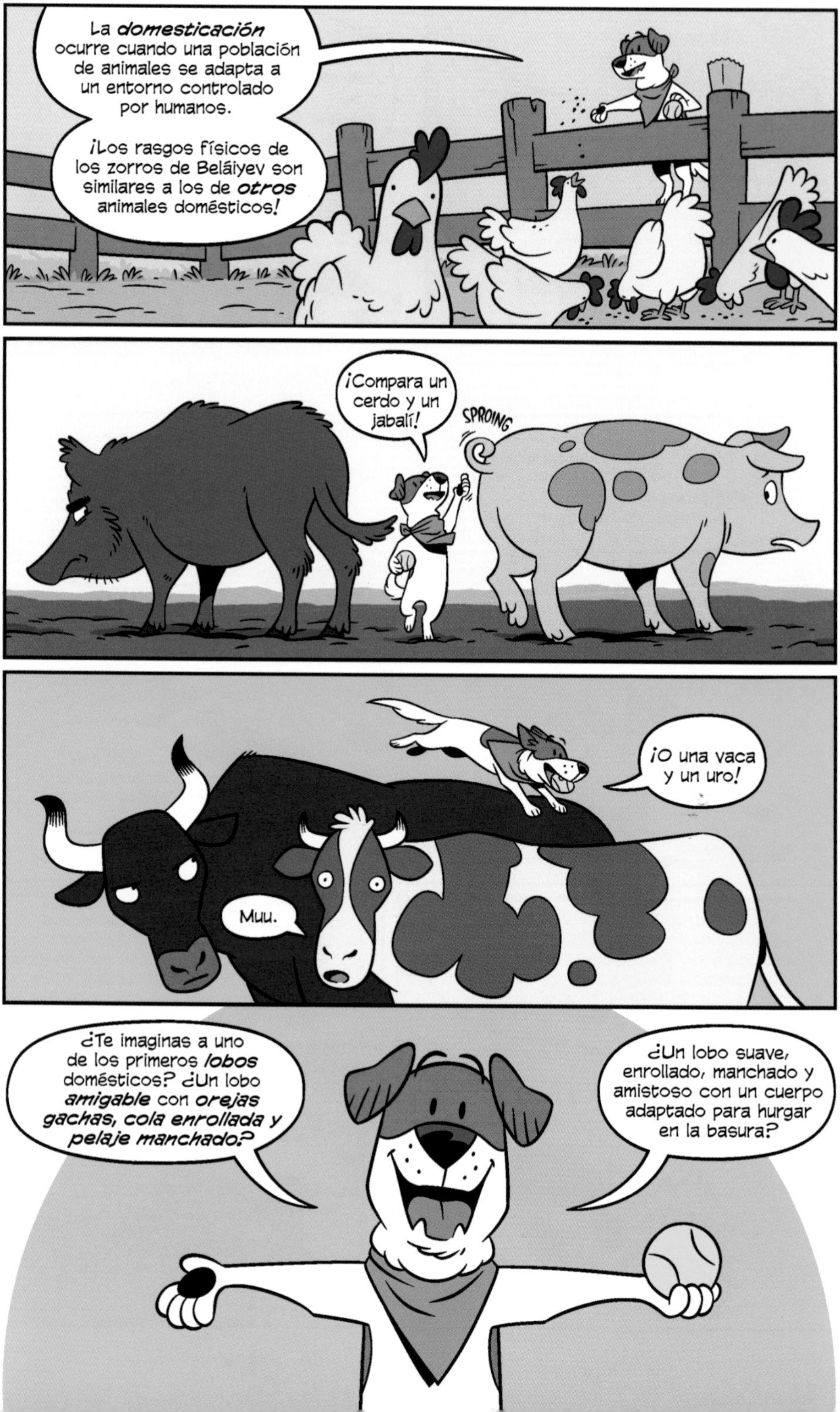
La domesticación ocurre cuando una población de animales se adapta a un entorno controlado por humanos.
¡Los rasgos físicos de los zorros de Beláiyev son similares a los de otros animales domésticos!
¡Compara un cerdo y un jabalí!
SPROING
¡O una vaca y un uro!
Muu.
¿Te imaginas a uno de los primeros lobos domésticos? ¿Un lobo amigable con orejas gachas, cola enrollada y pelaje manchado?
¿Un lobo suave, enrollado, manchado y amistoso con un cuerpo adaptado para hurgar en la basura?

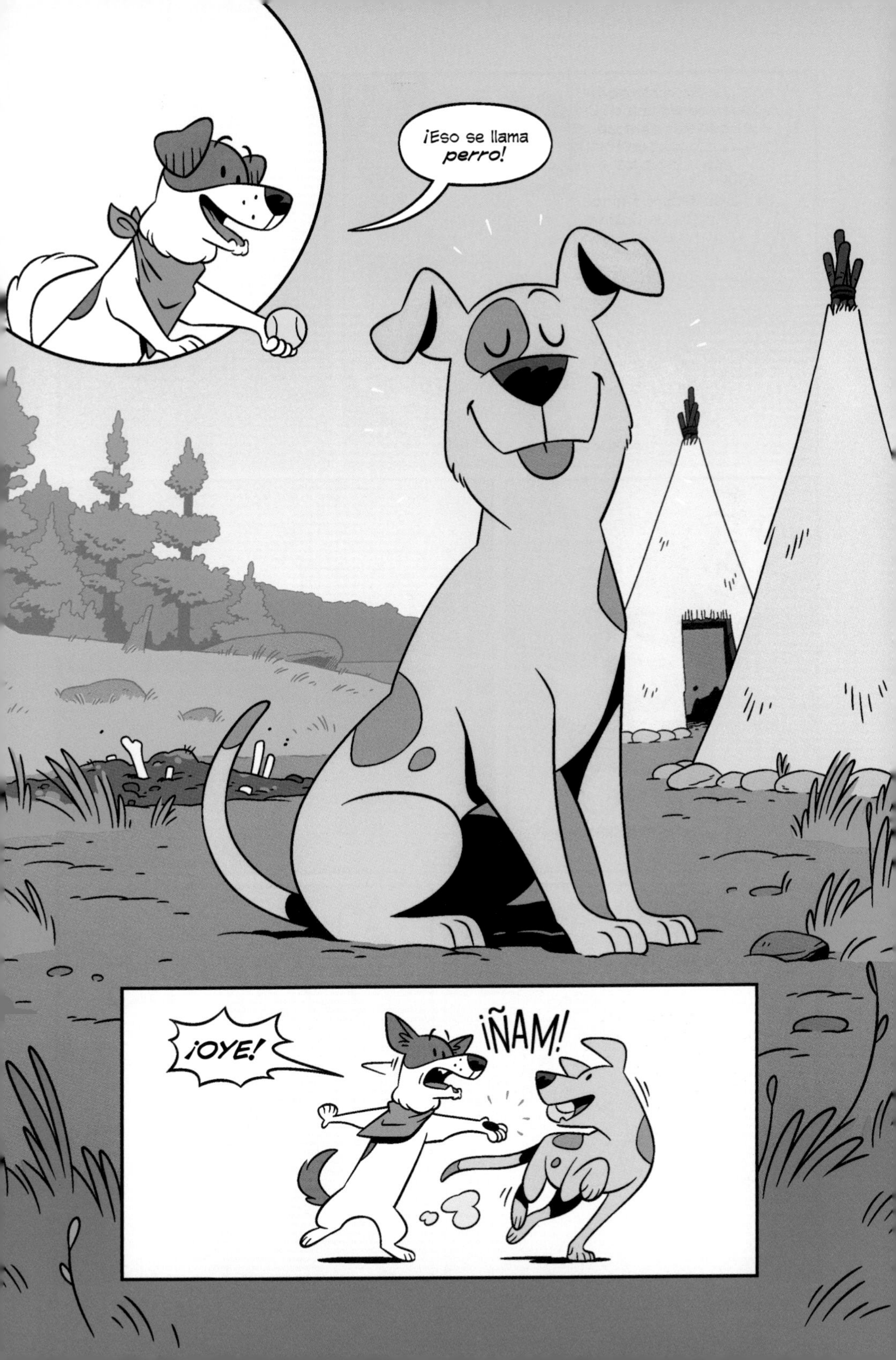
¡Eso se llama *perro*!
¡OYE!
¡ÑAM!

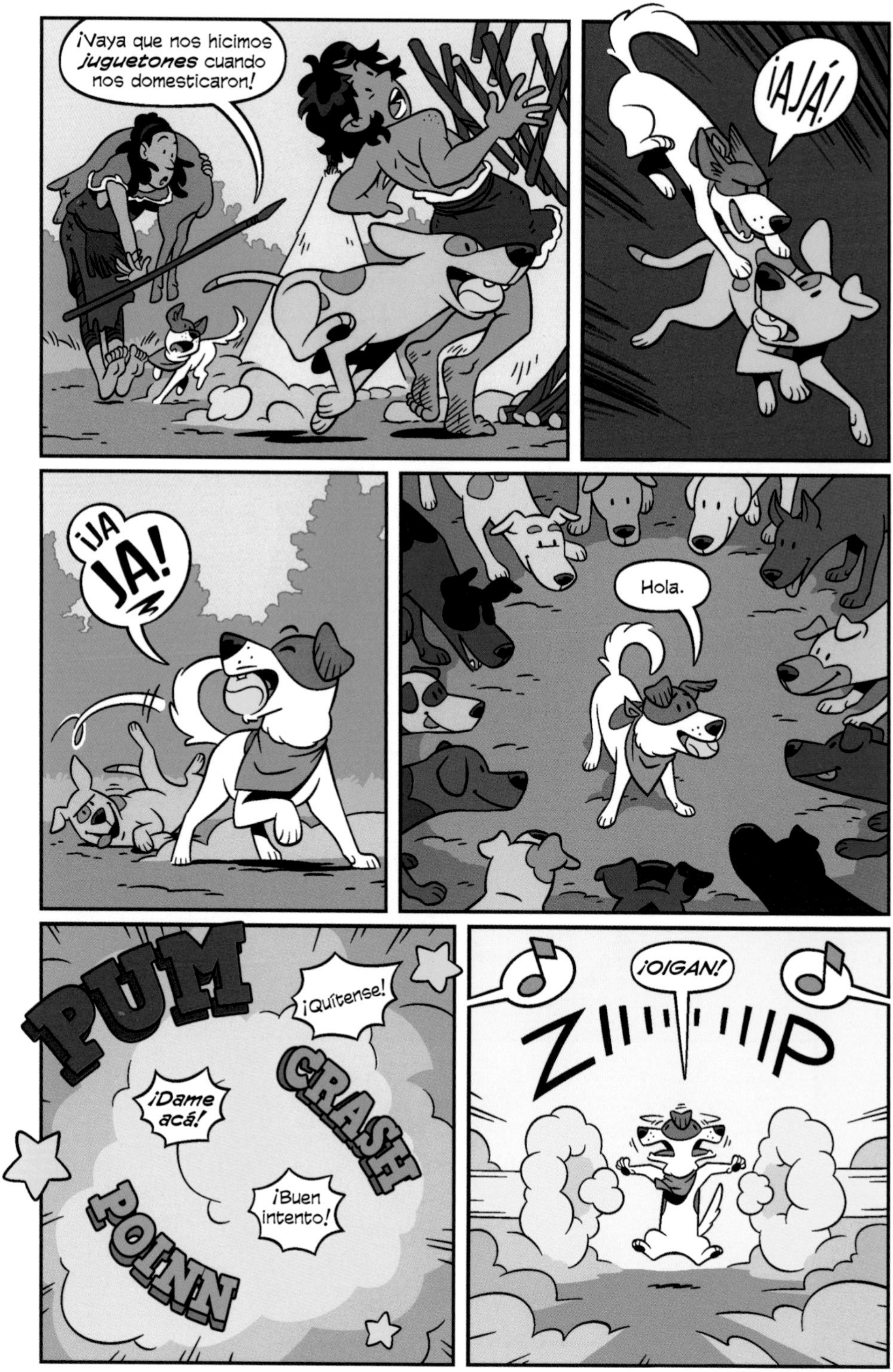
¡Vaya que nos hicimos *juguetones* cuando nos domesticaron!
¡AJÁ!
¡JA JA!
Hola.
PUM
¡Quítense!
CRASH
¡Dame acá!
POINN
¡Buen intento!
¡OIGAN!
ZIIIIIIIP

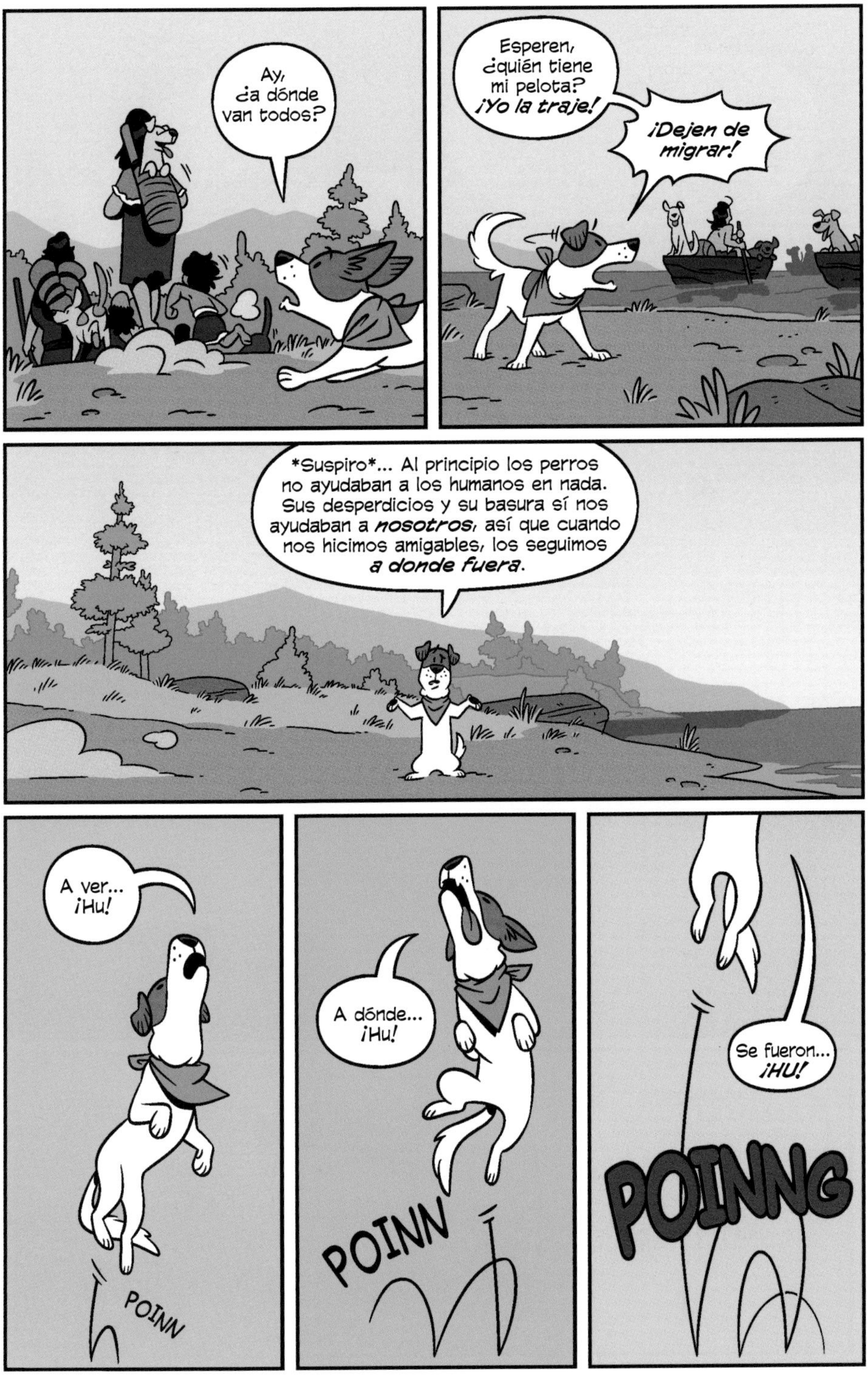

Ay, ¿a dónde van todos?
Esperen, ¿quién tiene mi pelota? ¡Yo la traje!
¡Dejen de migrar!
Suspiro... Al principio los perros no ayudaban a los humanos en nada. Sus desperdicios y su basura sí nos ayudaban a *nosotros*, así que cuando nos hicimos amigables, los seguimos *a donde fuera*.
A ver... ¡Hu!
POINN
A dónde... ¡Hu!
POINN
Se fueron... ¡HU!
POINNG

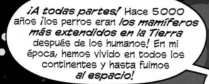

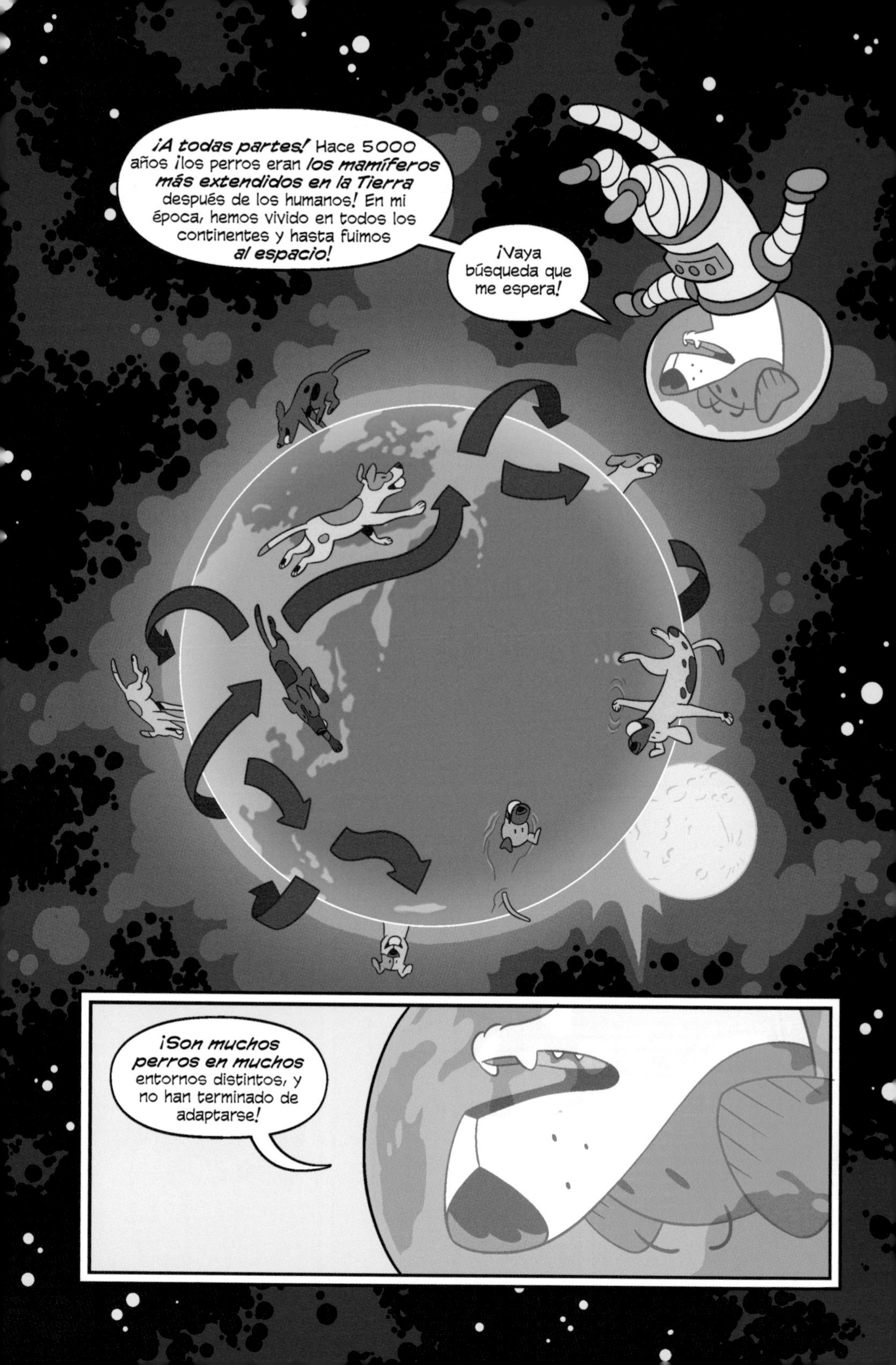

¡A todas partes! Hace 5000 años ¡los perros eran *los mamíferos más extendidos en la Tierra* después de los humanos! En mi época, hemos vivido en todos los continentes y hasta fuimos *al espacio!*

¡Vaya búsqueda que me espera!

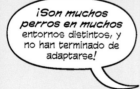

¡Son muchos perros en muchos entornos distintos, y no han terminado de adaptarse!

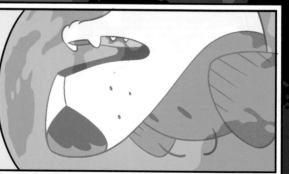

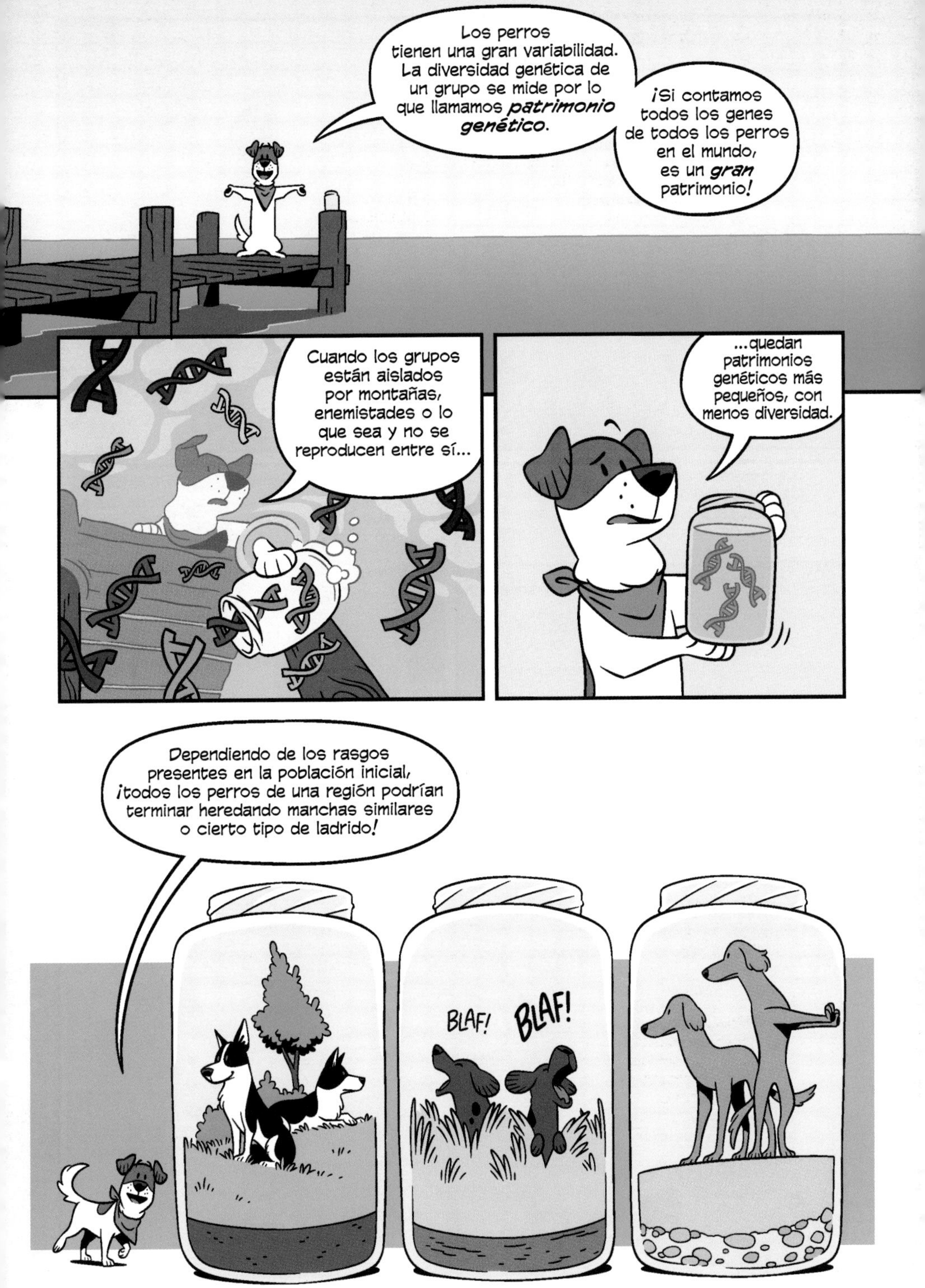
Los perros tienen una gran variabilidad. La diversidad genética de un grupo se mide por lo que llamamos ***patrimonio genético***.
¡Si contamos todos los genes de todos los perros en el mundo, es un ***gran*** patrimonio!
Cuando los grupos están aislados por montañas, enemistades o lo que sea y no se reproducen entre sí...
...quedan patrimonios genéticos más pequeños, con menos diversidad.
Dependiendo de los rasgos presentes en la población inicial, ¡todos los perros de una región podrían terminar heredando manchas similares o cierto tipo de ladrido!
BLAF!
BLAF!

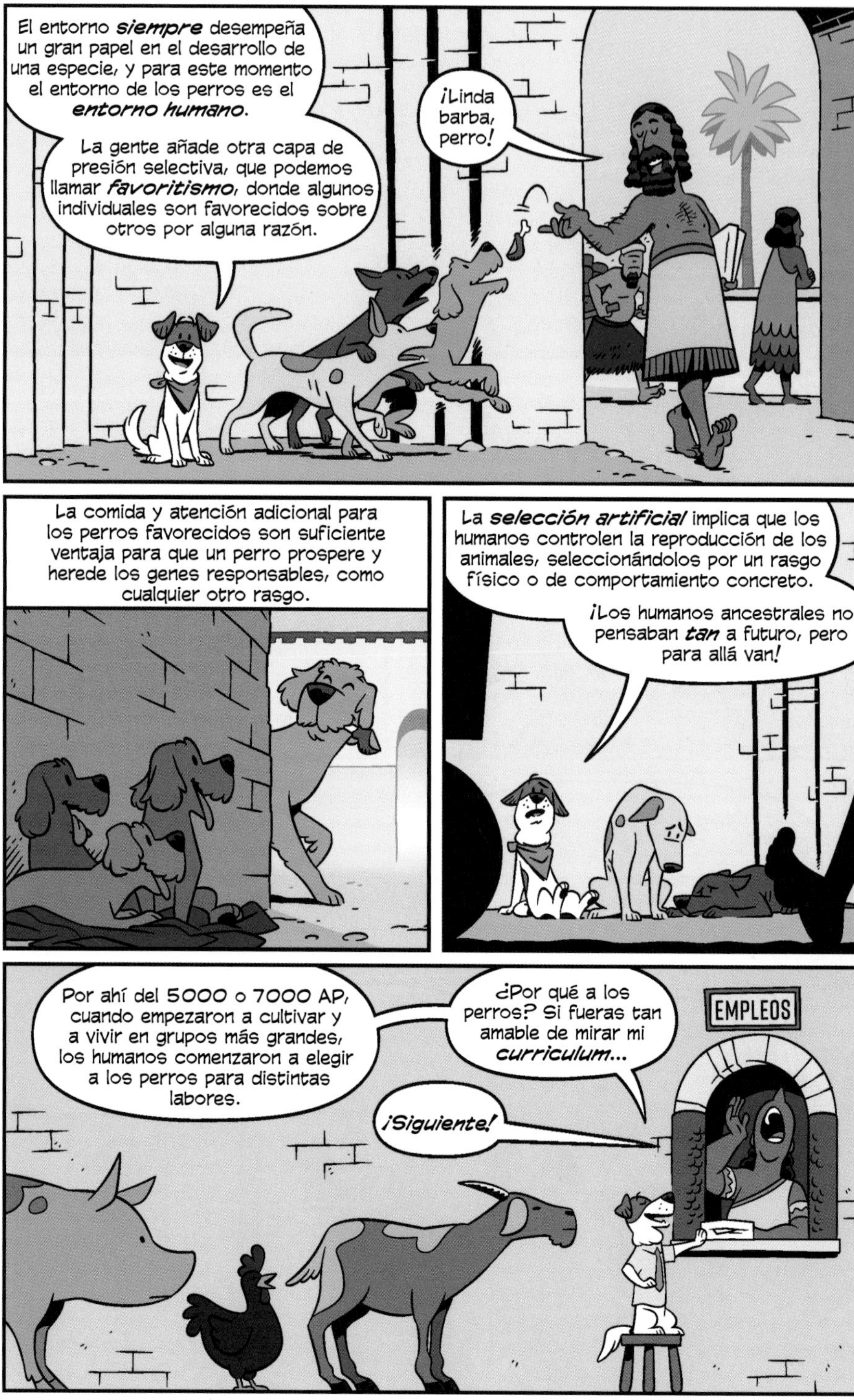
El entorno *siempre* desempeña un gran papel en el desarrollo de una especie, y para este momento el entorno de los perros es el *entorno humano*.
La gente añade otra capa de presión selectiva, que podemos llamar *favoritismo*, donde algunos individuales son favorecidos sobre otros por alguna razón.
¡Linda barba, perro!
La comida y atención adicional para los perros favorecidos son suficiente ventaja para que un perro prospere y herede los genes responsables, como cualquier otro rasgo.
La *selección artificial* implica que los humanos controlen la reproducción de los animales, seleccionándolos por un rasgo físico o de comportamiento concreto.
¡Los humanos ancestrales no pensaban *tan* a futuro, pero para allá van!
Por ahí del 5000 o 7000 AP, cuando empezaron a cultivar y a vivir en grupos más grandes, los humanos comenzaron a elegir a los perros para distintas labores.
¿Por qué a los perros? Si fueras tan amable de mirar mi *curriculum*...
EMPLEOS
¡Siguiente!

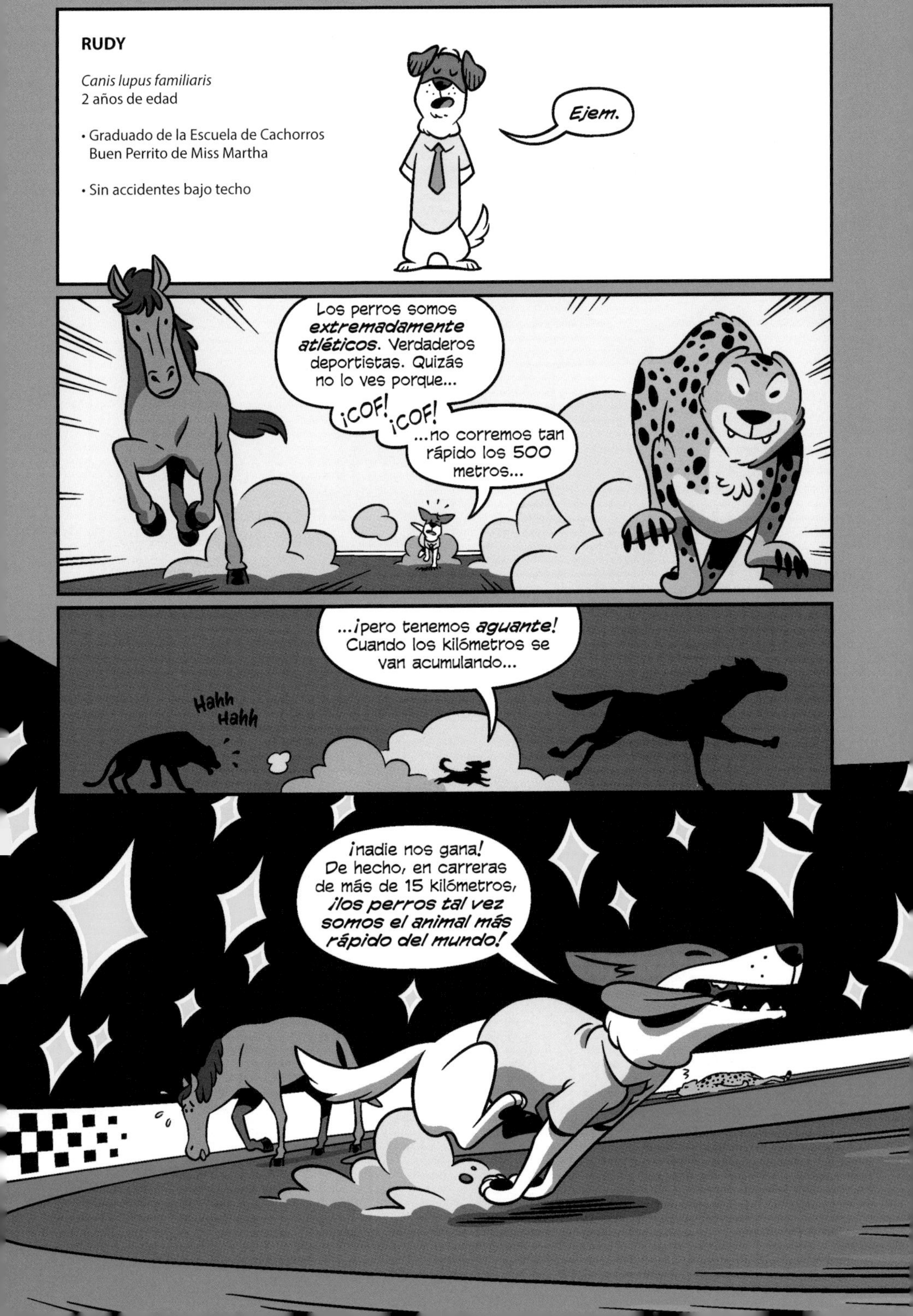

RUDY
Canis lupus familiaris
2 años de edad
• Graduado de la Escuela de Cachorros Buen Perrito de Miss Martha
• Sin accidentes bajo techo
Ejem.
Los perros somos extremadamente atléticos. Verdaderos deportistas. Quizás no lo ves porque...
¡COF! ¡COF!
...no corremos tan rápido los 500 metros...
...¡pero tenemos aguante! Cuando los kilómetros se van acumulando...
Hahh Hahh
¡nadie nos gana! De hecho, en carreras de más de 15 kilómetros, ¡los perros tal vez somos el animal más rápido del mundo!

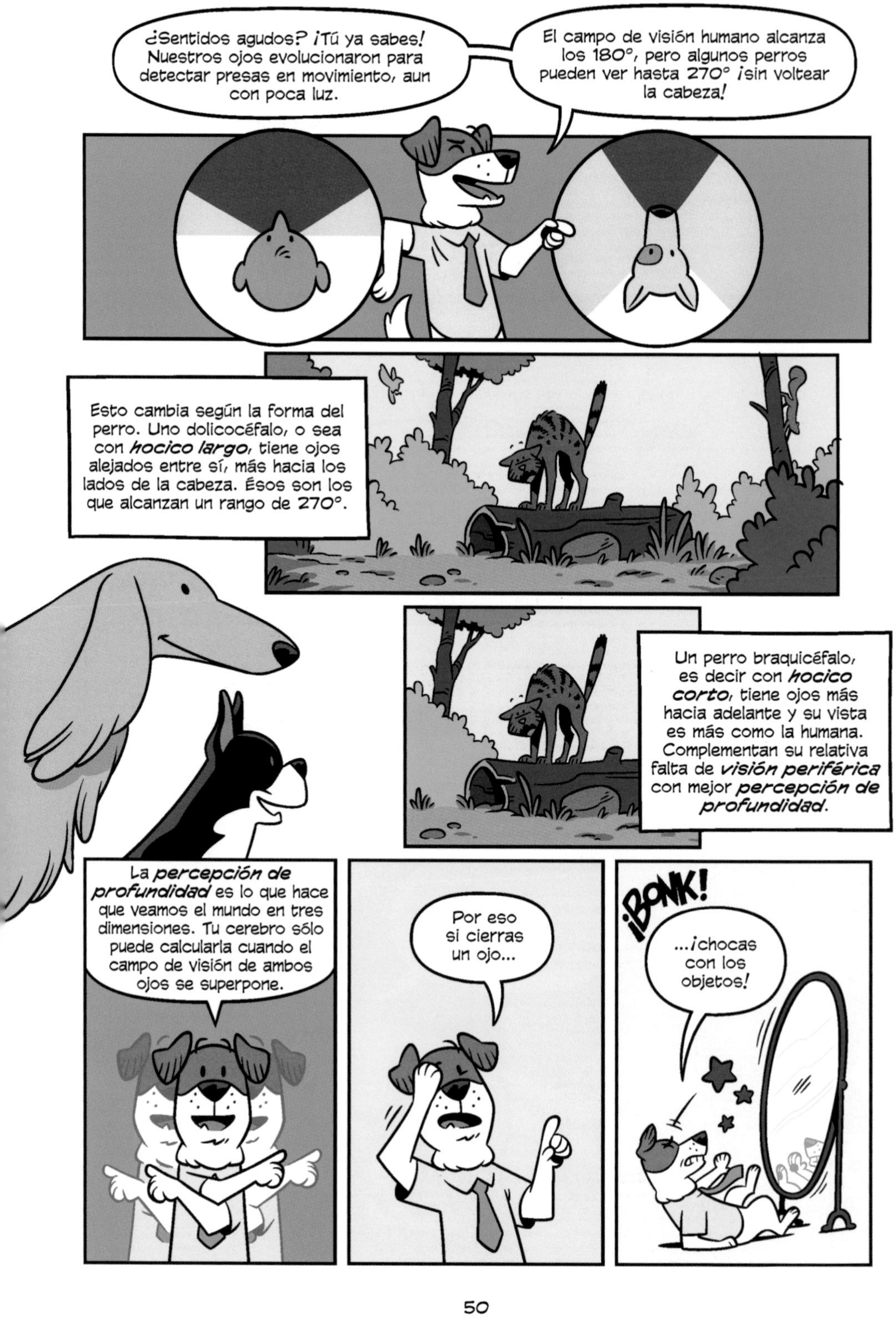
¿Sentidos agudos? ¡Tú ya sabes! Nuestros ojos evolucionaron para detectar presas en movimiento, aun con poca luz.
El campo de visión humano alcanza los 180°, pero algunos perros pueden ver hasta 270° ¡sin voltear la cabeza!
Esto cambia según la forma del perro. Uno dolicocéfalo, o sea con ***hocico largo***, tiene ojos alejados entre sí, más hacia los lados de la cabeza. Ésos son los que alcanzan un rango de 270°.
Un perro braquicéfalo, es decir con ***hocico corto***, tiene ojos más hacia adelante y su vista es más como la humana. Complementan su relativa falta de ***visión periférica*** con mejor ***percepción de profundidad***.
La ***percepción de profundidad*** es lo que hace que veamos el mundo en tres dimensiones. Tu cerebro sólo puede calcularla cuando el campo de visión de ambos ojos se superpone.
Por eso si cierras un ojo...
¡BONK!
...¡chocas con los objetos!

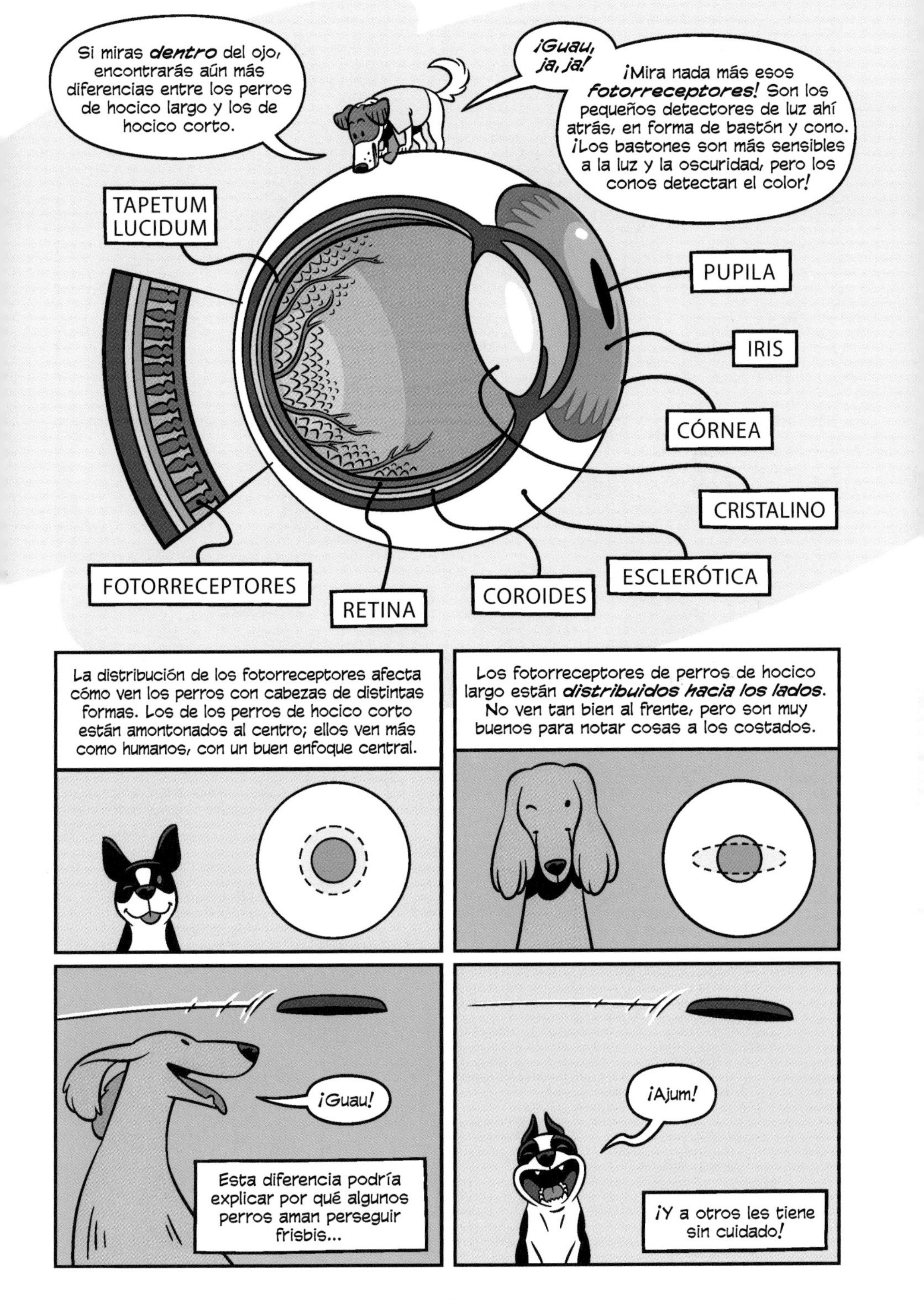
Si miras *dentro* del ojo, encontrarás aún más diferencias entre los perros de hocico largo y los de hocico corto.
¡Guau, ja, ja!
¡Mira nada más esos *fotorreceptores!* Son los pequeños detectores de luz ahí atrás, en forma de bastón y cono. ¡Los bastones son más sensibles a la luz y la oscuridad, pero los conos detectan el color!
TAPETUM LUCIDUM
PUPILA
IRIS
CÓRNEA
CRISTALINO
ESCLERÓTICA
COROIDES
RETINA
FOTORRECEPTORES
La distribución de los fotorreceptores afecta cómo ven los perros con cabezas de distintas formas. Los de los perros de hocico corto están amontonados al centro; ellos ven más como humanos, con un buen enfoque central.
Los fotorreceptores de perros de hocico largo están *distribuidos hacia los lados*. No ven tan bien al frente, pero son muy buenos para notar cosas a los costados.
¡Guau!
Esta diferencia podría explicar por qué algunos perros aman perseguir frisbis...
¡Ajum!
¡Y a otros les tiene sin cuidado!

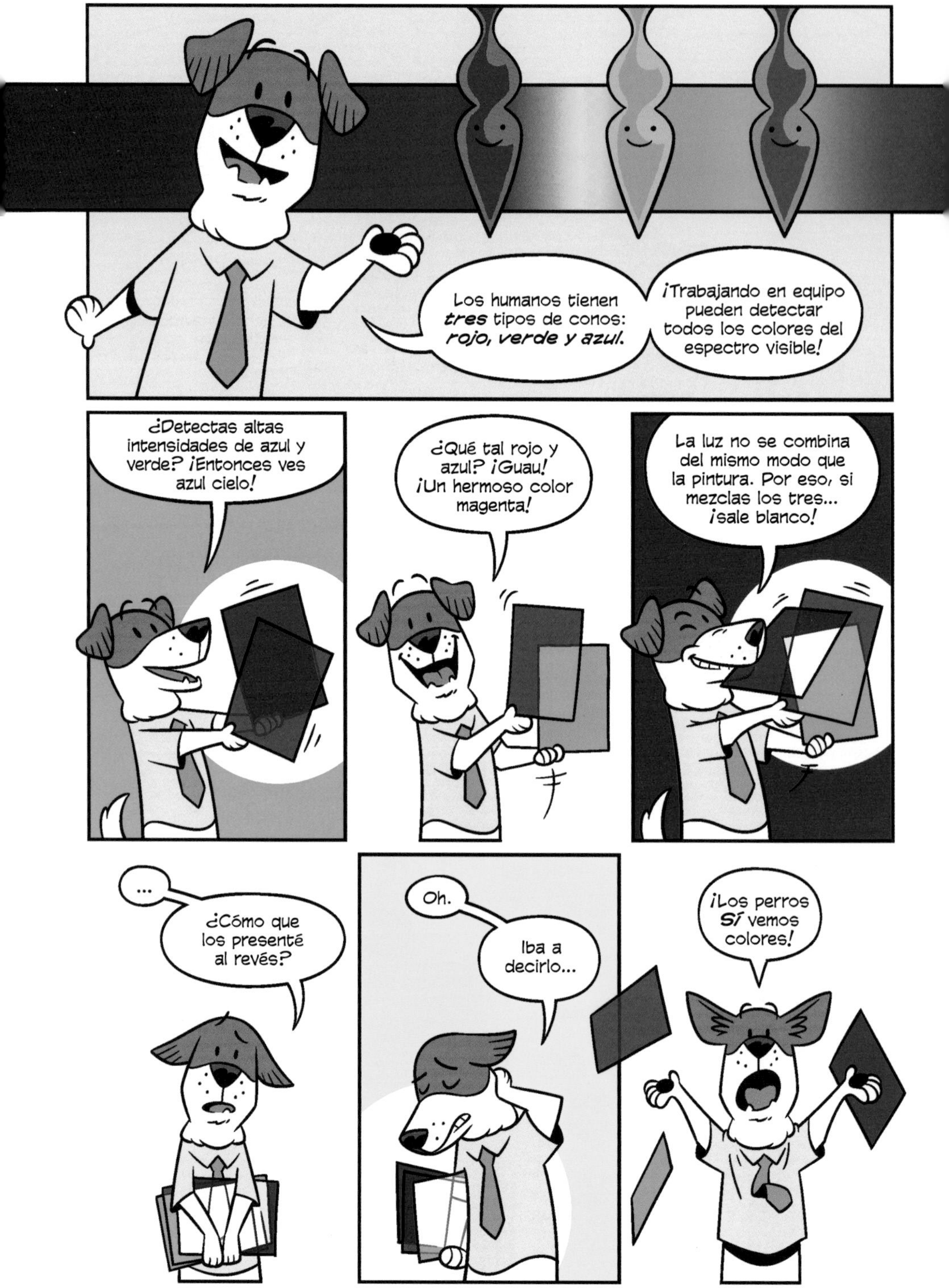
Los humanos tienen *tres* tipos de conos: *rojo, verde y azul.*
¡Trabajando en equipo pueden detectar todos los colores del espectro visible!
¿Detectas altas intensidades de azul y verde? ¡Entonces ves azul cielo!
¿Qué tal rojo y azul? ¡Guau! ¡Un hermoso color magenta!
La luz no se combina del mismo modo que la pintura. Por eso, si mezclas los tres... ¡sale blanco!
...
¿Cómo que los presenté al revés?
Oh.
Iba a decirlo...
¡Los perros *SÍ* vemos colores!

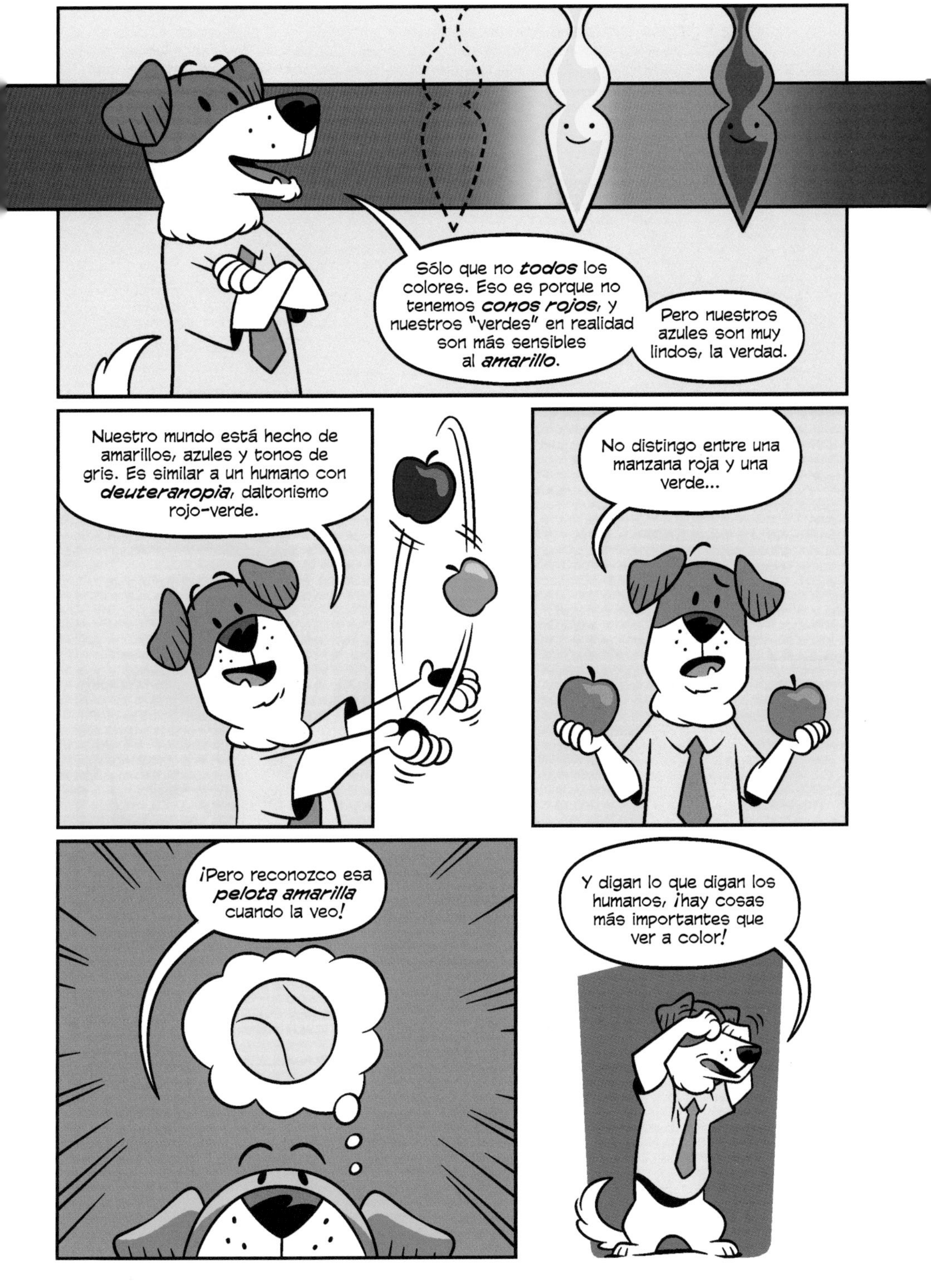
Sólo que no todos los colores. Eso es porque no tenemos conos rojos, y nuestros "verdes" en realidad son más sensibles al amarillo.
Pero nuestros azules son muy lindos, la verdad.
Nuestro mundo está hecho de amarillos, azules y tonos de gris. Es similar a un humano con deuteranopia, daltonismo rojo-verde.
No distingo entre una manzana roja y una verde...
¡Pero reconozco esa pelota amarilla cuando la veo!
Y digan lo que digan los humanos, ¡hay cosas más importantes que ver a color!

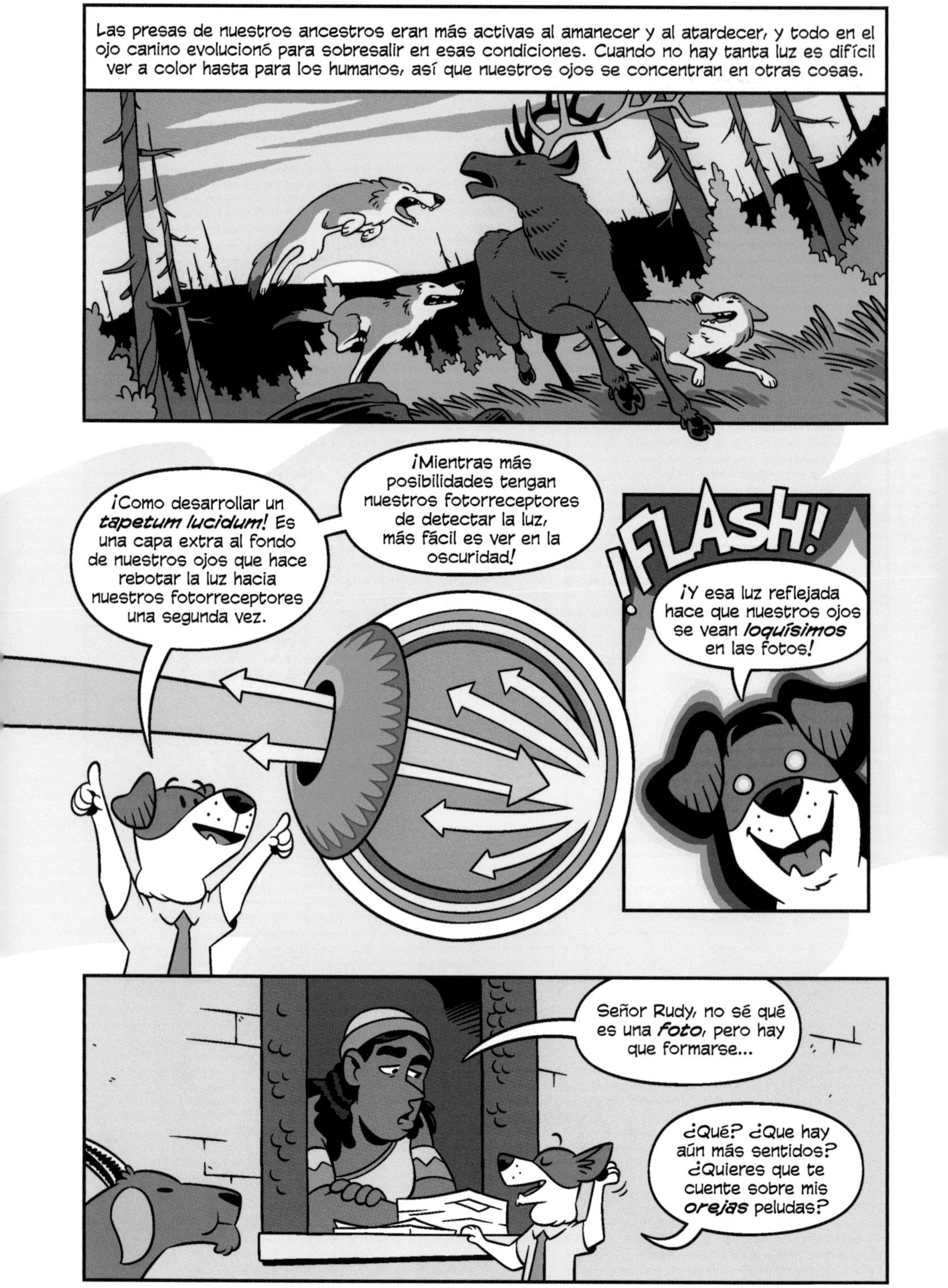
Las presas de nuestros ancestros eran más activas al amanecer y al atardecer, y todo en el ojo canino evolucionó para sobresalir en esas condiciones. Cuando no hay tanta luz es difícil ver a color hasta para los humanos, así que nuestros ojos se concentran en otras cosas.
¡Como desarrollar un *tapetum lucidum*! Es una capa extra al fondo de nuestros ojos que hace rebotar la luz hacia nuestros fotorreceptores una segunda vez.
¡Mientras más posibilidades tengan nuestros fotorreceptores de detectar la luz, más fácil es ver en la oscuridad!
¡FLASH!
¡Y esa luz reflejada hace que nuestros ojos se vean *loquísimos* en las fotos!
Señor Rudy, no sé qué es una *foto*, pero hay que formarse...
¿Qué? ¿Que hay aún más sentidos? ¿Quieres que te cuente sobre mis *orejas* peludas?

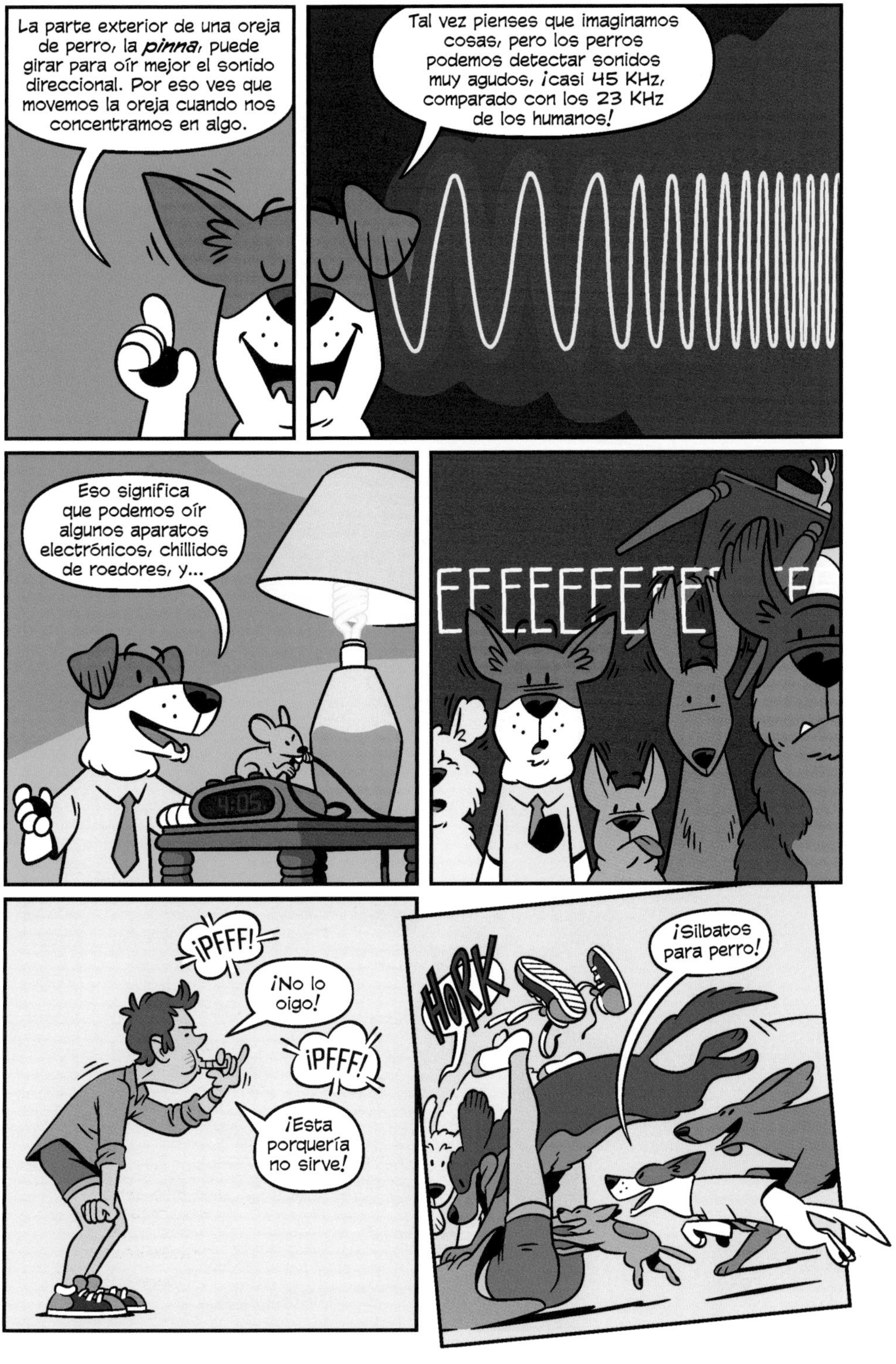
La parte exterior de una oreja de perro, la *pinna*, puede girar para oír mejor el sonido direccional. Por eso ves que movemos la oreja cuando nos concentramos en algo.
Tal vez pienses que imaginamos cosas, pero los perros podemos detectar sonidos muy agudos, ¡casi 45 KHz, comparado con los 23 KHz de los humanos!
Eso significa que podemos oír algunos aparatos electrónicos, chillidos de roedores, y...
4:05
EEEEEEE
¡PFFF!
¡No lo oigo!
¡PFFF!
¡Esta porquería no sirve!
HORK
¡Silbatos para perro!

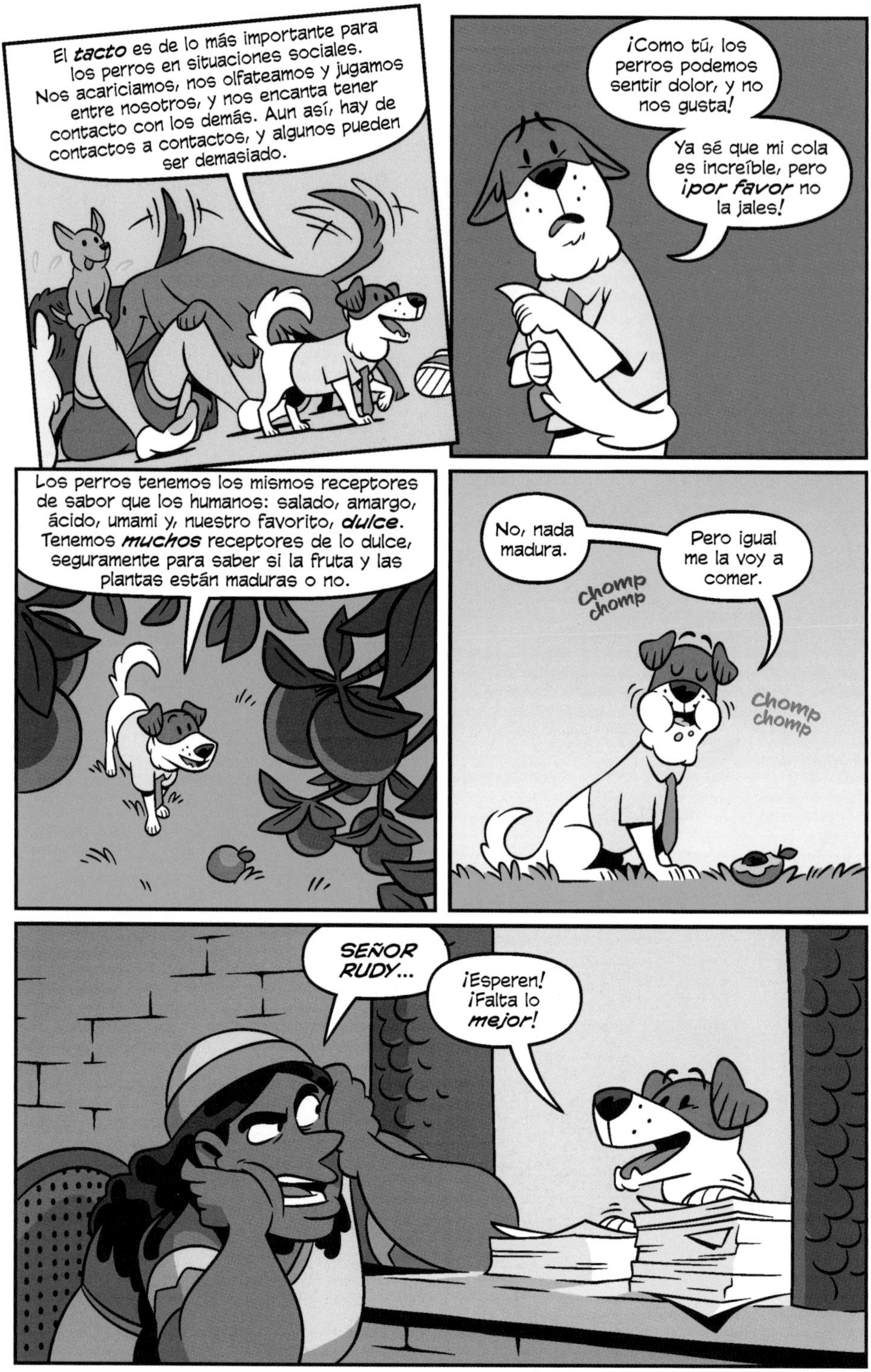
El tacto es de lo más importante para los perros en situaciones sociales. Nos acariciamos, nos olfateamos y jugamos entre nosotros, y nos encanta tener contacto con los demás. Aun así, hay de contactos a contactos, y algunos pueden ser demasiado.
¡Como tú, los perros podemos sentir dolor, y no nos gusta!
Ya sé que mi cola es increíble, pero ¡por favor no la jales!
Los perros tenemos los mismos receptores de sabor que los humanos: salado, amargo, ácido, umami y, nuestro favorito, dulce. Tenemos muchos receptores de lo dulce, seguramente para saber si la fruta y las plantas están maduras o no.
No, nada madura.
Pero igual me la voy a comer.
chomp chomp
Chomp chomp
SEÑOR RUDY...
¡Esperen! ¡Falta lo mejor!

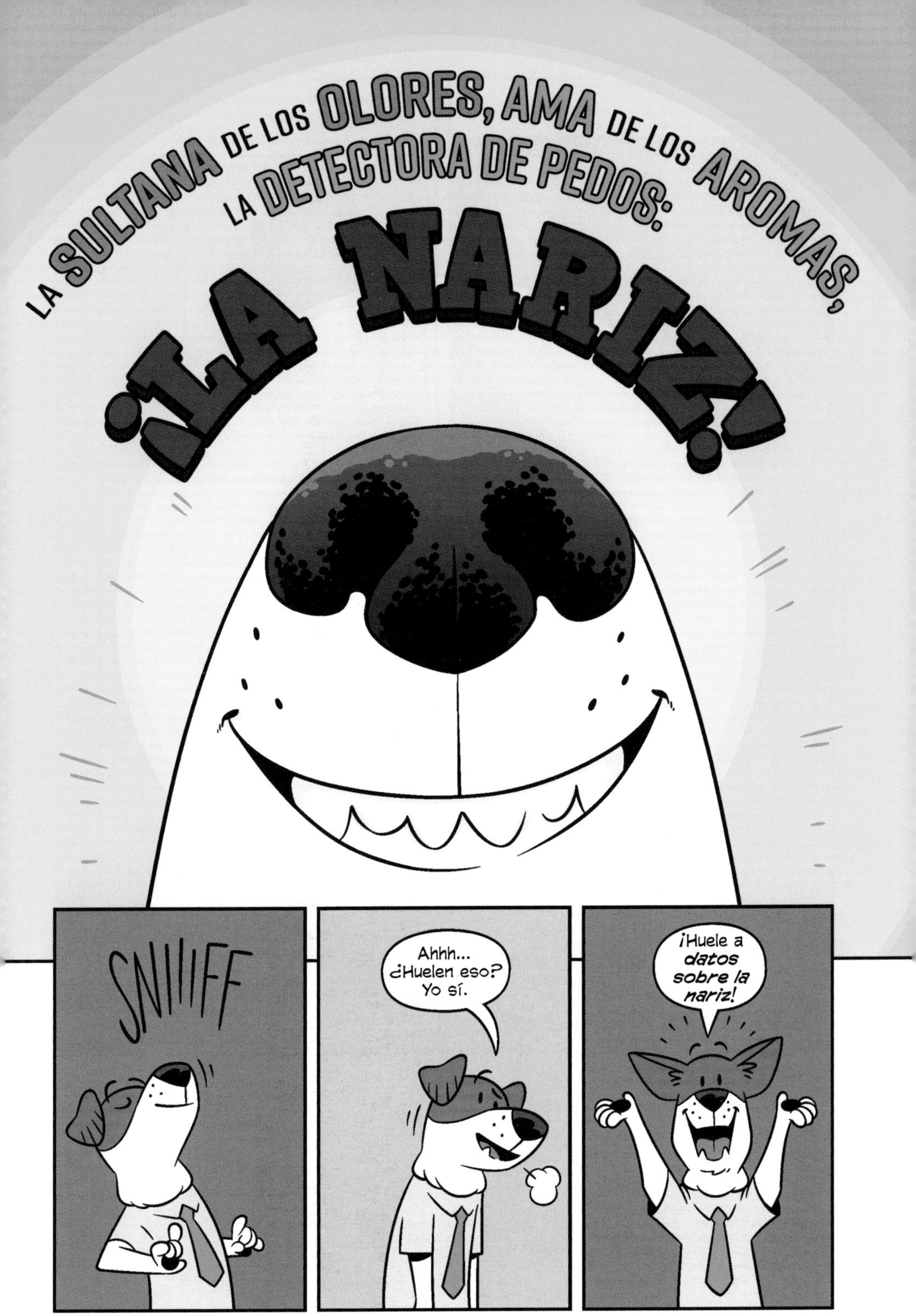
LA SULTANA DE LOS OLORES, AMA DE LOS AROMAS, LA DETECTORA DE PEDOS:
¡LA NARIZ!
SNIIIFF
Ahhh... ¿Huelen eso? Yo sí.
¡Huele a *datos sobre la nariz*!

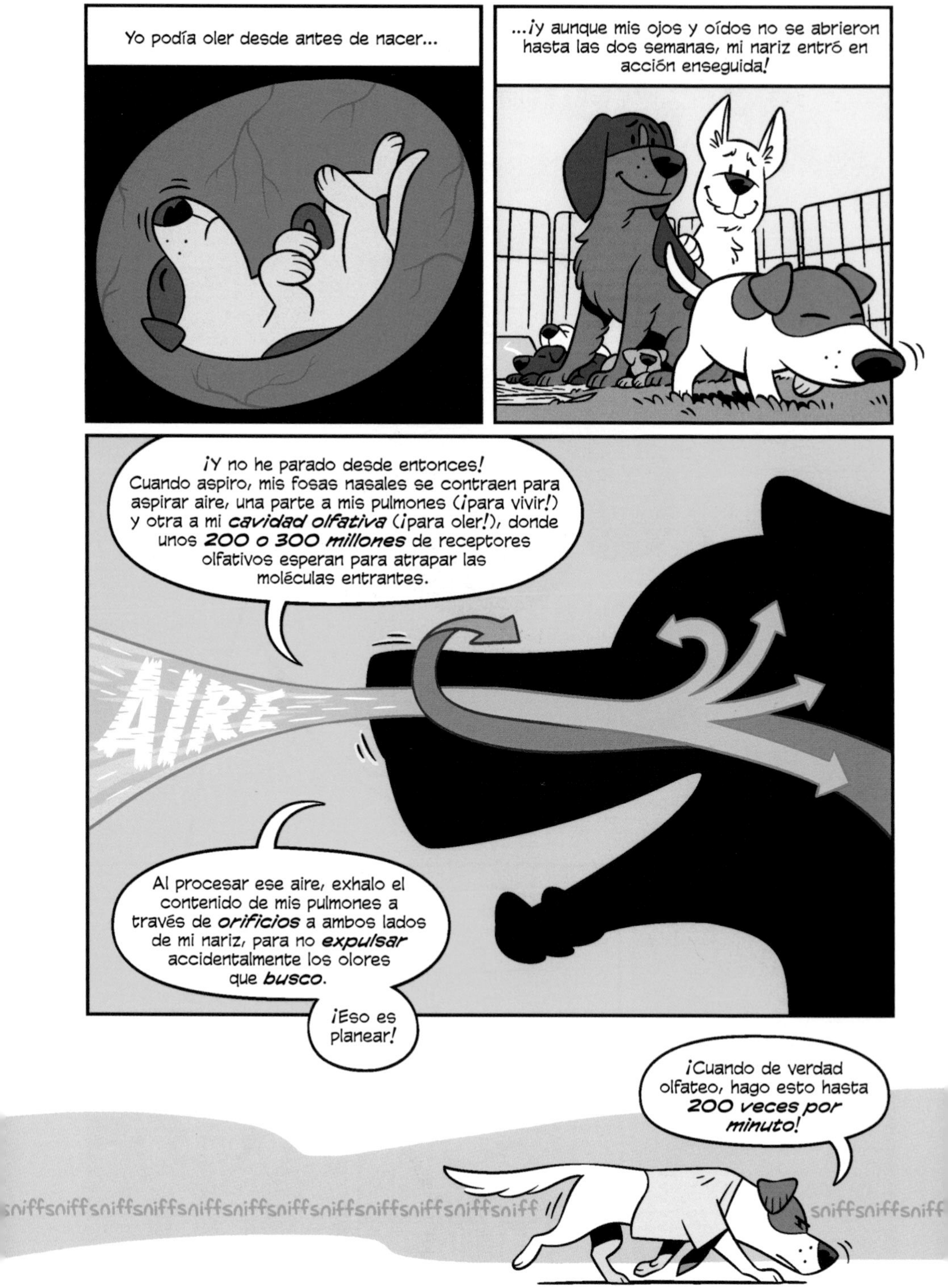
Yo podía oler desde antes de nacer...
...¡y aunque mis ojos y oídos no se abrieron hasta las dos semanas, mi nariz entró en acción enseguida!
¡Y no he parado desde entonces! Cuando aspiro, mis fosas nasales se contraen para aspirar aire, una parte a mis pulmones (¡para vivir!) y otra a mi *cavidad olfativa* (¡para oler!), donde unos **200 o 300 millones** de receptores olfativos esperan para atrapar las moléculas entrantes.
AIRE
Al procesar ese aire, exhalo el contenido de mis pulmones a través de *orificios* a ambos lados de mi nariz, para no *expulsar* accidentalmente los olores que *busco*.
¡Eso es planear!
¡Cuando de verdad olfateo, hago esto hasta **200 veces por minuto**!
sniffsniffsniffsniffsniffsniffsniffsniffsniffsniffsniffsniffsniff
sniffsniffsniff

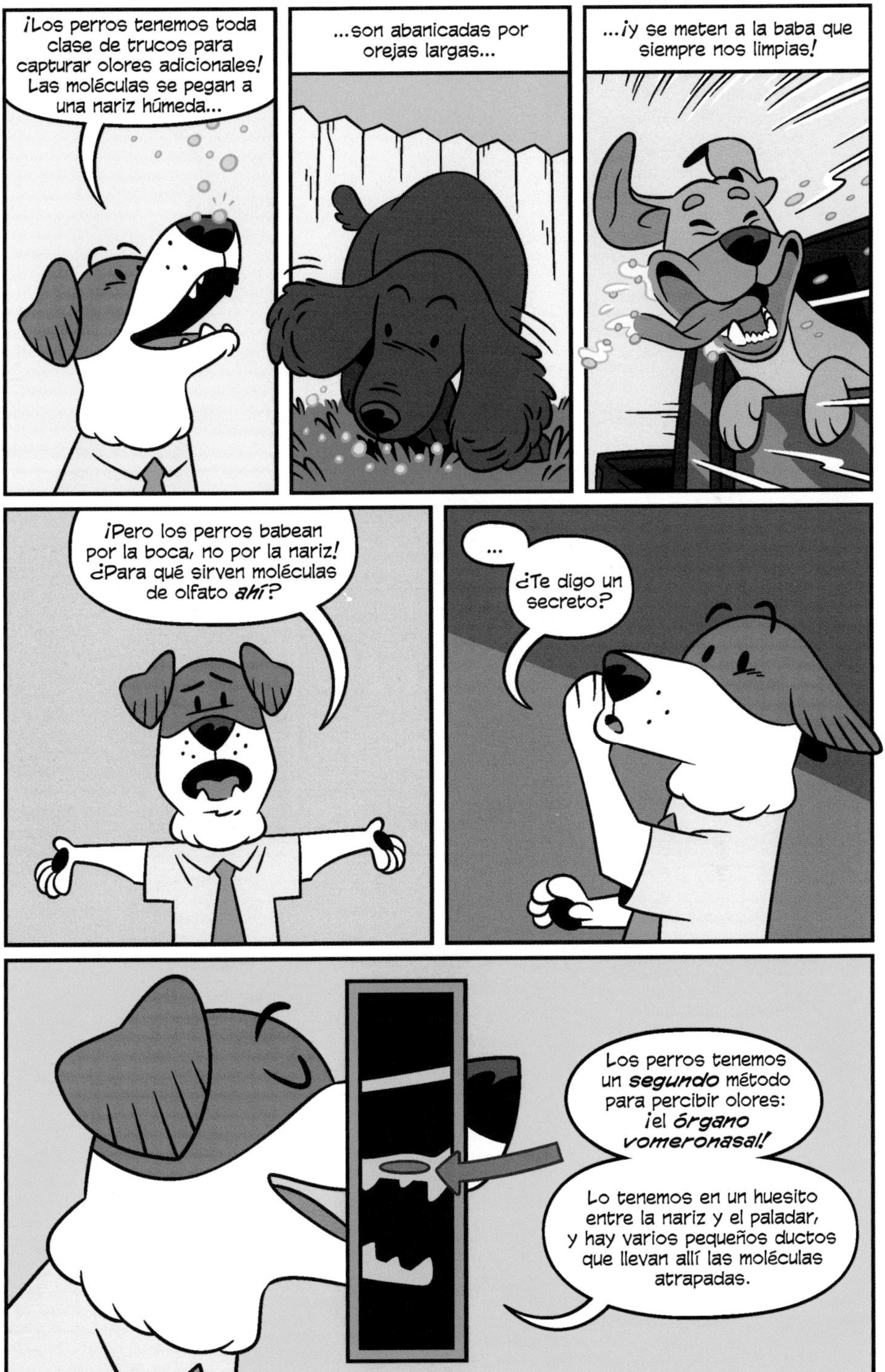
¡Los perros tenemos toda clase de trucos para capturar olores adicionales! Las moléculas se pegan a una nariz húmeda...
...son abanicadas por orejas largas...
...¡y se meten a la baba que siempre nos limpias!
¡Pero los perros babean por la boca, no por la nariz! ¿Para qué sirven moléculas de olfato *ahí*?
...
¿Te digo un secreto?
Los perros tenemos un *segundo* método para percibir olores: ¡el *órgano vomeronasal!*
Lo tenemos en un huesito entre la nariz y el paladar, y hay varios pequeños ductos que llevan allí las moléculas atrapadas.

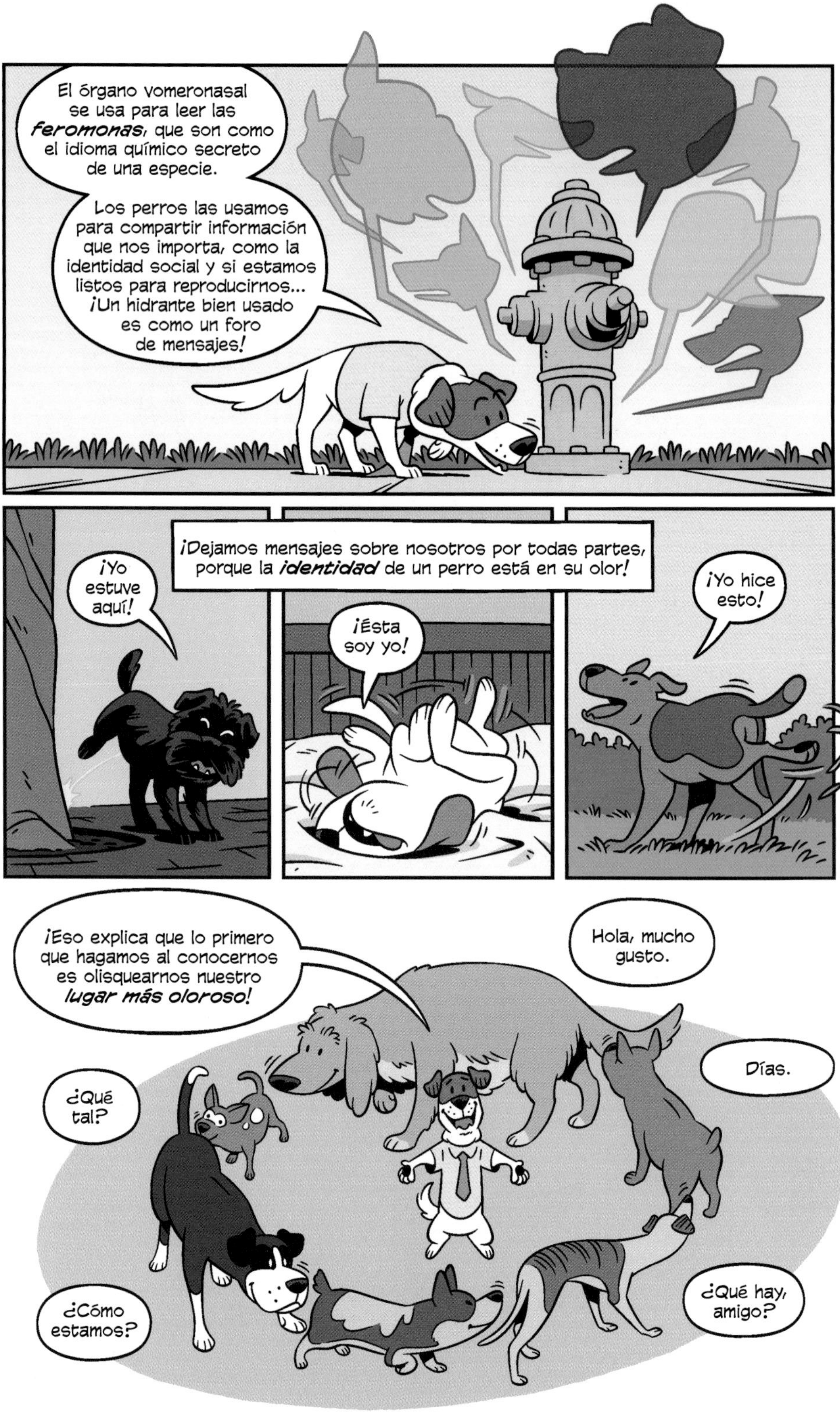
El órgano vomeronasal se usa para leer las *feromonas*, que son como el idioma químico secreto de una especie.
Los perros las usamos para compartir información que nos importa, como la identidad social y si estamos listos para reproducirnos... ¡Un hidrante bien usado es como un foro de mensajes!
¡Dejamos mensajes sobre nosotros por todas partes, porque la *identidad* de un perro está en su olor!
¡Yo estuve aquí!
¡Ésta soy yo!
¡Yo hice esto!
¡Eso explica que lo primero que hagamos al conocernos es olisquearnos nuestro *lugar más oloroso*!
Hola, mucho gusto.
¿Qué tal?
Días.
¿Cómo estamos?
¿Qué hay, amigo?

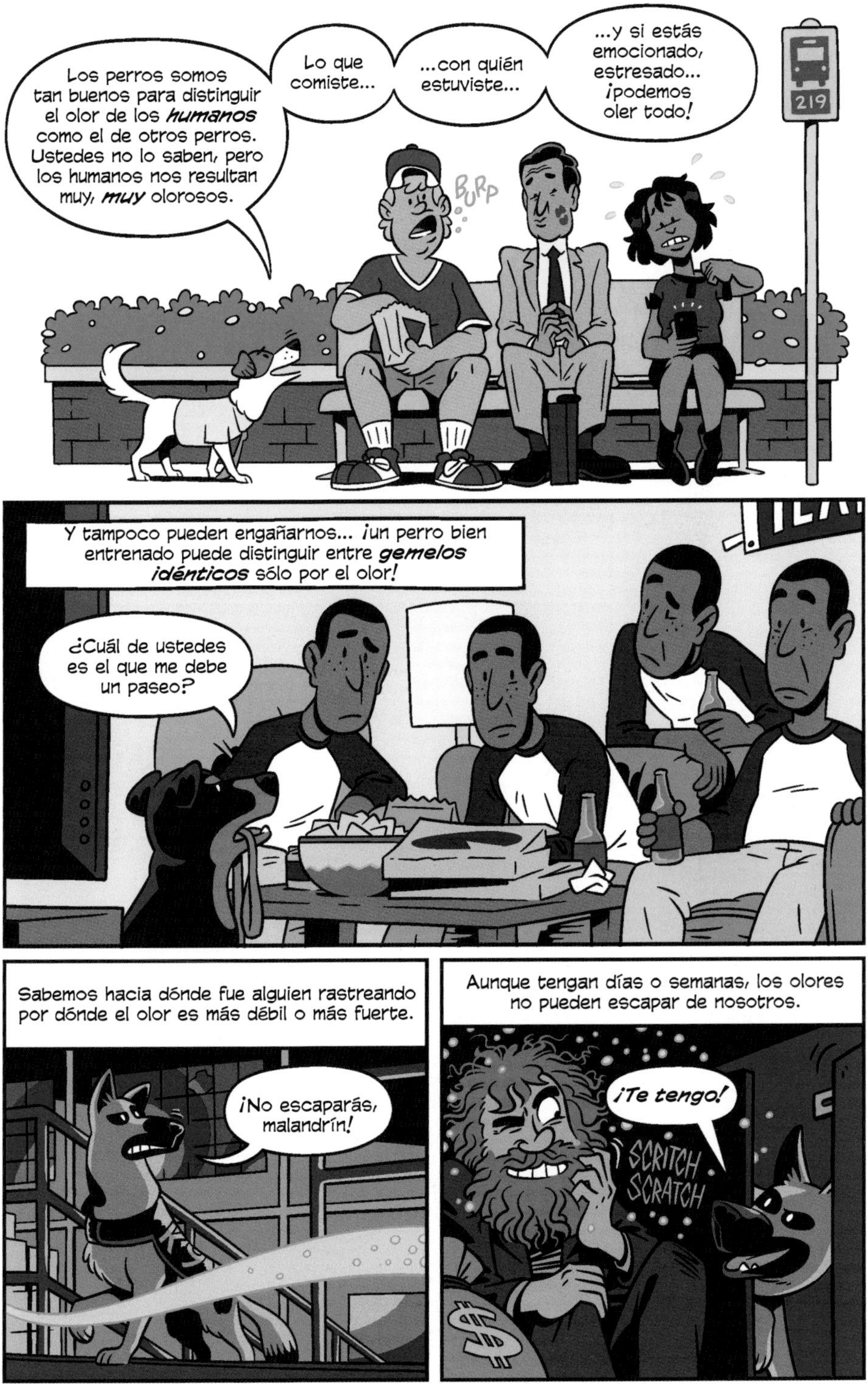
Los perros somos tan buenos para distinguir el olor de los *humanos* como el de otros perros. Ustedes no lo saben, pero los humanos nos resultan muy, *muy* olorosos.
Lo que comiste...
BURP
...con quién estuviste...
...y si estás emocionado, estresado... ¡podemos oler todo!
219
Y tampoco pueden engañarnos... ¡un perro bien entrenado puede distinguir entre *gemelos idénticos* sólo por el olor!
¿Cuál de ustedes es el que me debe un paseo?
Sabemos hacia dónde fue alguien rastreando por dónde el olor es más débil o más fuerte.
¡No escaparás, malandrín!
Aunque tengan días o semanas, los olores no pueden escapar de nosotros.
¡Te tengo!
SCRITCH SCRATCH

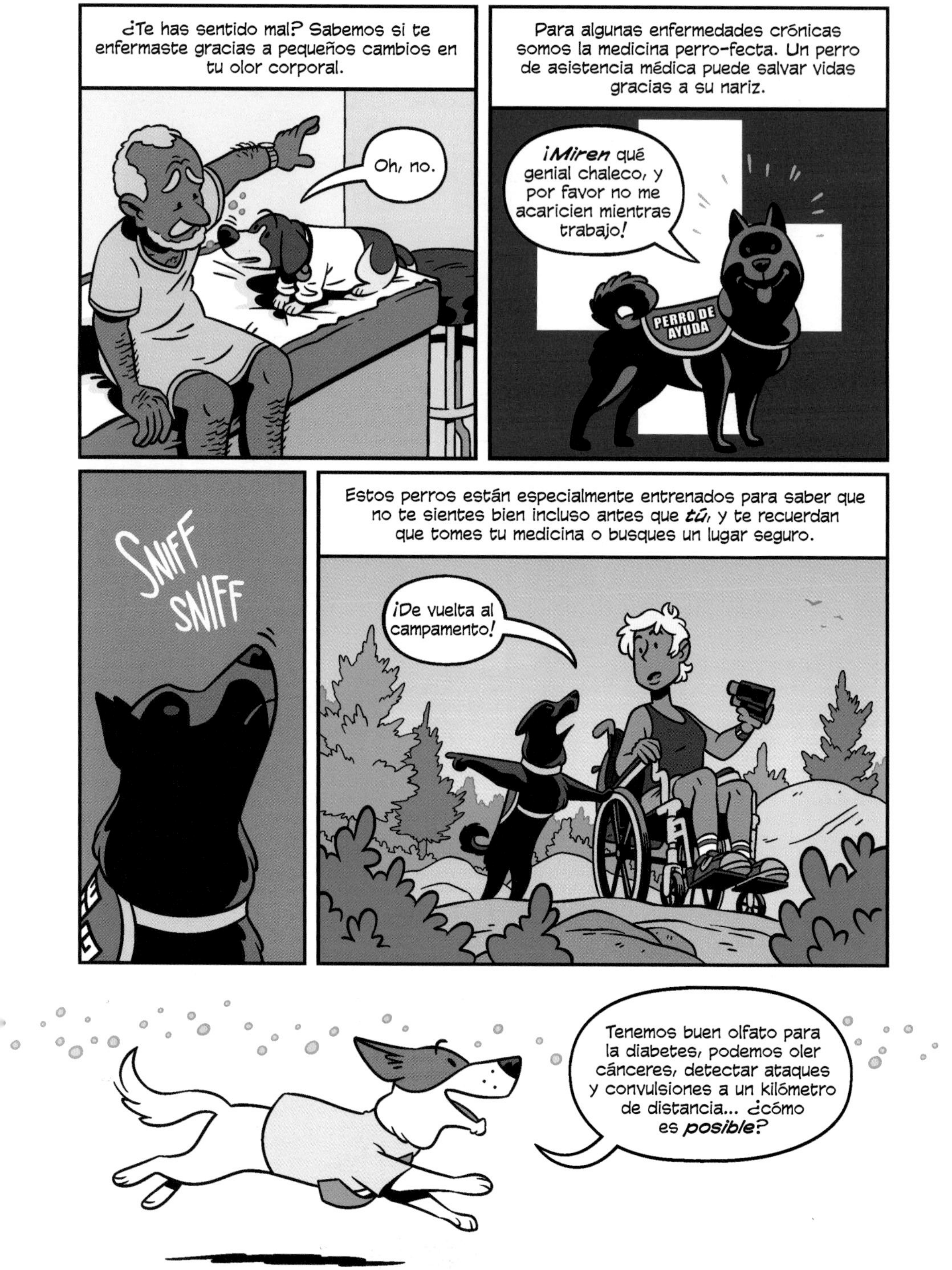
¿Te has sentido mal? Sabemos si te enfermaste gracias a pequeños cambios en tu olor corporal.
Oh, no.
Para algunas enfermedades crónicas somos la medicina perro-fecta. Un perro de asistencia médica puede salvar vidas gracias a su nariz.
¡Miren qué genial chaleco, y por favor no me acaricien mientras trabajo!
PERRO DE AYUDA
SNIFF SNIFF
Estos perros están especialmente entrenados para saber que no te sientes bien incluso antes que tú, y te recuerdan que tomes tu medicina o busques un lugar seguro.
¡De vuelta al campamento!
Tenemos buen olfato para la diabetes, podemos oler cánceres, detectar ataques y convulsiones a un kilómetro de distancia... ¿cómo es posible?

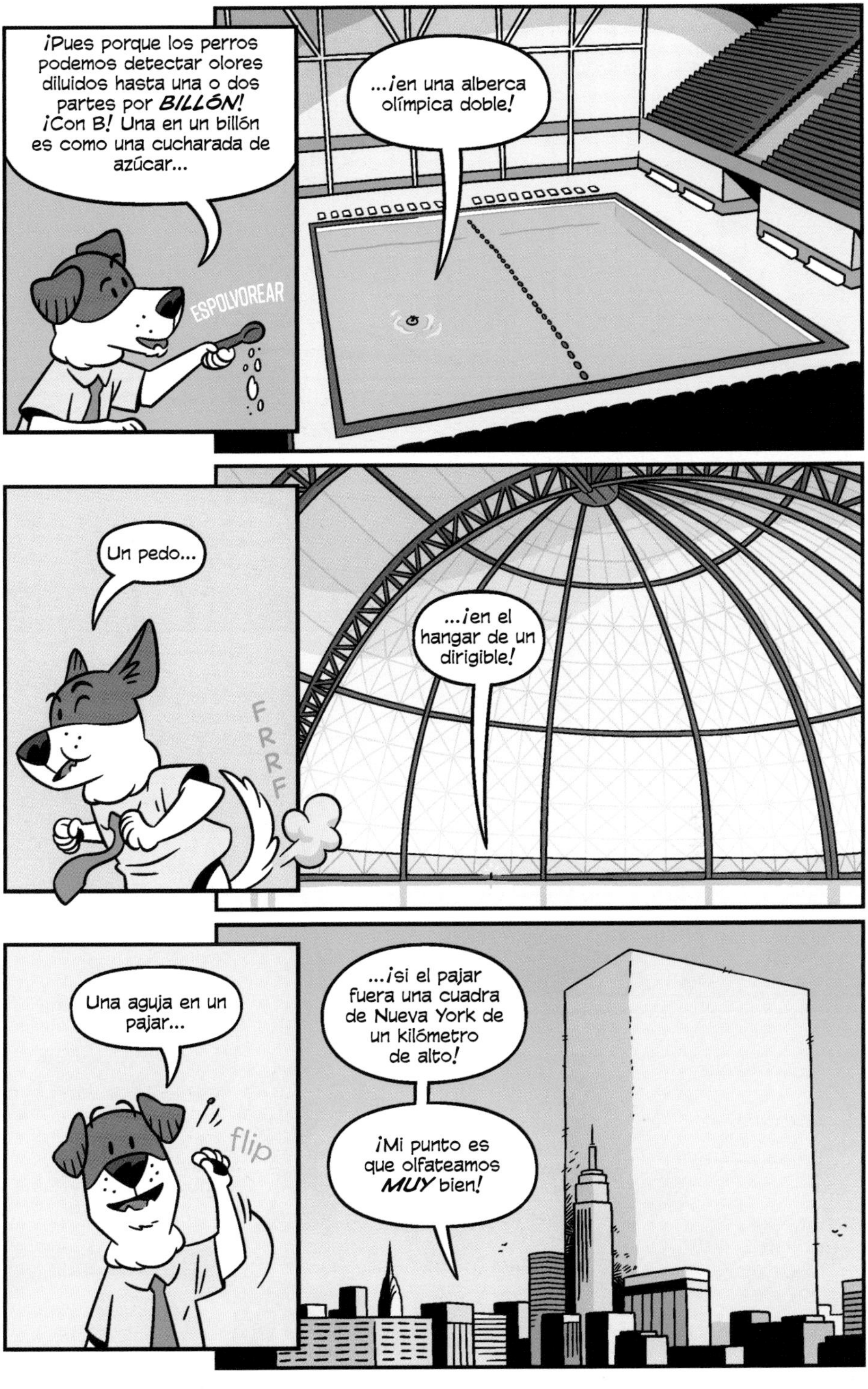
¡Pues porque los perros podemos detectar olores diluidos hasta una o dos partes por BILLÓN! ¡Con B! Una en un billón es como una cucharada de azúcar...
ESPOLVOREAR
...¡en una alberca olímpica doble!
Un pedo...
FRRF
...¡en el hangar de un dirigible!
Una aguja en un pajar...
flip
...¡si el pajar fuera una cuadra de Nueva York de un kilómetro de alto!
¡Mi punto es que olfateamos MUY bien!

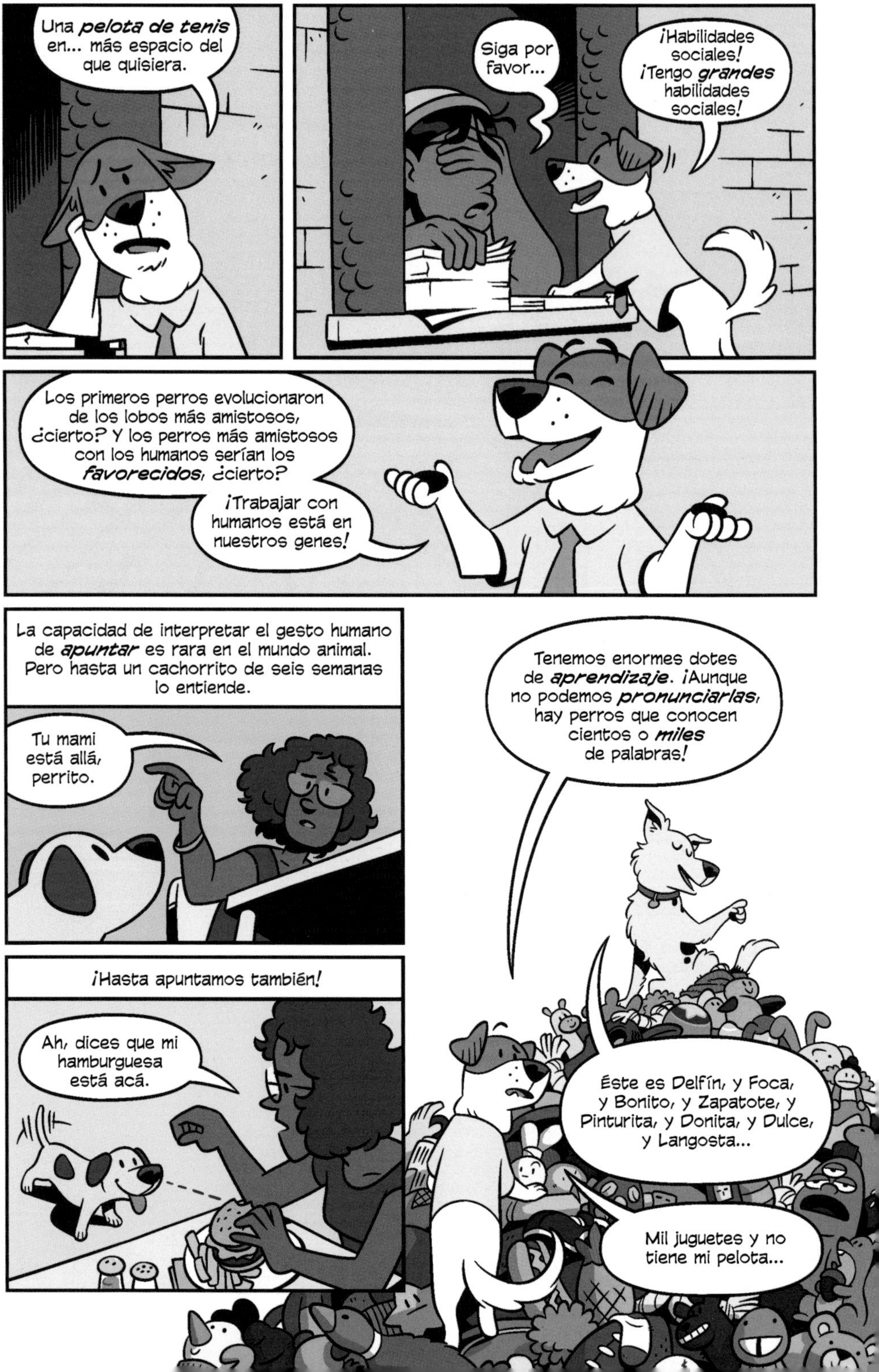
Una *pelota de tenis* en... más espacio del que quisiera.
Siga por favor...
¡Habilidades sociales! ¡Tengo *grandes* habilidades sociales!
Los primeros perros evolucionaron de los lobos más amistosos, ¿cierto? Y los perros más amistosos con los humanos serían los *favorecidos*, ¿cierto?
¡Trabajar con humanos está en nuestros genes!
La capacidad de interpretar el gesto humano de *apuntar* es rara en el mundo animal. Pero hasta un cachorrito de seis semanas lo entiende.
Tu mami está allá, perrito.
¡Hasta apuntamos también!
Ah, dices que mi hamburguesa está acá.
Tenemos enormes dotes de *aprendizaje*. ¡Aunque no podemos *pronunciarlas*, hay perros que conocen cientos o *miles* de palabras!
Éste es Delfín, y Foca, y Bonito, y Zapatote, y Pinturita, y Donita, y Dulce, y Langosta...
Mil juguetes y no tiene mi pelota...

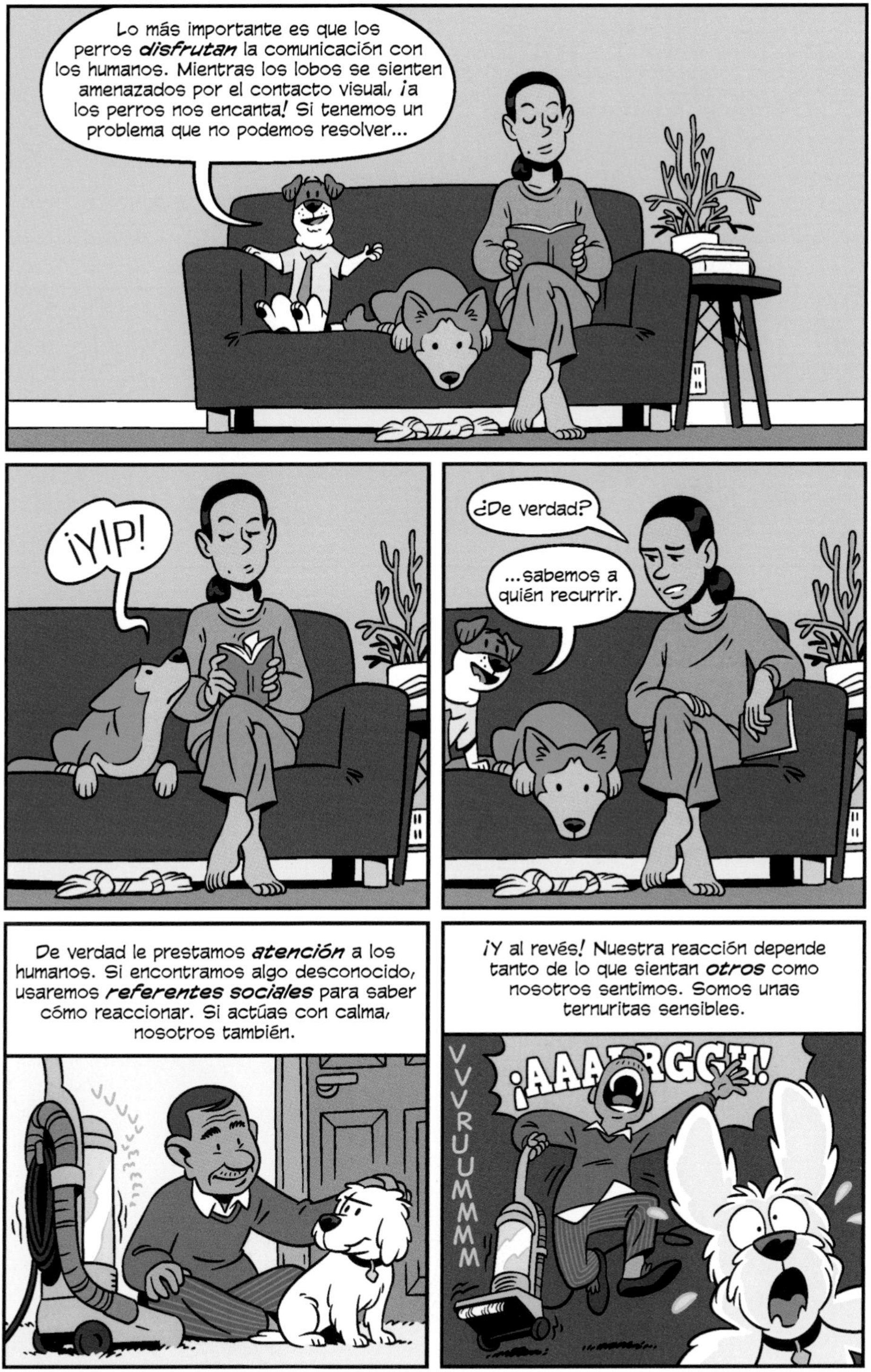

Lo más importante es que los perros *disfrutan* la comunicación con los humanos. Mientras los lobos se sienten amenazados por el contacto visual, ¡a los perros nos encanta! Si tenemos un problema que no podemos resolver...
¡YIP!
¿De verdad?
...sabemos a quién recurrir.
De verdad le prestamos *atención* a los humanos. Si encontramos algo desconocido, usaremos *referentes sociales* para saber cómo reaccionar. Si actúas con calma, nosotros también.
¡Y al revés! Nuestra reacción depende tanto de lo que sientan *otros* como nosotros sentimos. Somos unas ternuritas sensibles.
VVVRUUMMMM
¡AAARGGH!

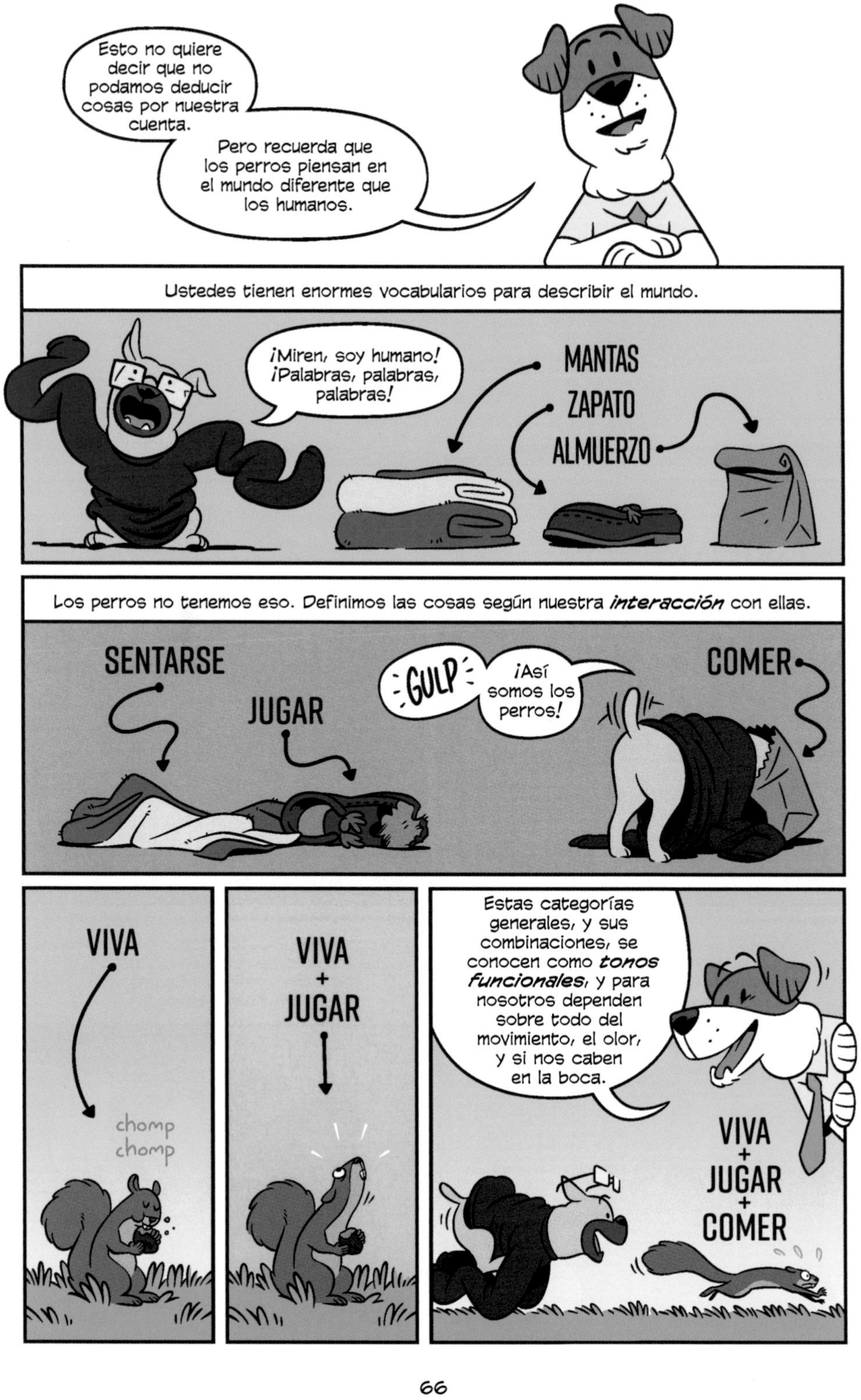
Esto no quiere decir que no podamos deducir cosas por nuestra cuenta.
Pero recuerda que los perros piensan en el mundo diferente que los humanos.
Ustedes tienen enormes vocabularios para describir el mundo.
¡Miren, soy humano! ¡Palabras, palabras, palabras!
MANTAS
ZAPATO
ALMUERZO
Los perros no tenemos eso. Definimos las cosas según nuestra *interacción* con ellas.
SENTARSE
JUGAR
GULP
¡Así somos los perros!
COMER
VIVA
chomp
chomp
VIVA
+
JUGAR
Estas categorías generales, y sus combinaciones, se conocen como *tonos funcionales*, y para nosotros dependen sobre todo del movimiento, el olor, y si nos caben en la boca.
VIVA
+
JUGAR
+
COMER

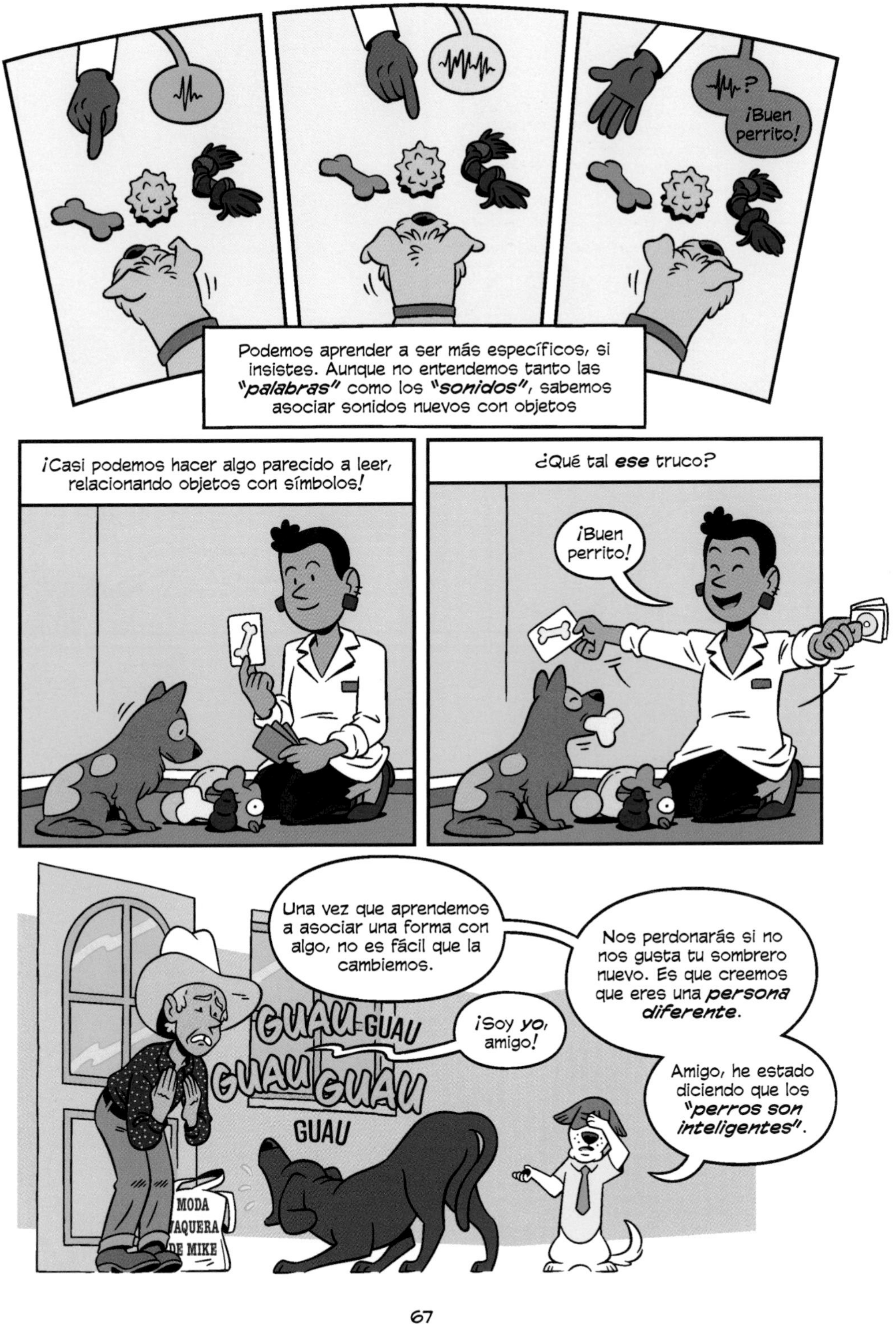

¡Buen perrito!
Podemos aprender a ser más específicos, si insistes. Aunque no entendemos tanto las *"palabras"* como los *"sonidos"*, sabemos asociar sonidos nuevos con objetos
¡Casi podemos hacer algo parecido a leer, relacionando objetos con símbolos!
¿Qué tal *ese* truco?
¡Buen perrito!
Una vez que aprendemos a asociar una forma con algo, no es fácil que la cambiemos.
Nos perdonarás si no nos gusta tu sombrero nuevo. Es que creemos que eres una *persona diferente*.
GUAU GUAU
GUAU GUAU
GUAU
¡Soy *yo*, amigo!
Amigo, he estado diciendo que los *"perros son inteligentes"*.
MODA VAQUERA DE MIKE

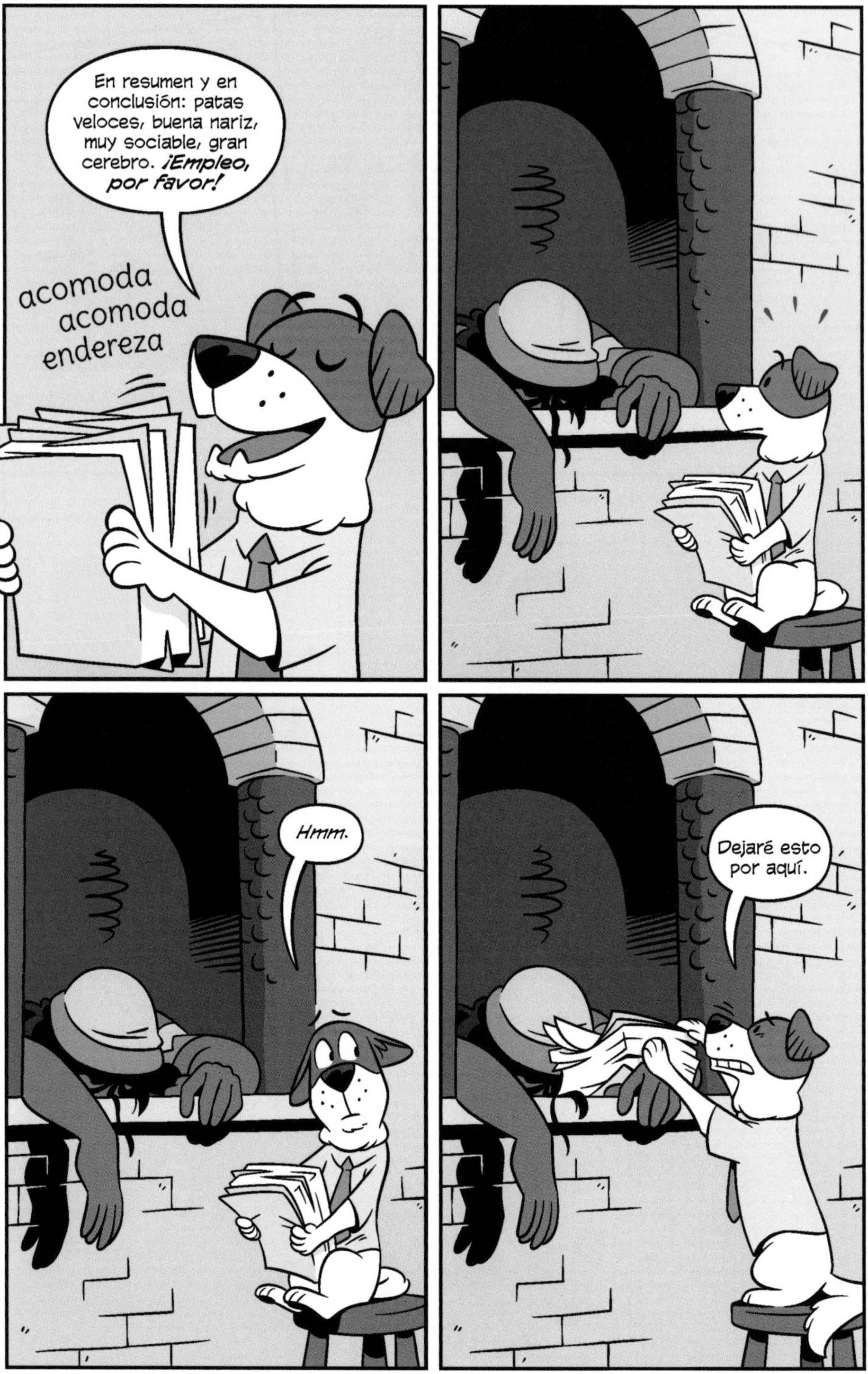
En resumen y en conclusión: patas veloces, buena nariz, muy sociable, gran cerebro. *¡Empleo, por favor!*
acomoda acomoda endereza
Hmm.
Dejaré esto por aquí.

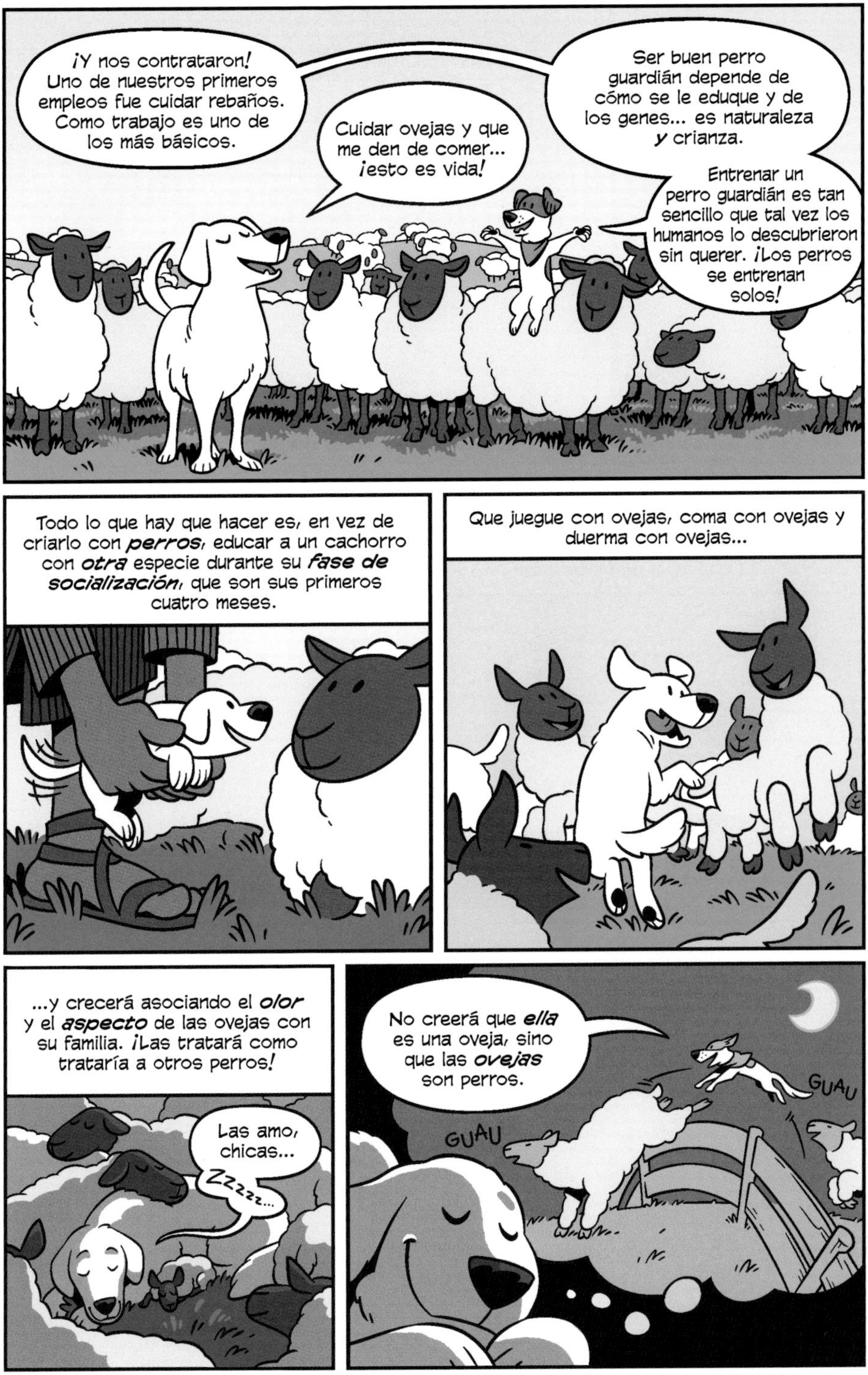
¡Y nos contrataron! Uno de nuestros primeros empleos fue cuidar rebaños. Como trabajo es uno de los más básicos.
Cuidar ovejas y que me den de comer... ¡esto es vida!
Ser buen perro guardián depende de cómo se le eduque y de los genes... es naturaleza *y* crianza.
Entrenar un perro guardián es tan sencillo que tal vez los humanos lo descubrieron sin querer. ¡Los perros se entrenan solos!
Todo lo que hay que hacer es, en vez de criarlo con ***perros***, educar a un cachorro con ***otra*** especie durante su ***fase de socialización***, que son sus primeros cuatro meses.
Que juegue con ovejas, coma con ovejas y duerma con ovejas...
...y crecerá asociando el *olor* y el *aspecto* de las ovejas con su familia. ¡Las tratará como trataría a otros perros!
Las amo, chicas...
Zzzzz...
No creerá que *ella* es una oveja, sino que las *ovejas* son perros.
GUAU
GUAU

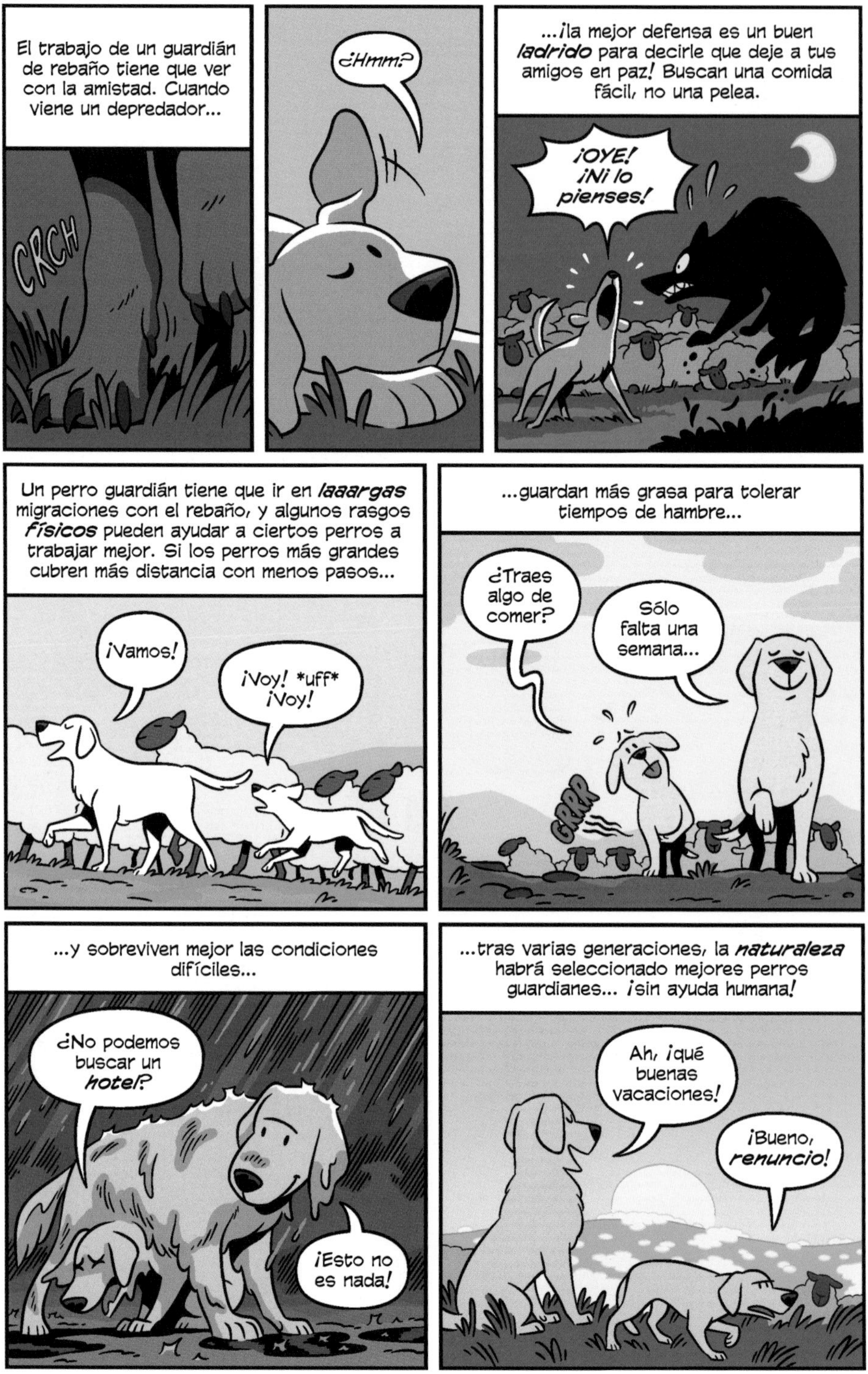

El trabajo de un guardián de rebaño tiene que ver con la amistad. Cuando viene un depredador...
CRCH
¿Hmm?
...¡la mejor defensa es un buen *ladrido* para decirle que deje a tus amigos en paz! Buscan una comida fácil, no una pelea.
¡OYE! ¡Ni lo pienses!
Un perro guardián tiene que ir en *laaargas* migraciones con el rebaño, y algunos rasgos *físicos* pueden ayudar a ciertos perros a trabajar mejor. Si los perros más grandes cubren más distancia con menos pasos...
¡Vamos!
¡Voy! *uff* ¡Voy!
...guardan más grasa para tolerar tiempos de hambre...
¿Traes algo de comer?
Sólo falta una semana...
GRRR
...y sobreviven mejor las condiciones difíciles...
¿No podemos buscar un *hotel*?
¡Esto no es nada!
...tras varias generaciones, la *naturaleza* habrá seleccionado mejores perros guardianes... ¡sin ayuda humana!
Ah, ¡qué buenas vacaciones!
¡Bueno, *renuncio*!

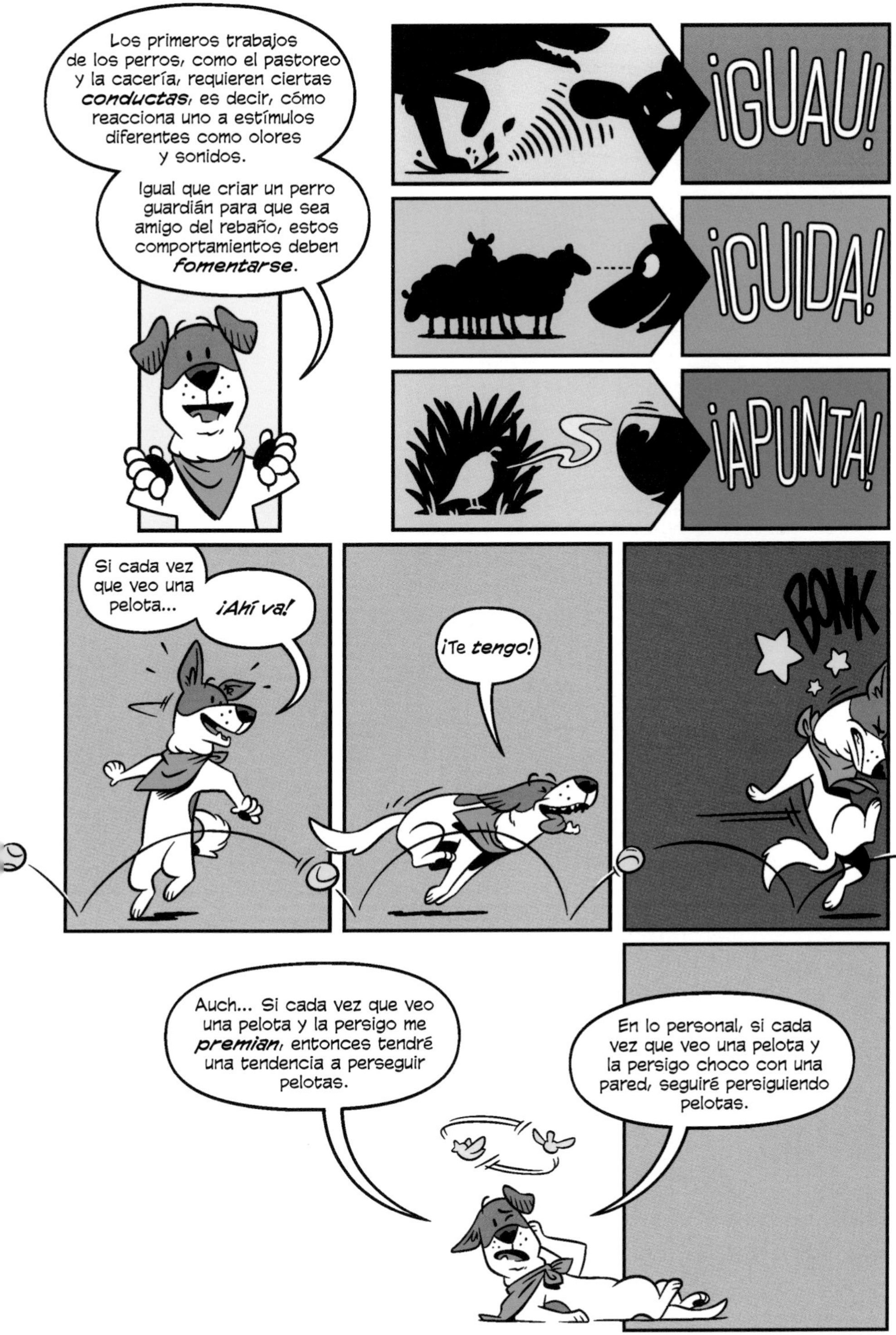
Los primeros trabajos de los perros, como el pastoreo y la cacería, requieren ciertas *conductas*, es decir, cómo reacciona uno a estímulos diferentes como olores y sonidos.
Igual que criar un perro guardián para que sea amigo del rebaño, estos comportamientos deben *fomentarse*.
¡GUAU!
¡CUIDA!
¡APUNTA!
Si cada vez que veo una pelota...
¡Ahí va!
¡Te *tengo*!
BONK
Auch... Si cada vez que veo una pelota y la persigo me *premian*, entonces tendré una tendencia a perseguir pelotas.
En lo personal, si cada vez que veo una pelota y la persigo choco con una pared, seguiré persiguiendo pelotas.

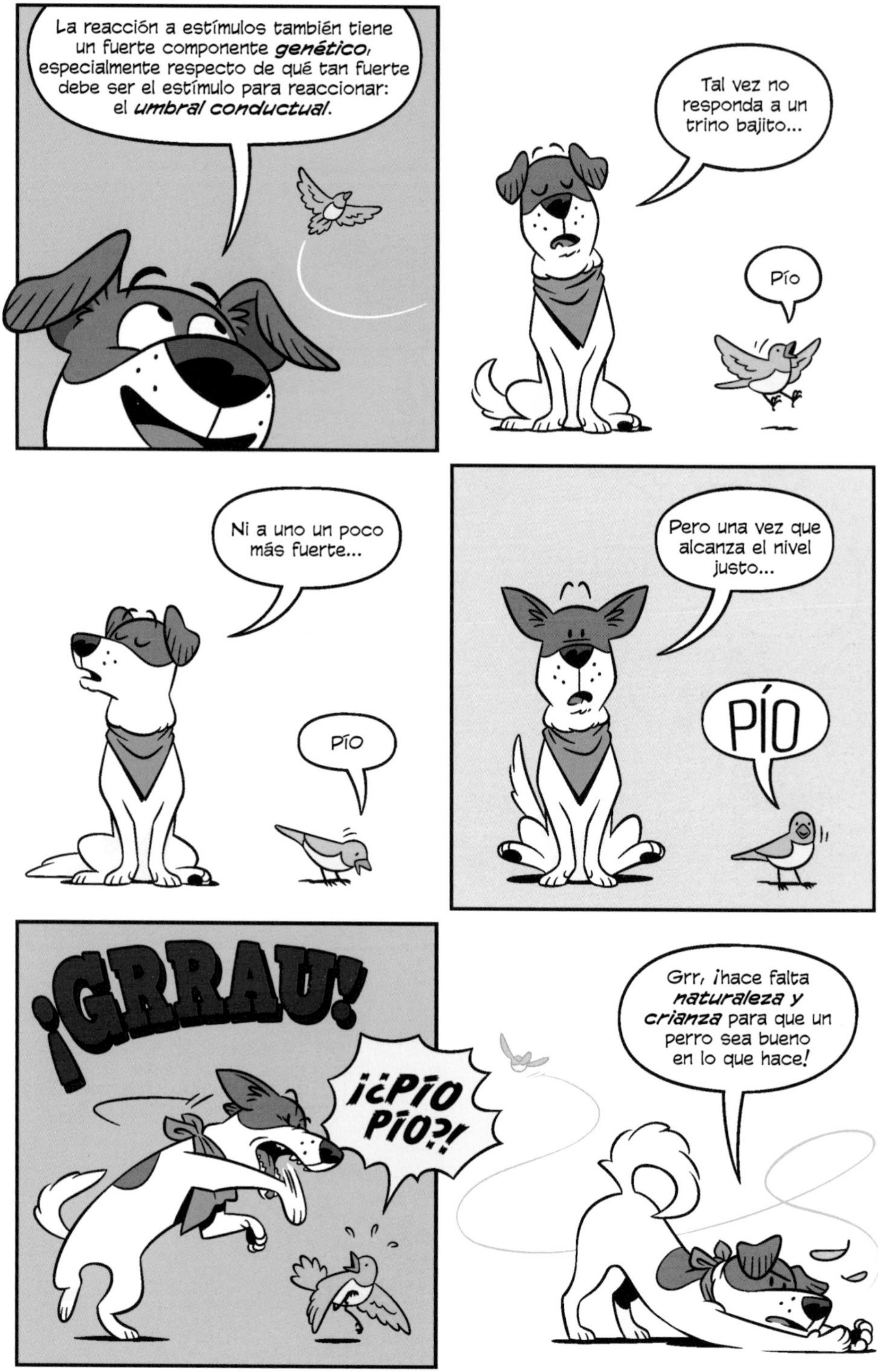
La reacción a estímulos también tiene un fuerte componente *genético*, especialmente respecto de qué tan fuerte debe ser el estímulo para reaccionar: el *umbral conductual*.
Tal vez no responda a un trino bajito...
Pío
Ni a uno un poco más fuerte...
Pío
Pero una vez que alcanza el nivel justo...
PÍO
¡GRRAU!
¡¿PÍO PÍO?!
Grr, ¡hace falta *naturaleza y crianza* para que un perro sea bueno en lo que hace!

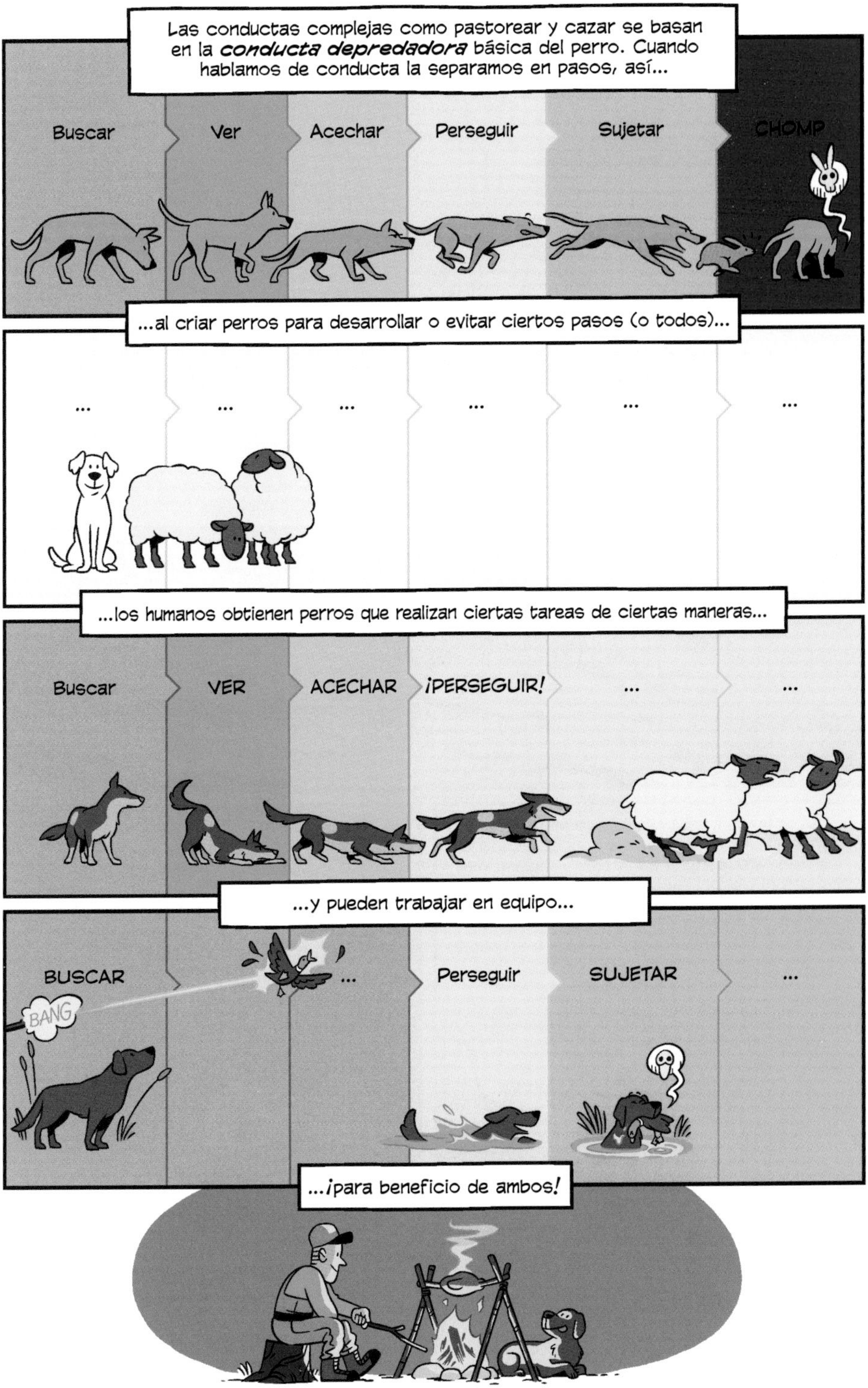

Las conductas complejas como pastorear y cazar se basan en la ***conducta depredadora*** básica del perro. Cuando hablamos de conducta la separamos en pasos, así...
Buscar
Ver
Acechar
Perseguir
Sujetar
CHOMP
SALVAJE
...al criar perros para desarrollar o evitar ciertos pasos (o todos)...
...
...
...
...
...
...
GUARDIÁN
...los humanos obtienen perros que realizan ciertas tareas de ciertas maneras...
Buscar
VER
ACECHAR
¡PERSEGUIR!
...
...
PASTOR
...y pueden trabajar en equipo...
BUSCAR
BANG
...
Perseguir
SUJETAR
...
PERDIGUERO
...¡para beneficio de ambos!

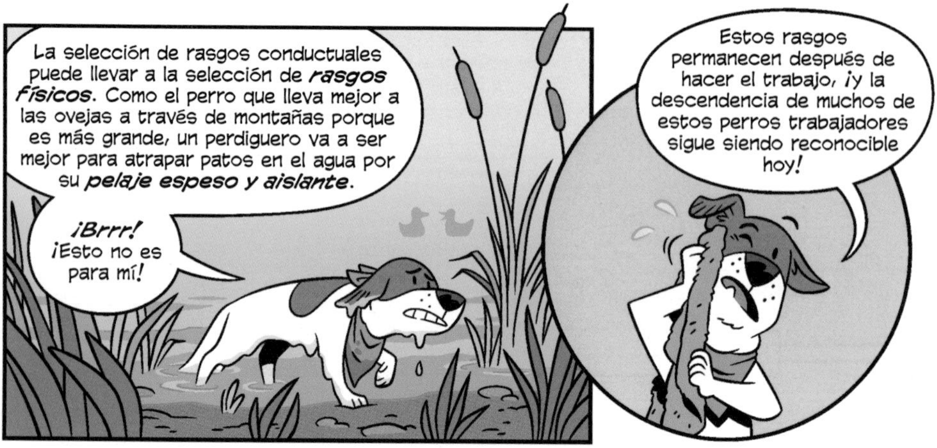
La selección de rasgos conductuales puede llevar a la selección de *rasgos físicos*. Como el perro que lleva mejor a las ovejas a través de montañas porque es más grande, un perdiguero va a ser mejor para atrapar patos en el agua por su *pelaje espeso y aislante*.
¡Brrr! ¡Esto no es para mí!
Estos rasgos permanecen después de hacer el trabajo, ¡y la descendencia de muchos de estos perros trabajadores sigue siendo reconocible hoy!

En Rusia, los antepasados del ***borzoi*** cazaban lobos en la espesura. Sus piernas largas y cuerpos delgados los hacían muy veloces, y sus ojos espaciados les daban un amplio campo de visión. Casi se ***extinguen*** con todo y nobles que los criaban durante la Revolución de 1917, pero tantos perros se habían mudado a Europa que la raza sobrevivió.

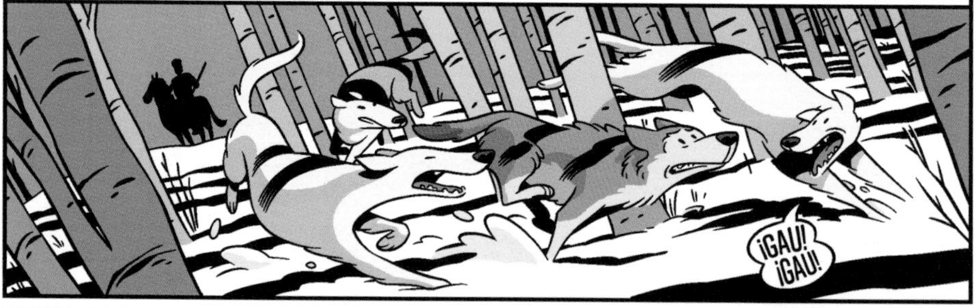
¡GAU! ¡GAU!

El enorme y ***peludo gigante de los Pirineos***, la bola de nieve viviente, estaba tan bien adaptado a su entorno montañoso que con el tiempo recibió un empleo adicional, además del original como guardián de rebaños. Aunque eran animales amables, durante la primera Guerra Mundial los usaban para llevar ***contrabando*** por caminos aislados y sin vigilancia.

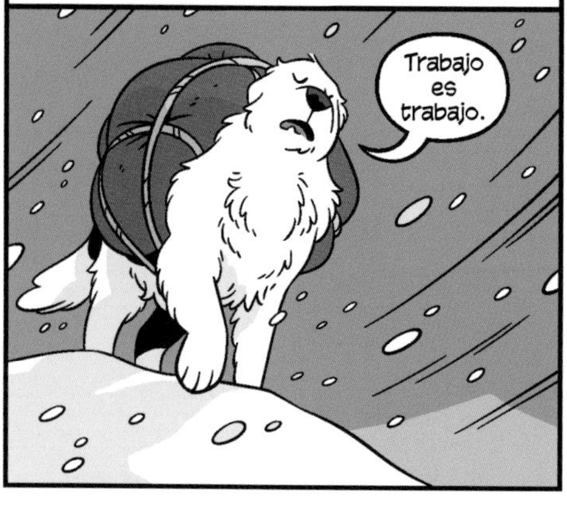
Trabajo es trabajo.

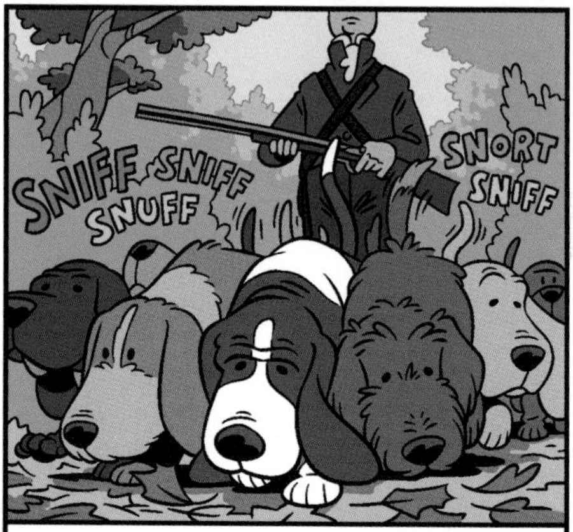
SNIFF SNIFF
SNUFF
SNORT
SNIFF

Los cuerpos cercanos al suelo de los primeros ***basset hounds*** eran muy convenientes para seguir rastros viejos, y era más sencillo para los cazadores seguirlos a pie. "Basset" es "bajito" o "corto" en francés, y en Europa se criaron al menos ***doce*** variedades regionales de estos perros cortos y bajitos.

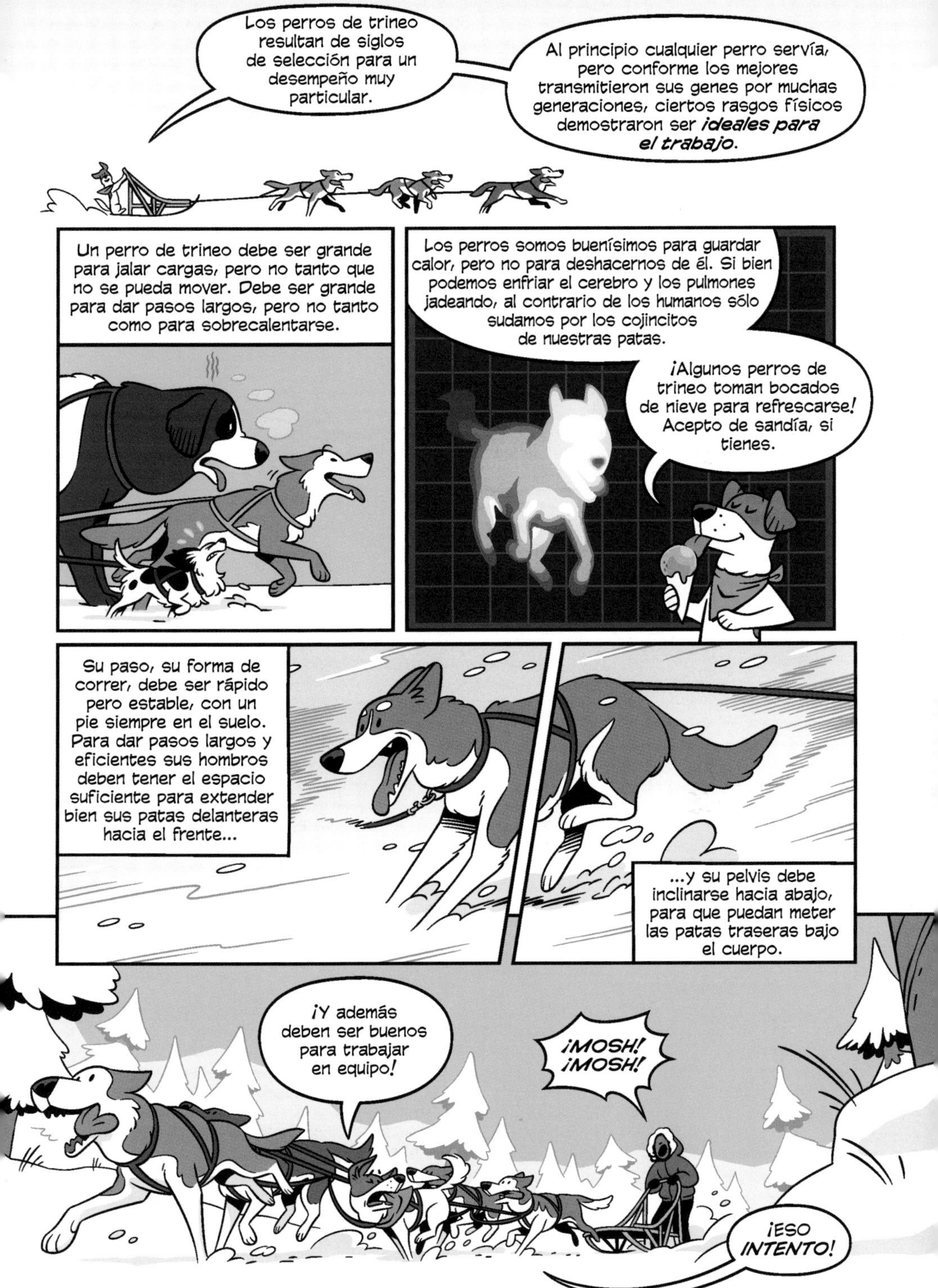
Los perros de trineo resultan de siglos de selección para un desempeño muy particular.
Al principio cualquier perro servía, pero conforme los mejores transmitieron sus genes por muchas generaciones, ciertos rasgos físicos demostraron ser *ideales para el trabajo*.
Un perro de trineo debe ser grande para jalar cargas, pero no tanto que no se pueda mover. Debe ser grande para dar pasos largos, pero no tanto como para sobrecalentarse.
Los perros somos buenísimos para guardar calor, pero no para deshacernos de él. Si bien podemos enfriar el cerebro y los pulmones jadeando, al contrario de los humanos sólo sudamos por los cojincitos de nuestras patas.
¡Algunos perros de trineo toman bocados de nieve para refrescarse! Acepto de sandía, si tienes.
Su paso, su forma de correr, debe ser rápido pero estable, con un pie siempre en el suelo. Para dar pasos largos y eficientes sus hombros deben tener el espacio suficiente para extender bien sus patas delanteras hacia el frente...
...y su pelvis debe inclinarse hacia abajo, para que puedan meter las patas traseras bajo el cuerpo.
¡Y además deben ser buenos para trabajar en equipo!
¡MOSH! ¡MOSH!
¡ESO INTENTO!

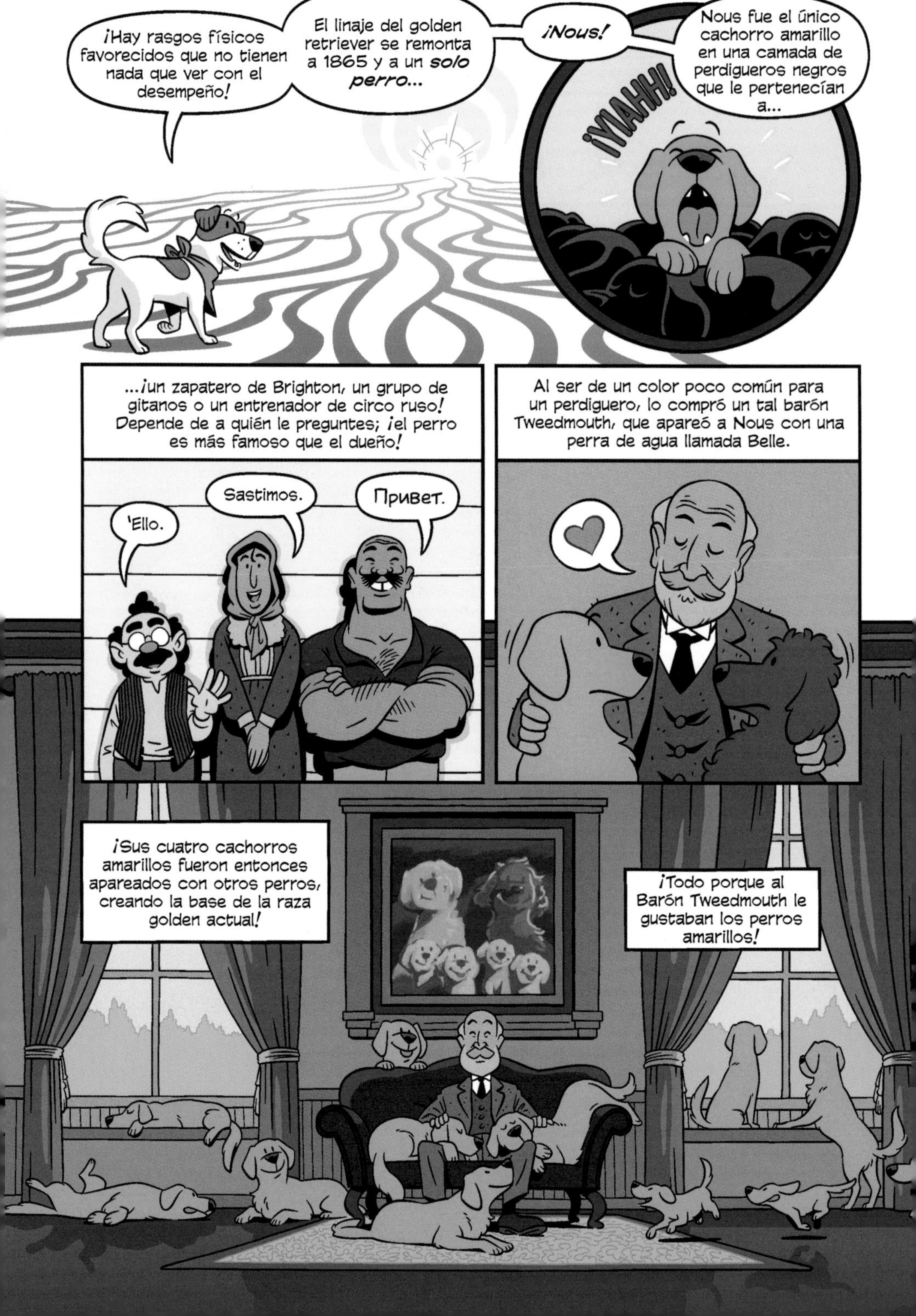

¡Hay rasgos físicos favorecidos que no tienen nada que ver con el desempeño!
El linaje del golden retriever se remonta a 1865 y a un *solo perro*...
¡Nous!
Nous fue el único cachorro amarillo en una camada de perdigueros negros que le pertenecían a...
¡YIAHH!
...¡un zapatero de Brighton, un grupo de gitanos o un entrenador de circo ruso! Depende de a quién le preguntes; ¡el perro es más famoso que el dueño!
'Ello.
Sastimos.
Привет.
Al ser de un color poco común para un perdiguero, lo compró un tal barón Tweedmouth, que apareó a Nous con una perra de agua llamada Belle.
¡Sus cuatro cachorros amarillos fueron entonces apareados con otros perros, creando la base de la raza golden actual!
¡Todo porque al Barón Tweedmouth le gustaban los perros amarillos!

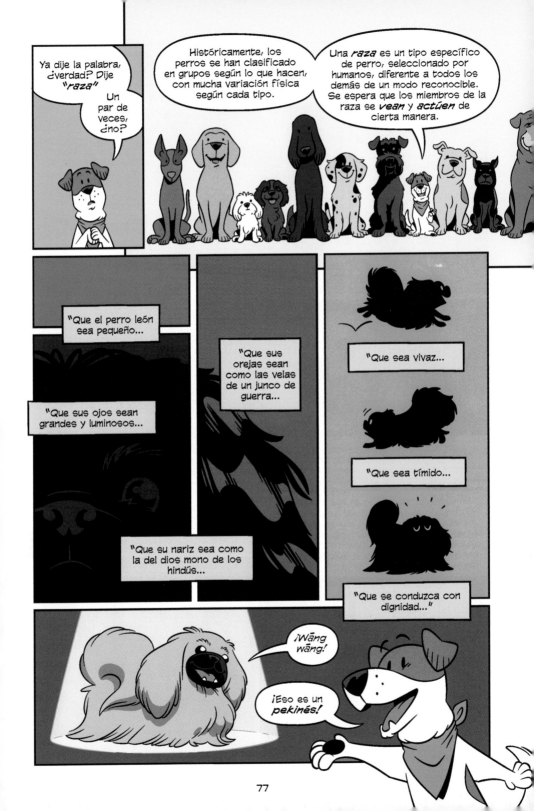

Ya dije la palabra, ¿verdad? Dije *"raza"*

Un par de veces, ¿no?

Históricamente, los perros se han clasificado en grupos según lo que hacen, con mucha variación física según cada tipo.

Una *raza* es un tipo específico de perro, seleccionado por humanos, diferente a todos los demás de un modo reconocible. Se espera que los miembros de la raza se *vean* y *actúen* de cierta manera.

"Que el perro león sea pequeño...

"Que sus ojos sean grandes y luminosos...

"Que sus orejas sean como las velas de un junco de guerra...

"Que su nariz sea como la del dios mono de los hindús...

"Que sea vivaz...

"Que sea tímido...

"Que se conduzca con dignidad..."

¡Wāng wāng!

¡Eso es un *pekinés!*

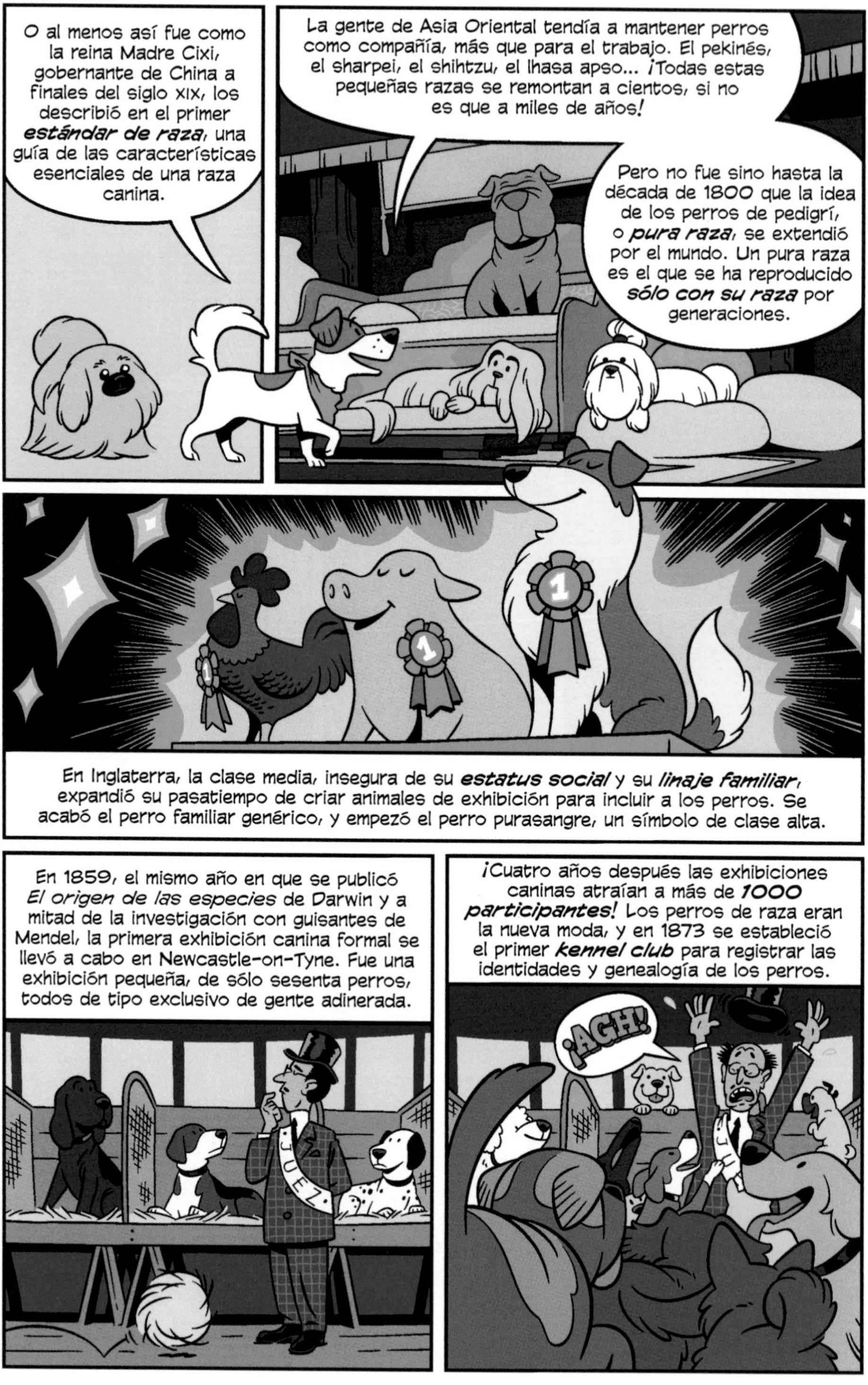
O al menos así fue como la reina Madre Cixi, gobernante de China a finales del siglo XIX, los describió en el primer estándar de raza, una guía de las características esenciales de una raza canina.
La gente de Asia Oriental tendía a mantener perros como compañía, más que para el trabajo. El pekinés, el sharpei, el shihtzu, el lhasa apso... ¡Todas estas pequeñas razas se remontan a cientos, si no es que a miles de años!
Pero no fue sino hasta la década de 1800 que la idea de los perros de pedigrí, o pura raza, se extendió por el mundo. Un pura raza es el que se ha reproducido sólo con su raza por generaciones.
1
1
1
1
En Inglaterra, la clase media, insegura de su estatus social y su linaje familiar, expandió su pasatiempo de criar animales de exhibición para incluir a los perros. Se acabó el perro familiar genérico, y empezó el perro purasangre, un símbolo de clase alta.
En 1859, el mismo año en que se publicó El origen de las especies de Darwin y a mitad de la investigación con guisantes de Mendel, la primera exhibición canina formal se llevó a cabo en Newcastle-on-Tyne. Fue una exhibición pequeña, de sólo sesenta perros, todos de tipo exclusivo de gente adinerada.
JUEZ
¡Cuatro años después las exhibiciones caninas atraían a más de 1000 participantes! Los perros de raza eran la nueva moda, y en 1873 se estableció el primer kennel club para registrar las identidades y genealogía de los perros.
¡AGH!

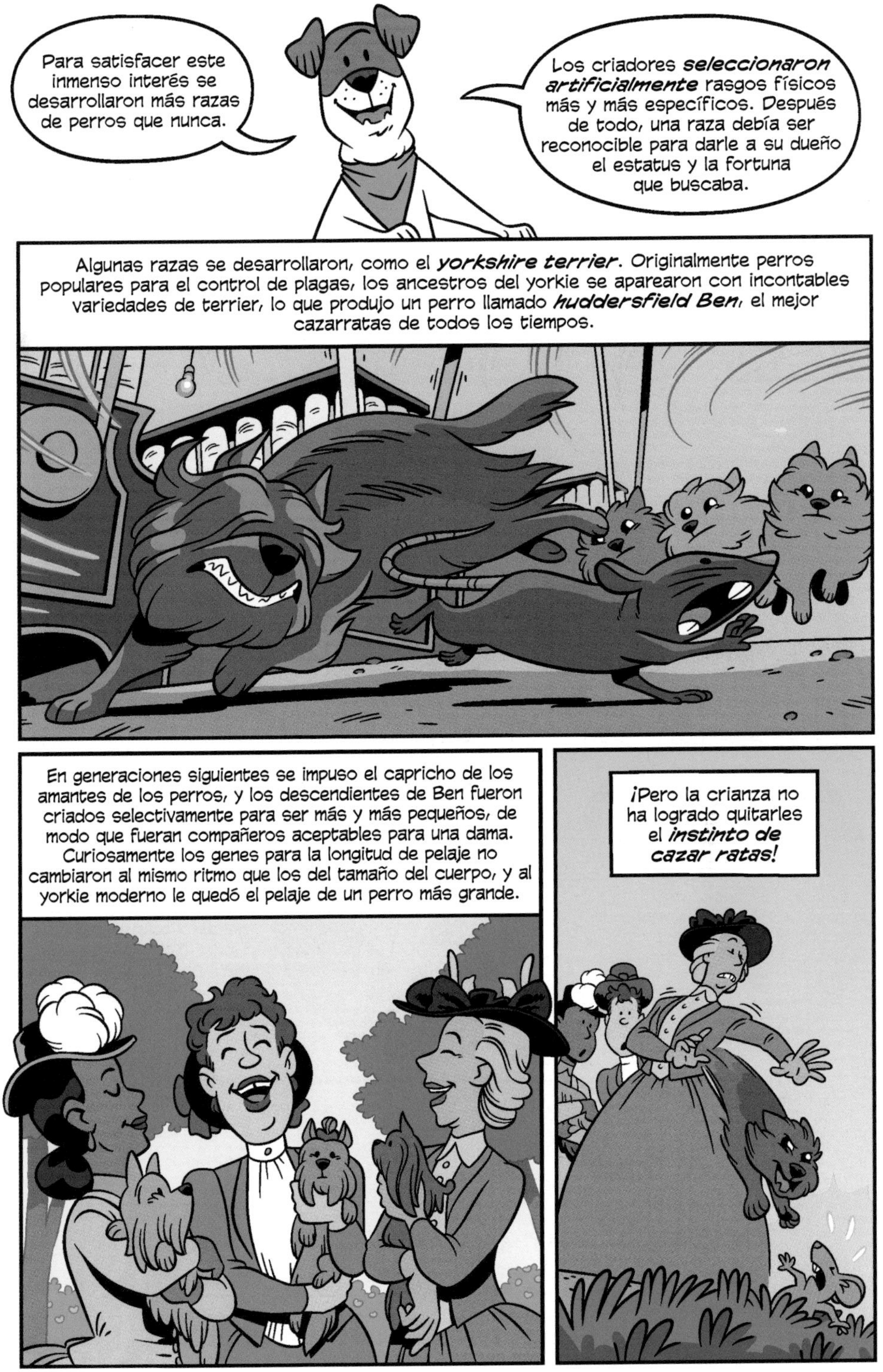
Para satisfacer este inmenso interés se desarrollaron más razas de perros que nunca.
Los criadores ***seleccionaron artificialmente*** rasgos físicos más y más específicos. Después de todo, una raza debía ser reconocible para darle a su dueño el estatus y la fortuna que buscaba.
Algunas razas se desarrollaron, como el ***yorkshire terrier***. Originalmente perros populares para el control de plagas, los ancestros del yorkie se aparearon con incontables variedades de terrier, lo que produjo un perro llamado ***huddersfield Ben***, el mejor cazarratas de todos los tiempos.
En generaciones siguientes se impuso el capricho de los amantes de los perros, y los descendientes de Ben fueron criados selectivamente para ser más y más pequeños, de modo que fueran compañeros aceptables para una dama. Curiosamente los genes para la longitud de pelaje no cambiaron al mismo ritmo que los del tamaño del cuerpo, y al yorkie moderno le quedó el pelaje de un perro más grande.
¡Pero la crianza no ha logrado quitarles el ***instinto de cazar ratas***!

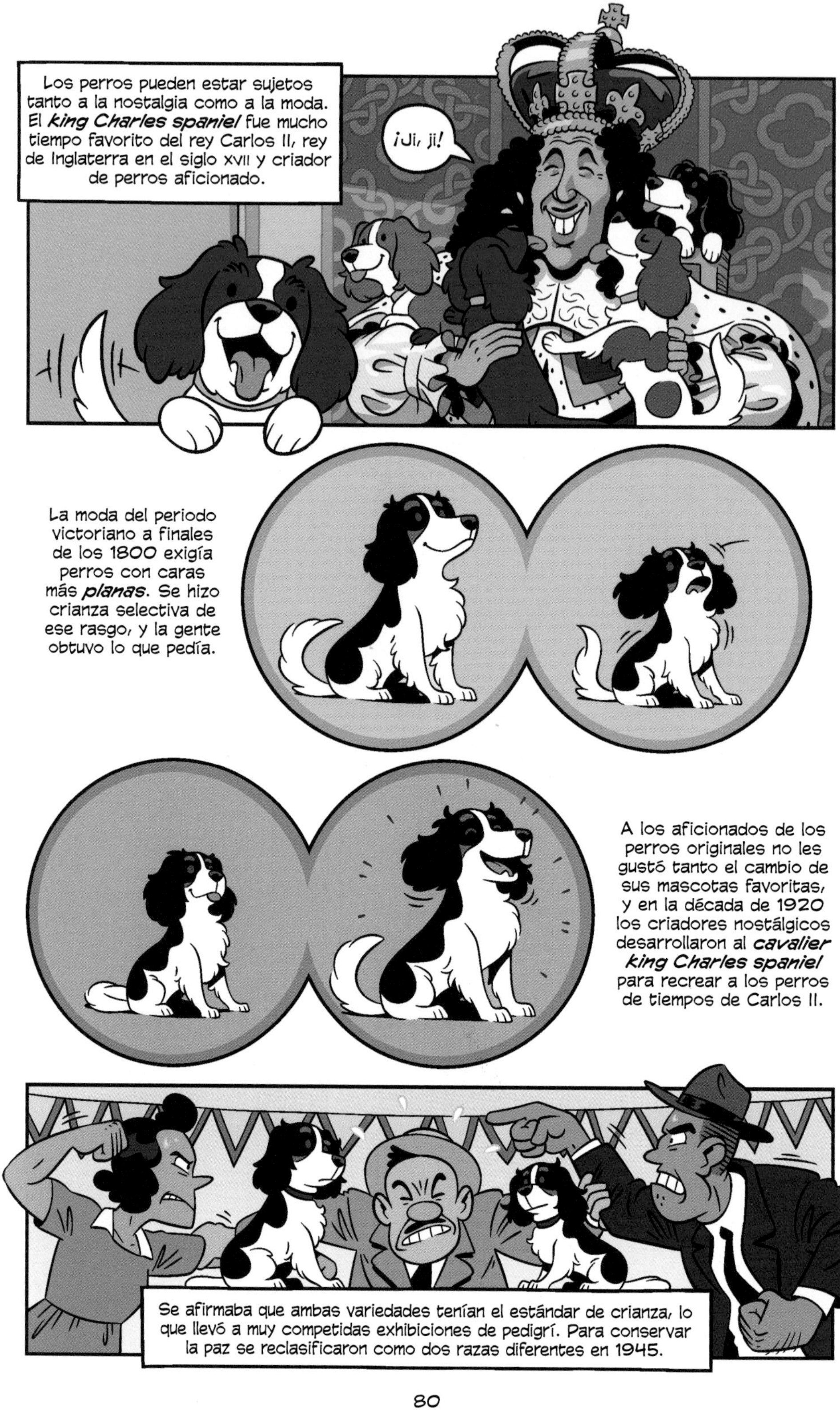
Los perros pueden estar sujetos tanto a la nostalgia como a la moda. El *king Charles spaniel* fue mucho tiempo favorito del rey Carlos II, rey de Inglaterra en el siglo XVII y criador de perros aficionado.
¡Ji, ji!
La moda del periodo victoriano a finales de los 1800 exigía perros con caras más *planas*. Se hizo crianza selectiva de ese rasgo, y la gente obtuvo lo que pedía.
A los aficionados de los perros originales no les gustó tanto el cambio de sus mascotas favoritas, y en la década de 1920 los criadores nostálgicos desarrollaron al *cavalier king Charles spaniel* para recrear a los perros de tiempos de Carlos II.
Se afirmaba que ambas variedades tenían el estándar de crianza, lo que llevó a muy competidas exhibiciones de pedigrí. Para conservar la paz se reclasificaron como dos razas diferentes en 1945.

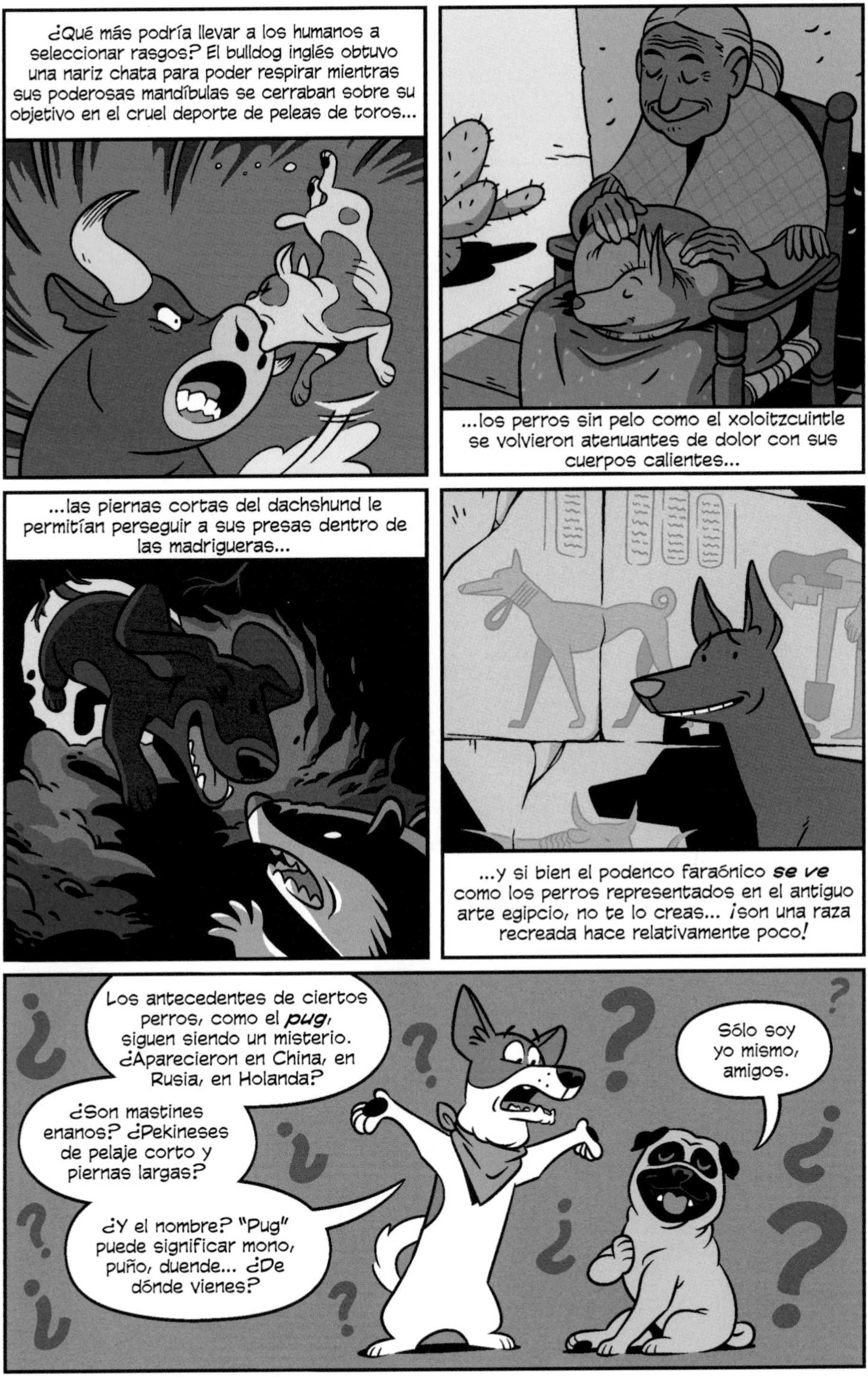
¿Qué más podría llevar a los humanos a seleccionar rasgos? El bulldog inglés obtuvo una nariz chata para poder respirar mientras sus poderosas mandíbulas se cerraban sobre su objetivo en el cruel deporte de peleas de toros...
...los perros sin pelo como el xoloitzcuintle se volvieron atenuantes de dolor con sus cuerpos calientes...
...las piernas cortas del dachshund le permitían perseguir a sus presas dentro de las madrigueras...
...y si bien el podenco faraónico *se ve* como los perros representados en el antiguo arte egipcio, no te lo creas... ¡son una raza recreada hace relativamente poco!
Los antecedentes de ciertos perros, como el *pug*, siguen siendo un misterio. ¿Aparecieron en China, en Rusia, en Holanda?
¿Son mastines enanos? ¿Pekineses de pelaje corto y piernas largas?
¿Y el nombre? "Pug" puede significar mono, puño, duende... ¿De dónde vienes?
Sólo soy yo mismo, amigos.

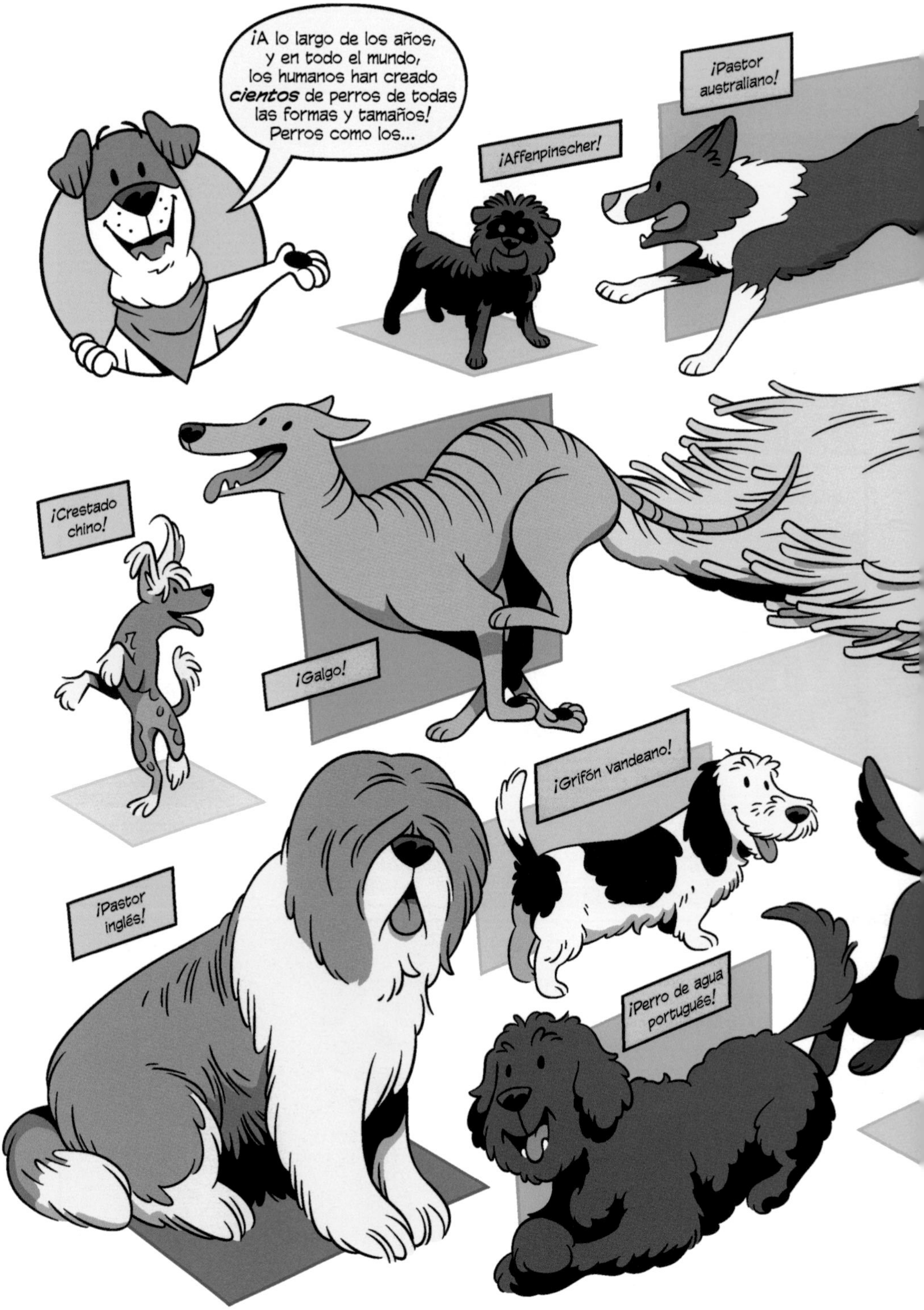
¡A lo largo de los años, y en todo el mundo, los humanos han creado ***cientos*** de perros de todas las formas y tamaños! Perros como los...
¡Affenpinscher!
¡Pastor australiano!
¡Crestado chino!
¡Galgo!
¡Grifón vandeano!
¡Pastor inglés!
¡Perro de agua portugués!

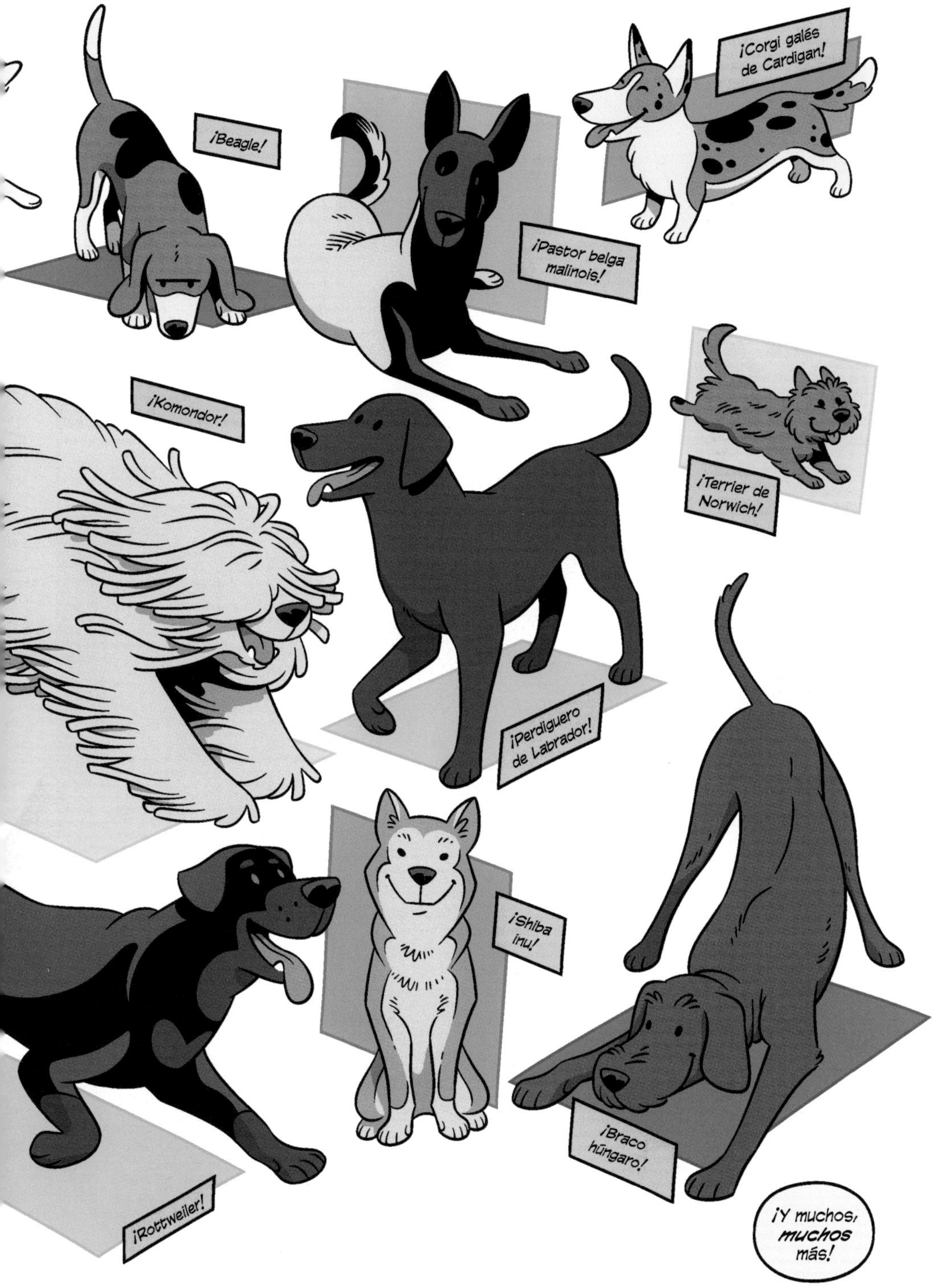
¡Beagle!
¡Pastor belga malinois!
¡Corgi galés de Cardigan!
¡Komondor!
¡Perdiguero de Labrador!
¡Terrier de Norwich!
¡Shiba inu!
¡Braco húngaro!
¡Rottweiler!
¡Y muchos, *muchos* más!

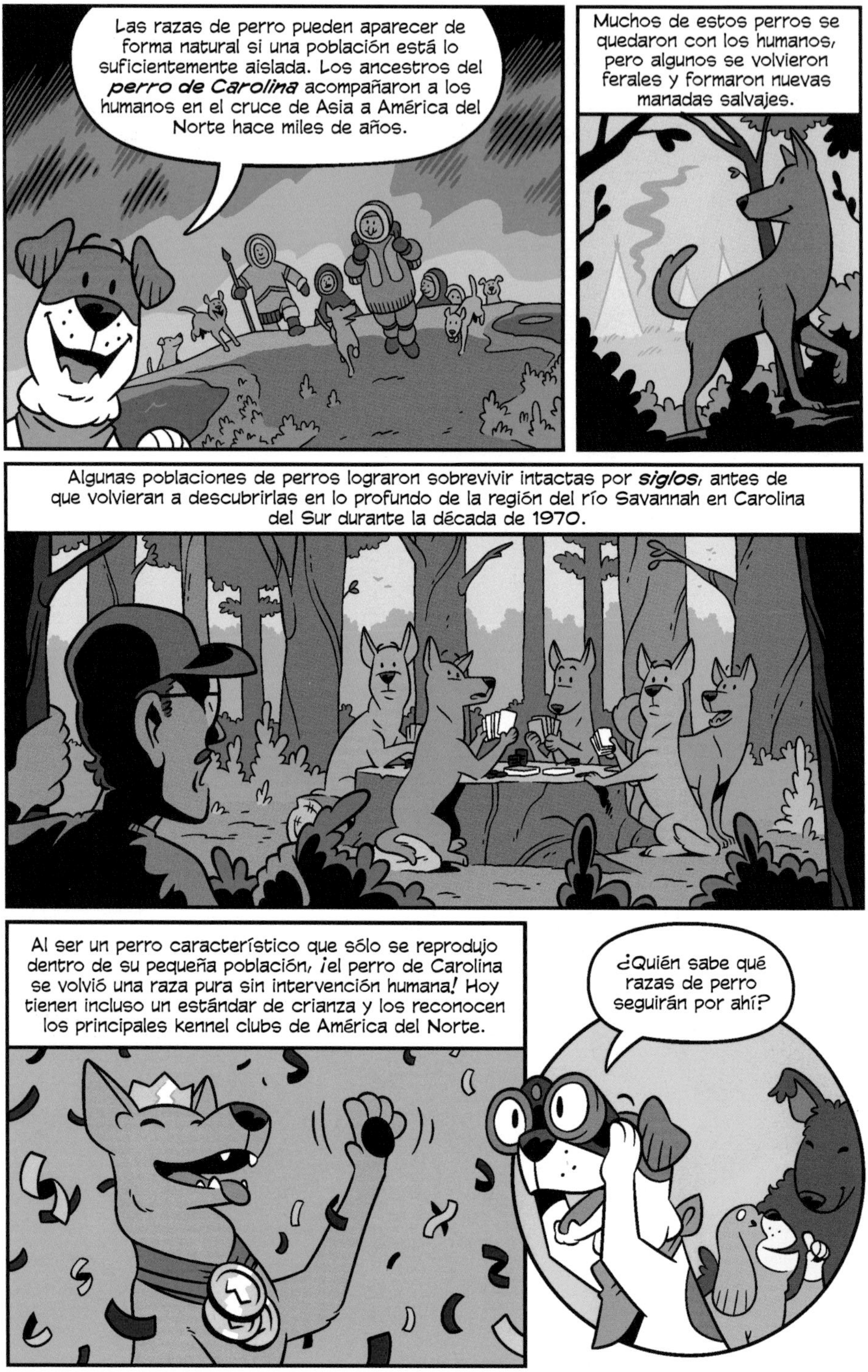
Las razas de perro pueden aparecer de forma natural si una población está lo suficientemente aislada. Los ancestros del ***perro de Carolina*** acompañaron a los humanos en el cruce de Asia a América del Norte hace miles de años.
Muchos de estos perros se quedaron con los humanos, pero algunos se volvieron ferales y formaron nuevas manadas salvajes.
Algunas poblaciones de perros lograron sobrevivir intactas por ***siglos***, antes de que volvieran a descubrirlas en lo profundo de la región del río Savannah en Carolina del Sur durante la década de 1970.
Al ser un perro característico que sólo se reprodujo dentro de su pequeña población, ¡el perro de Carolina se volvió una raza pura sin intervención humana! Hoy tienen incluso un estándar de crianza y los reconocen los principales kennel clubs de América del Norte.
¿Quién sabe qué razas de perro seguirán por ahí?

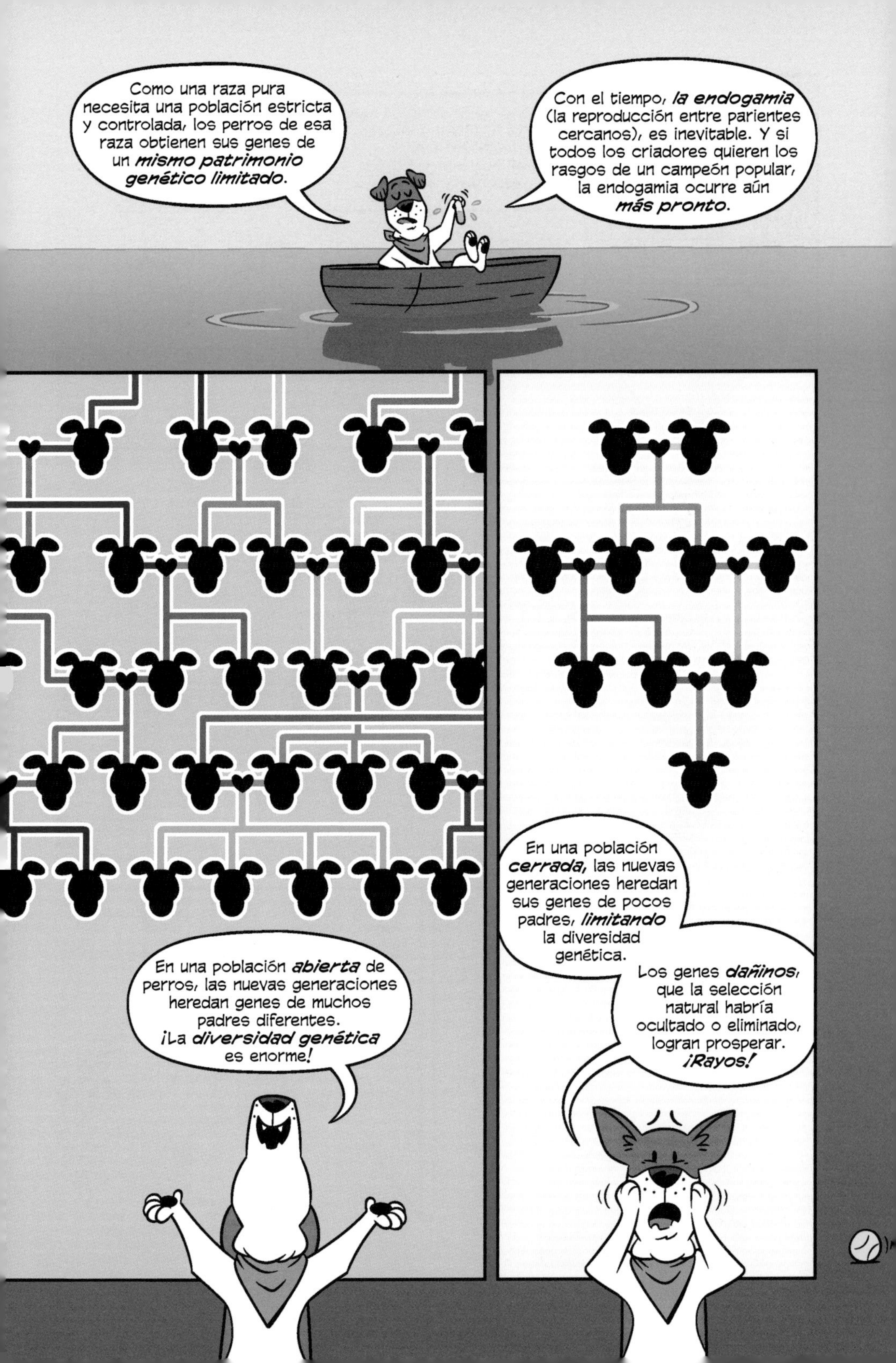
Como una raza pura necesita una población estricta y controlada, los perros de esa raza obtienen sus genes de un *mismo patrimonio genético limitado*.
Con el tiempo, *la endogamia* (la reproducción entre parientes cercanos), es inevitable. Y si todos los criadores quieren los rasgos de un campeón popular, la endogamia ocurre aún *más pronto*.
En una población *abierta* de perros, las nuevas generaciones heredan genes de muchos padres diferentes. ¡La *diversidad genética* es enorme!
En una población *cerrada,* las nuevas generaciones heredan sus genes de pocos padres, *limitando* la diversidad genética.
Los genes *dañinos*, que la selección natural habría ocultado o eliminado, logran prosperar. ¡*Rayos!*

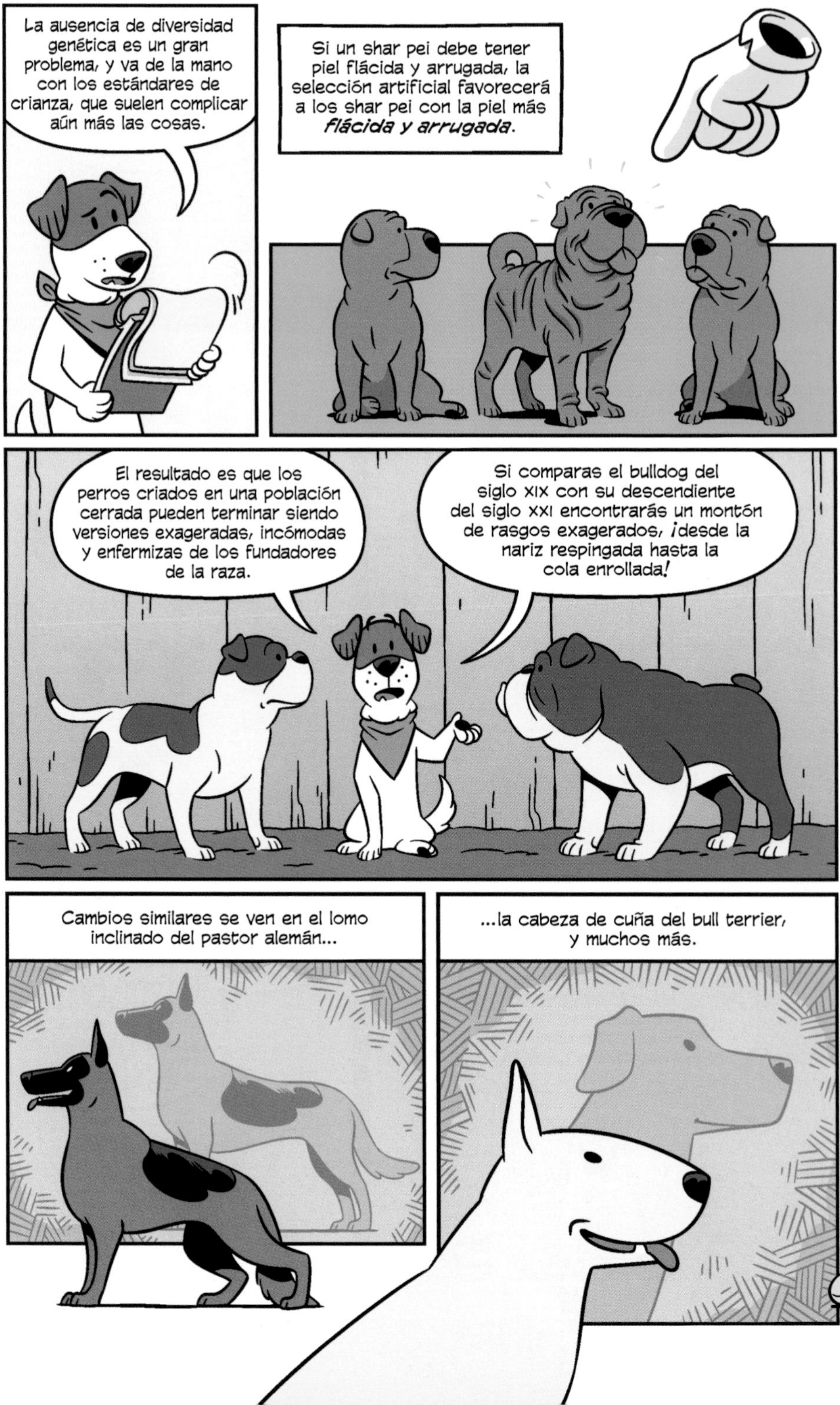
La ausencia de diversidad genética es un gran problema, y va de la mano con los estándares de crianza, que suelen complicar aún más las cosas.
Si un shar pei debe tener piel flácida y arrugada, la selección artificial favorecerá a los shar pei con la piel más *flácida y arrugada*.
El resultado es que los perros criados en una población cerrada pueden terminar siendo versiones exageradas, incómodas y enfermizas de los fundadores de la raza.
Si comparas el bulldog del siglo XIX con su descendiente del siglo XXI encontrarás un montón de rasgos exagerados, ¡desde la nariz respingada hasta la cola enrollada!
Cambios similares se ven en el lomo inclinado del pastor alemán...
...la cabeza de cuña del bull terrier, y muchos más.

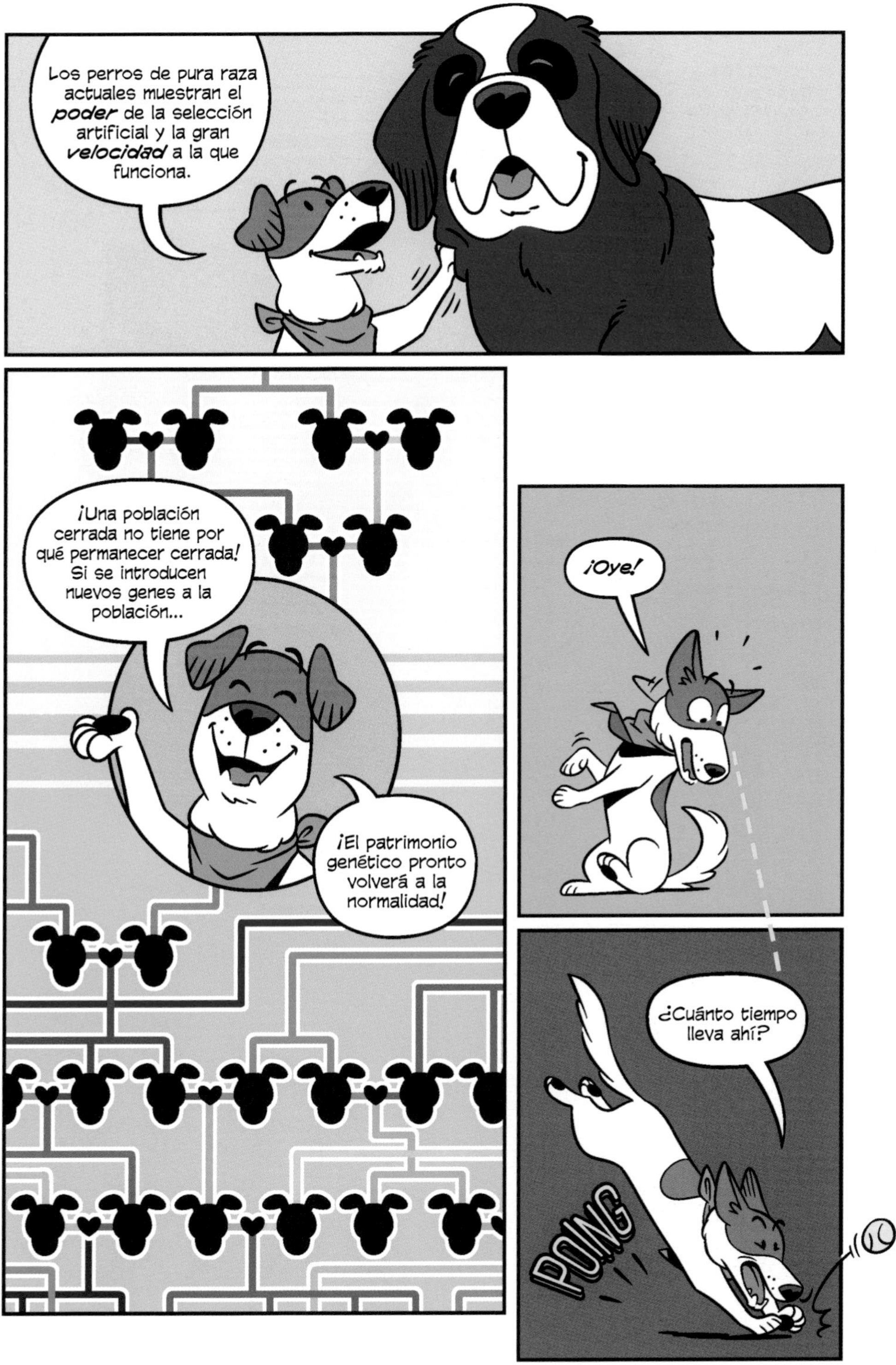
Los perros de pura raza actuales muestran el *poder* de la selección artificial y la gran *velocidad* a la que funciona.
¡Una población cerrada no tiene por qué permanecer cerrada! Si se introducen nuevos genes a la población...
¡El patrimonio genético pronto volverá a la normalidad!
¡Oye!
¿Cuánto tiempo lleva ahí?
POING

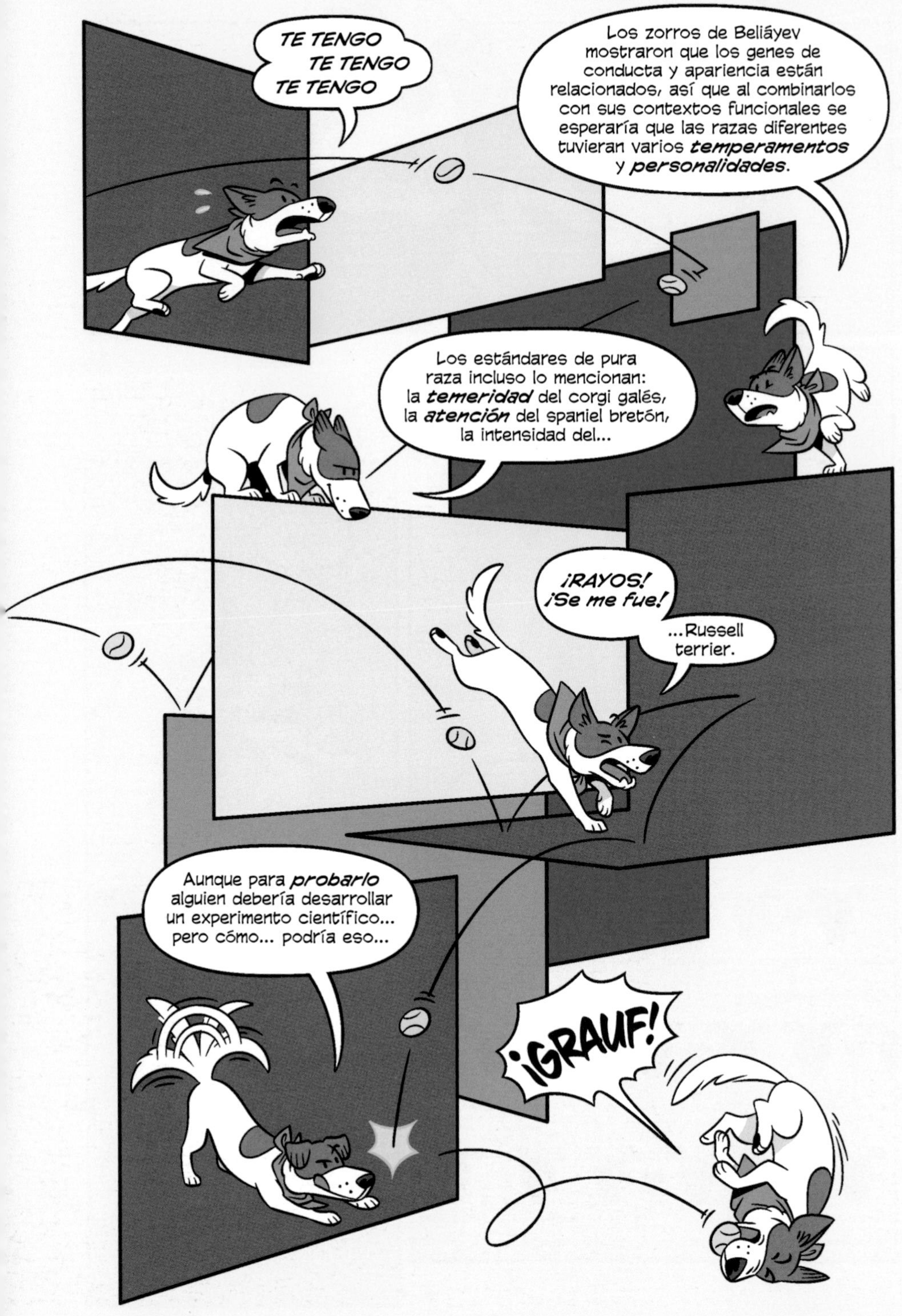
TE TENGO
TE TENGO
TE TENGO
Los zorros de Beliáyev mostraron que los genes de conducta y apariencia están relacionados, así que al combinarlos con sus contextos funcionales se esperaría que las razas diferentes tuvieran varios *temperamentos* y *personalidades*.
Los estándares de pura raza incluso lo mencionan: la *temeridad* del corgi galés, la *atención* del spaniel bretón, la intensidad del...
¡RAYOS! ¡Se me fue!
...Russell terrier.
Aunque para *probarlo* alguien debería desarrollar un experimento científico... pero cómo... podría eso...
¡GRAUF!

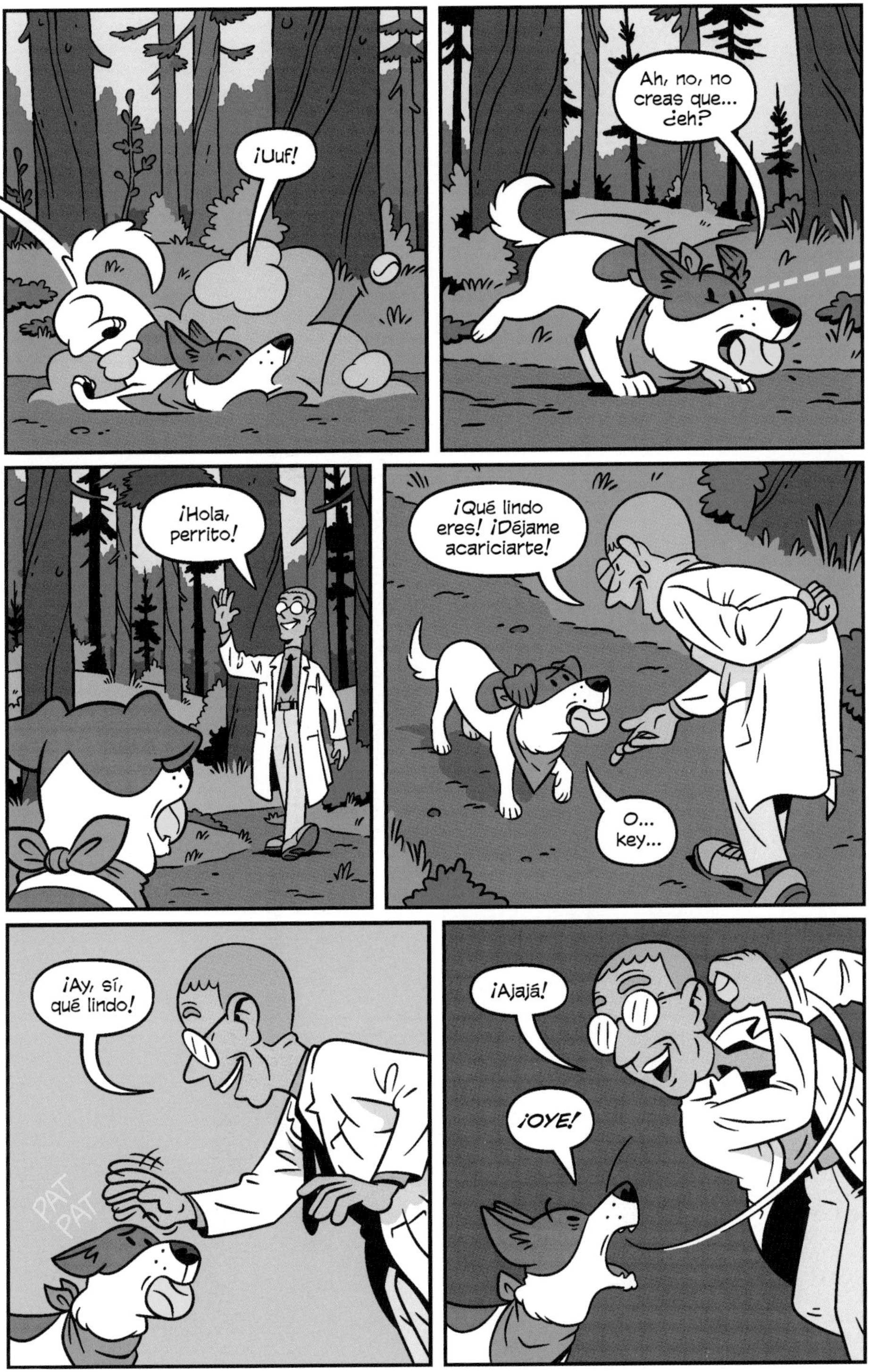
¡Uuf!
Ah, no, no creas que... ¿eh?
¡Hola, perrito!
¡Qué lindo eres! ¡Déjame acariciarte!
O... key...
¡Ay, sí, qué lindo!
PAT PAT
¡Ajajá!
¡OYE!

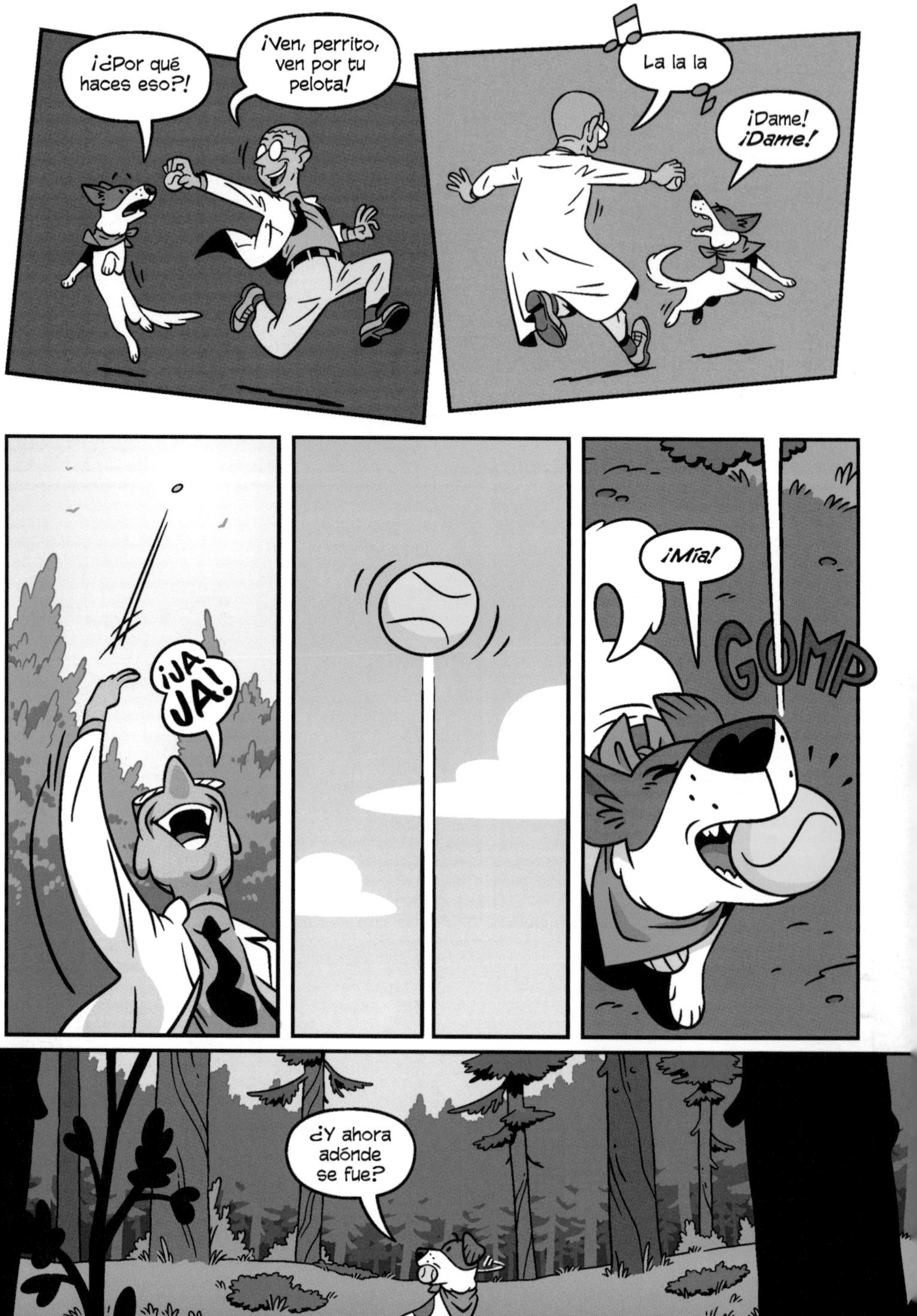
¡¿Por qué haces eso?!
¡Ven, perrito, ven por tu pelota!
La la la
¡Dame! ¡Dame!
¡JA JA!
¡Mía!
GOMP
¿Y ahora adónde se fue?

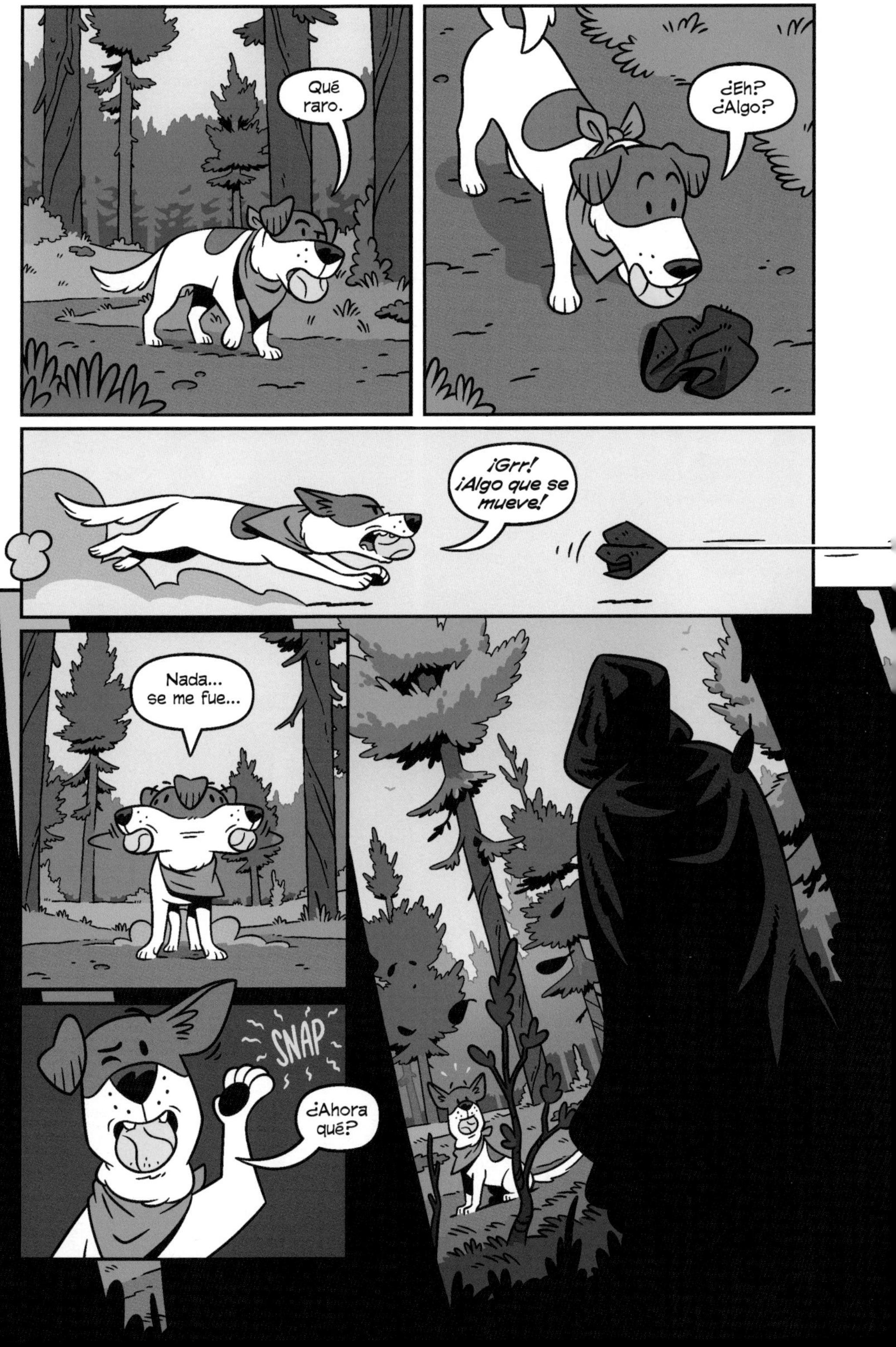
Qué raro.
¿Eh? ¿Algo?
¡Grr! ¡Algo que se mueve!
Nada... se me fue...
SNAP
¿Ahora qué?

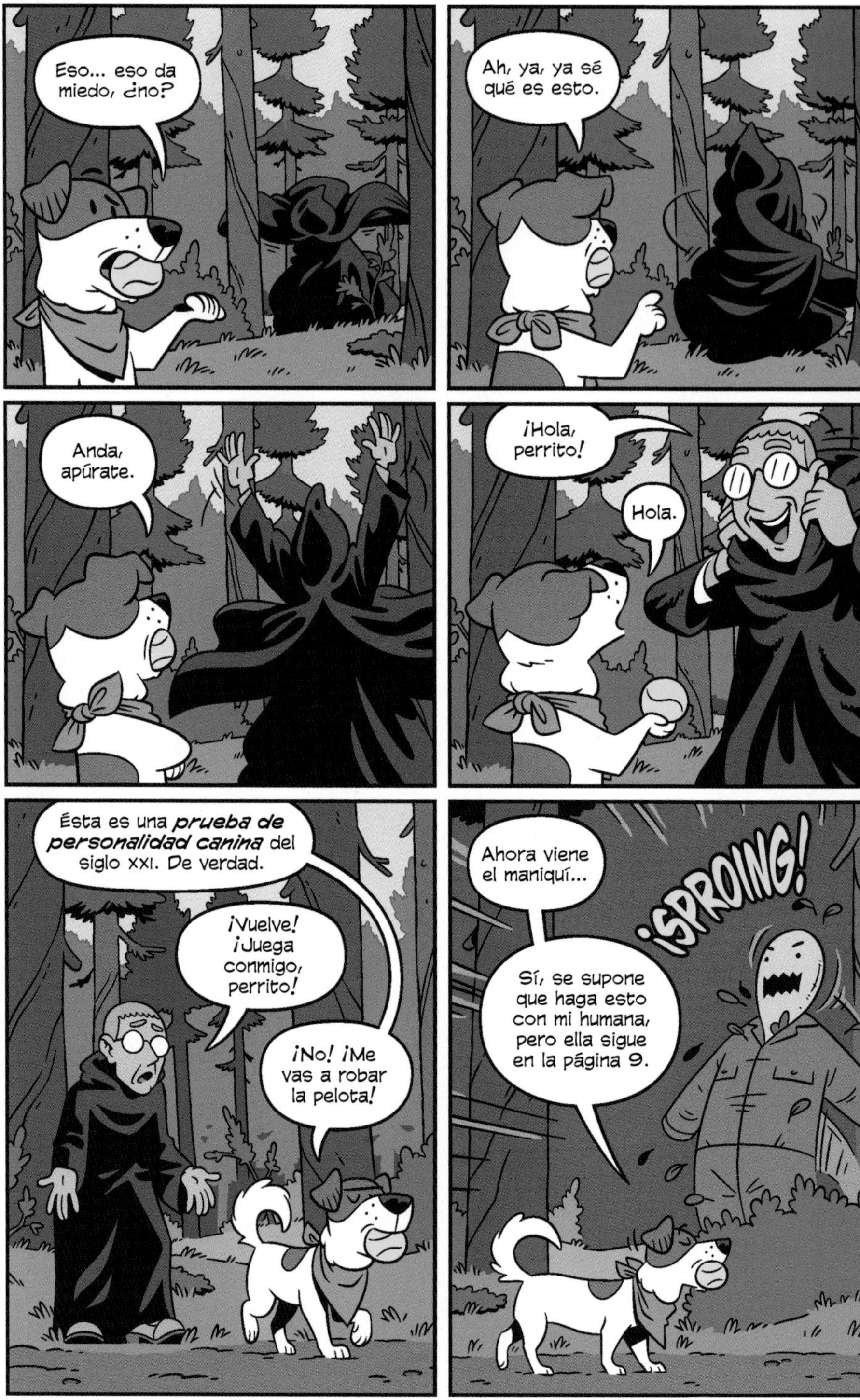
Eso... eso da miedo, ¿no?
Ah, ya, ya sé qué es esto.
Anda, apúrate.
¡Hola, perrito!
Hola.
Ésta es una ***prueba de personalidad canina*** del siglo XXI. De verdad.
¡Vuelve! ¡Juega conmigo, perrito!
¡No! ¡Me vas a robar la pelota!
Ahora viene el maniquí...
¡SPROING!
Sí, se supone que haga esto con mi humana, pero ella sigue en la página 9.

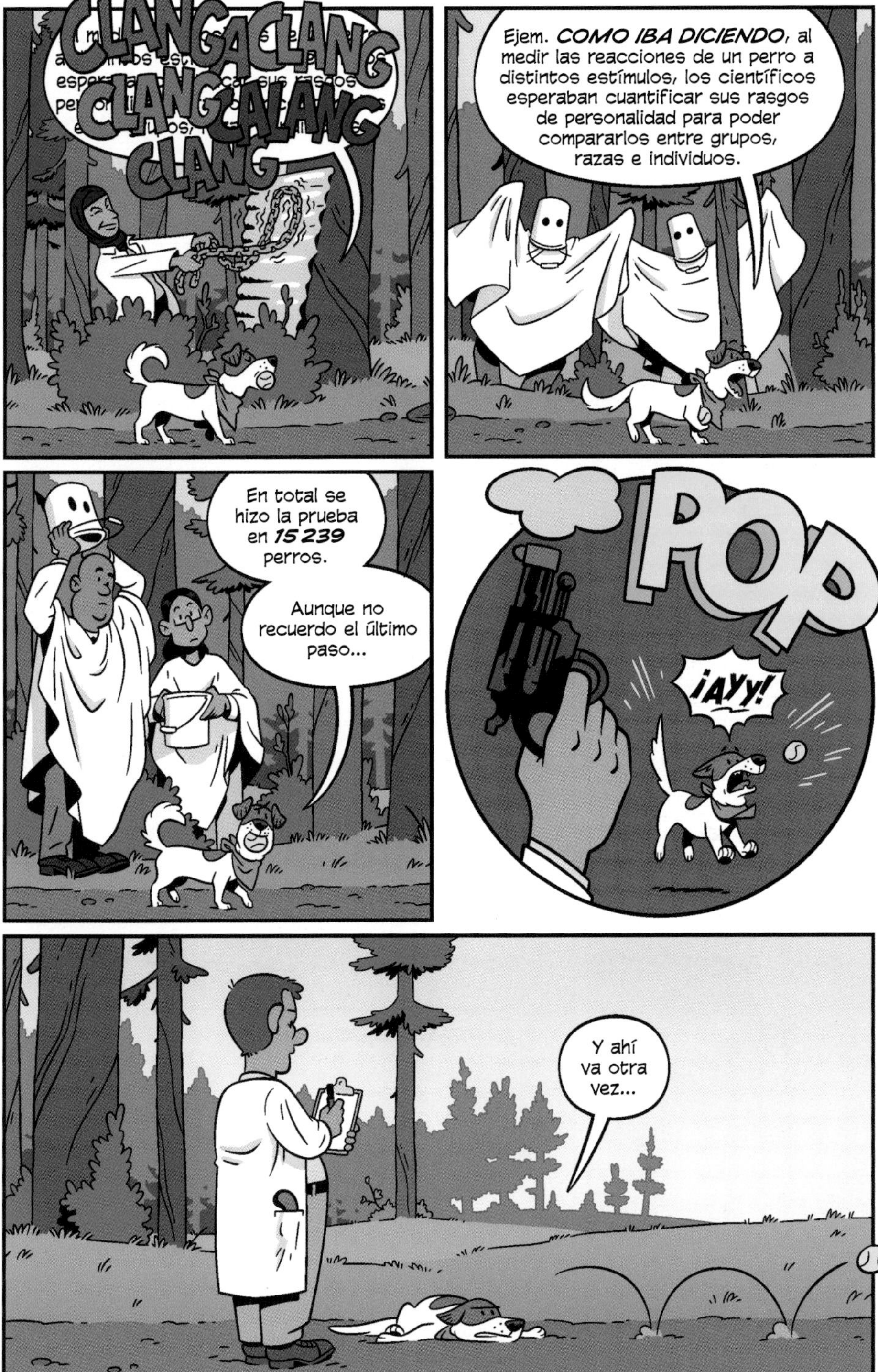
CLANGACLANG
CLANGCLANG
CLANG
Ejem. COMO IBA DICIENDO, al medir las reacciones de un perro a distintos estímulos, los científicos esperaban cuantificar sus rasgos de personalidad para poder compararlos entre grupos, razas e individuos.
En total se hizo la prueba en 15 239 perros.
Aunque no recuerdo el último paso...
POP
¡AYY!
Y ahí va otra vez...

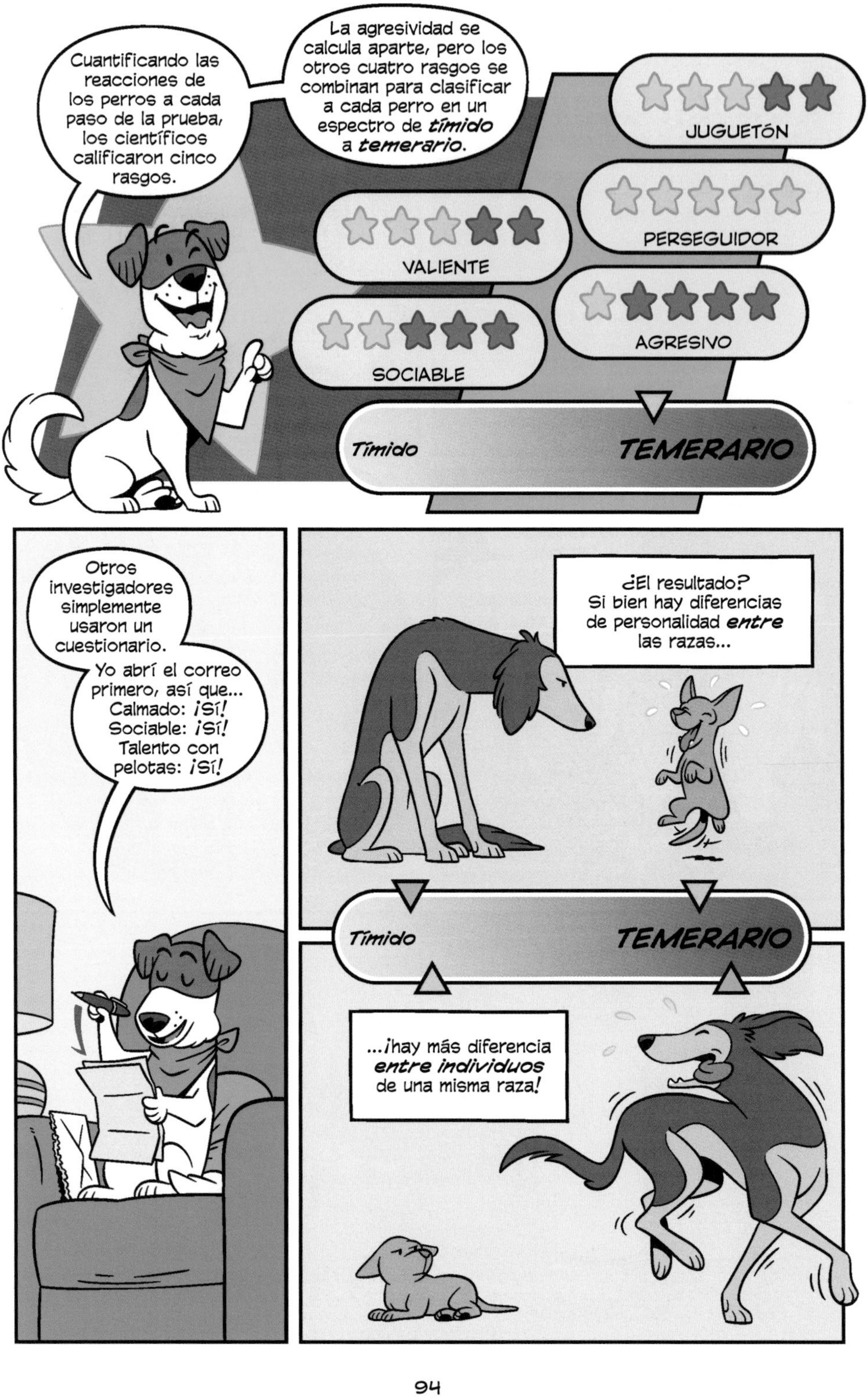

Cuantificando las reacciones de los perros a cada paso de la prueba, los científicos calificaron cinco rasgos.
La agresividad se calcula aparte, pero los otros cuatro rasgos se combinan para clasificar a cada perro en un espectro de *tímido* a *temerario*.
JUGUETÓN
PERSEGUIDOR
VALIENTE
AGRESIVO
SOCIABLE
Tímido
TEMERARIO
Otros investigadores simplemente usaron un cuestionario.
Yo abrí el correo primero, así que... Calmado: ¡Sí! Sociable: ¡Sí! Talento con pelotas: ¡Sí!
¿El resultado? Si bien hay diferencias de personalidad *entre* las razas...
Tímido
TEMERARIO
...¡hay más diferencia *entre individuos* de una misma raza!

¡Algunos rasgos de personalidad de un perro pueden estimarse con base en su ***grupo genético!*** Así se puede organizar las razas con base en parentesco genético y ancestros comunes.

¿Sabes? ¡Esta página tendría que ser mucho más grande para que cupieran ***todas*** las razas!

Los científicos encontraron estos grupos a través de ***pruebas genéticas***, lo cual requiere diagramar el genoma de un perro escribiendo el orden de As, Ts, Cs y Gs.

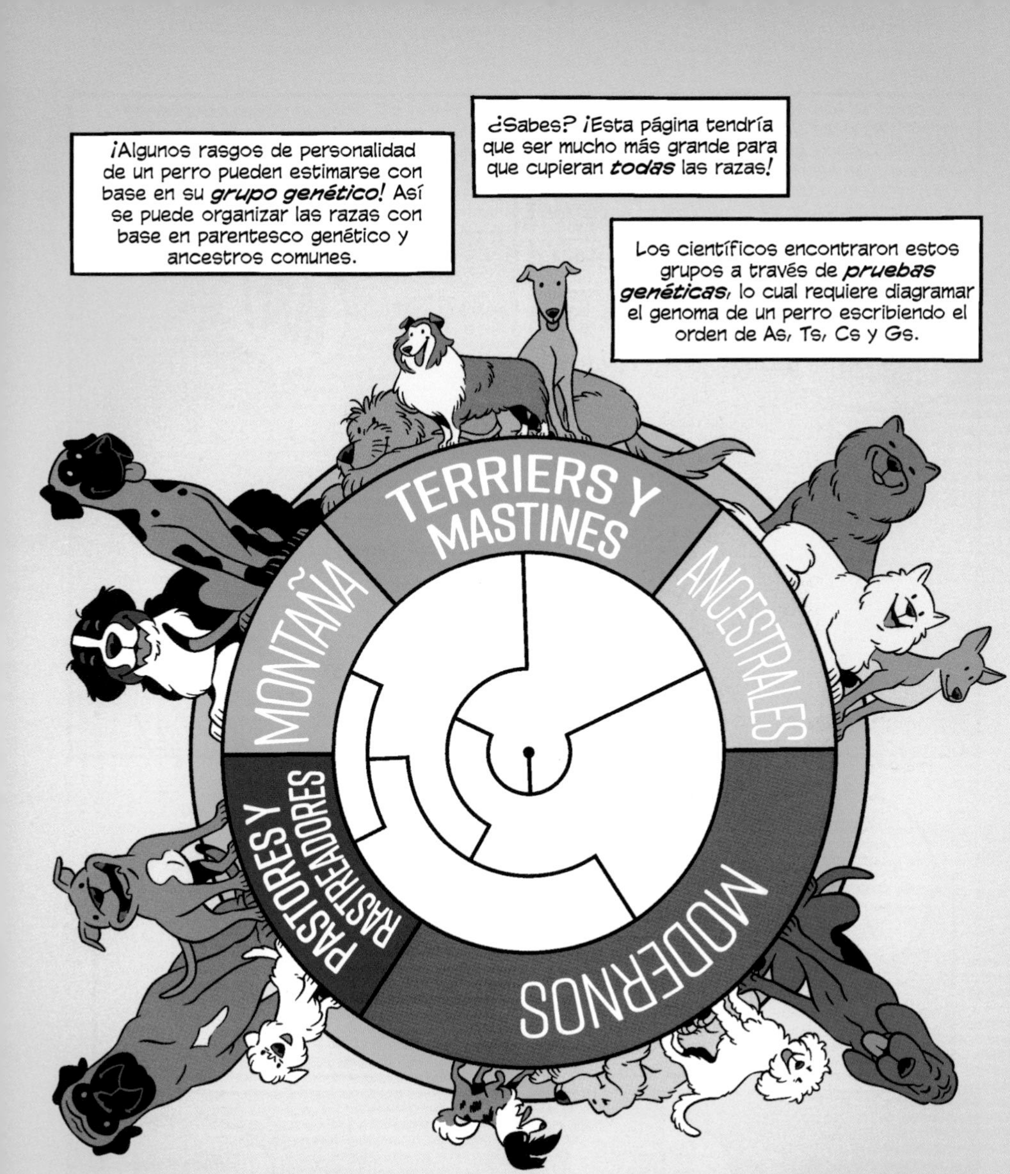
TERRIERS Y MASTINES
ANCESTRALES
MODERNOS
PASTORES Y RASTREADORES
MONTAÑA

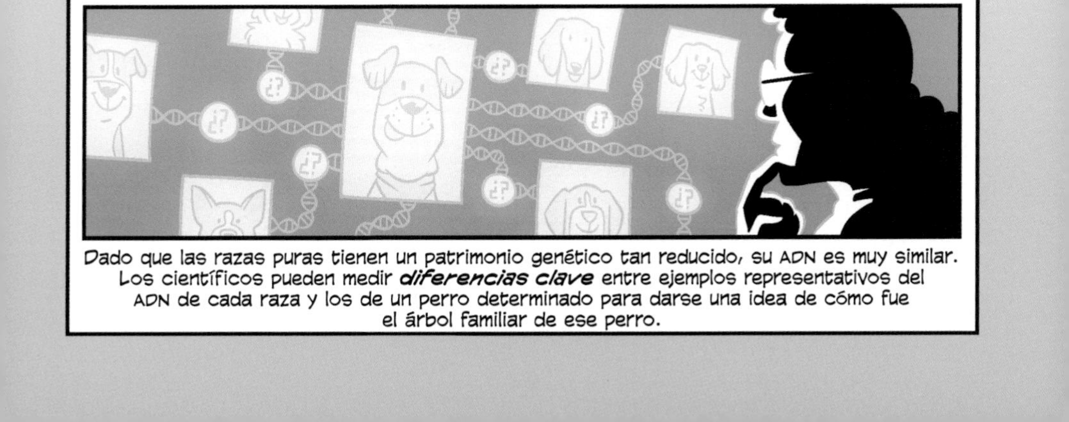

Dado que las razas puras tienen un patrimonio genético tan reducido, su ADN es muy similar. Los científicos pueden medir ***diferencias clave*** entre ejemplos representativos del ADN de cada raza y los de un perro determinado para darse una idea de cómo fue el árbol familiar de ese perro.

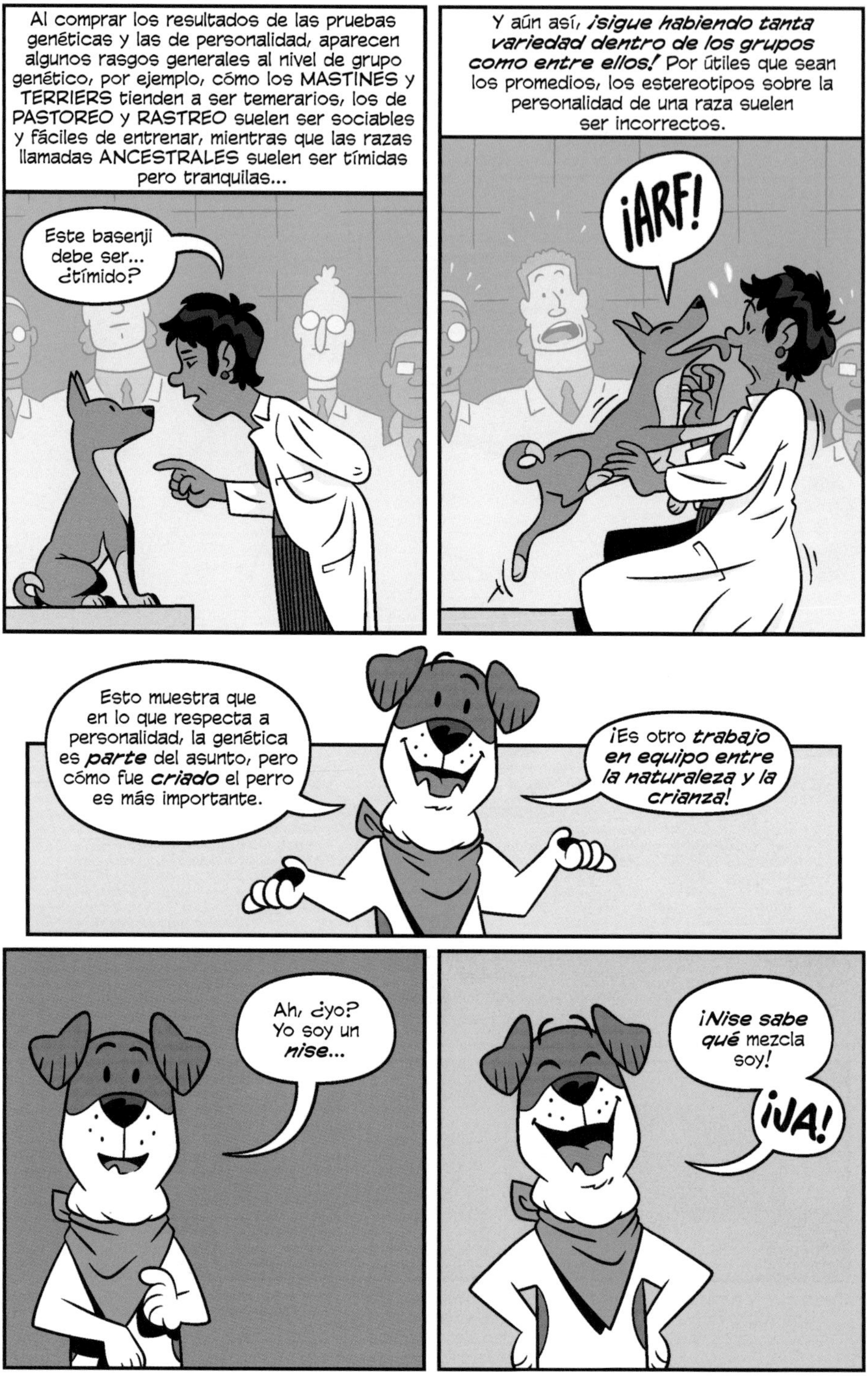
Al comprar los resultados de las pruebas genéticas y las de personalidad, aparecen algunos rasgos generales al nivel de grupo genético, por ejemplo, cómo los MASTINES y TERRIERS tienden a ser temerarios, los de PASTOREO y RASTREO suelen ser sociables y fáciles de entrenar, mientras que las razas llamadas ANCESTRALES suelen ser tímidas pero tranquilas...
Este basenji debe ser... ¿tímido?
Y aún así, *¡sigue habiendo tanta variedad dentro de los grupos como entre ellos!* Por útiles que sean los promedios, los estereotipos sobre la personalidad de una raza suelen ser incorrectos.
¡ARF!
Esto muestra que en lo que respecta a personalidad, la genética es *parte* del asunto, pero cómo fue *criado* el perro es más importante.
¡Es otro *trabajo en equipo entre la naturaleza y la crianza*!
Ah, ¿yo? Yo soy un *nise*...
¡*Nise sabe qué* mezcla soy!
¡JA!

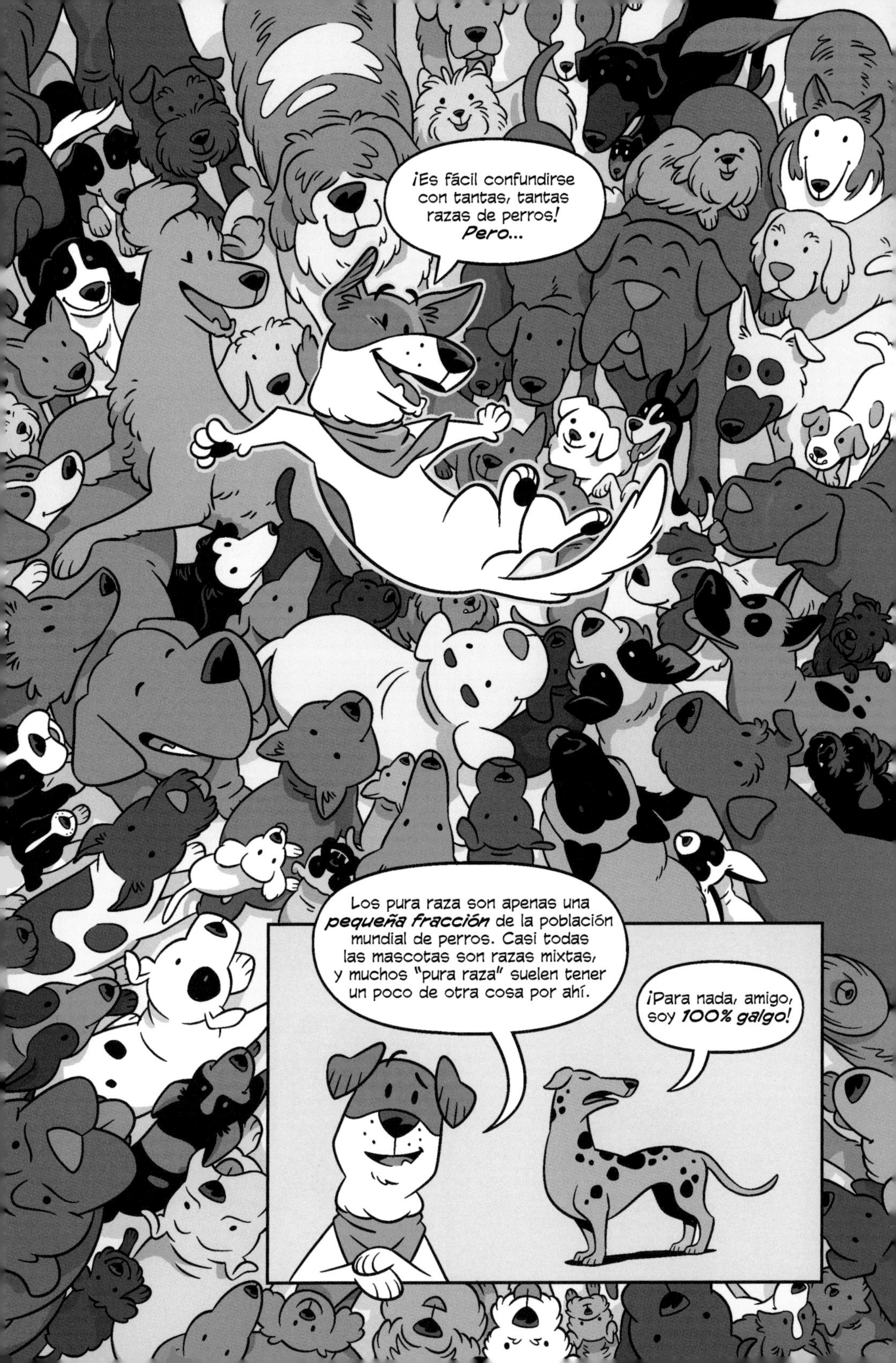
¡Es fácil confundirse con tantas, tantas razas de perros! *Pero...*
Los pura raza son apenas una ***pequeña fracción*** de la población mundial de perros. Casi todas las mascotas son razas mixtas, y muchos "pura raza" suelen tener un poco de otra cosa por ahí.
¡Para nada, amigo, soy ***100% galgo***!

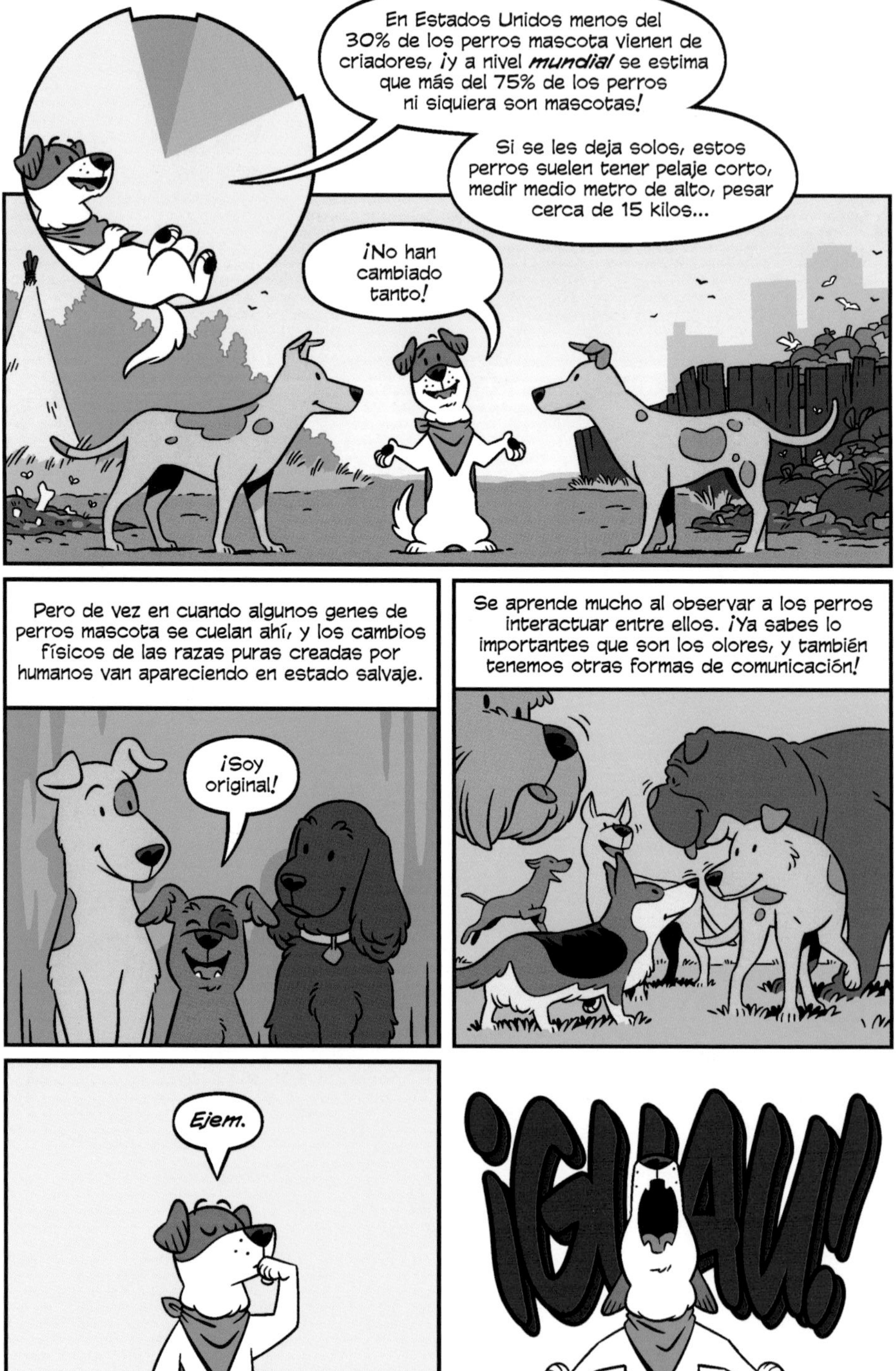
En Estados Unidos menos del 30% de los perros mascota vienen de criadores, ¡y a nivel *mundial* se estima que más del 75% de los perros ni siquiera son mascotas!
Si se les deja solos, estos perros suelen tener pelaje corto, medir medio metro de alto, pesar cerca de 15 kilos...
¡No han cambiado tanto!
Pero de vez en cuando algunos genes de perros mascota se cuelan ahí, y los cambios físicos de las razas puras creadas por humanos van apareciendo en estado salvaje.
¡Soy original!
Se aprende mucho al observar a los perros interactuar entre ellos. ¡Ya sabes lo importantes que son los olores, y también tenemos otras formas de comunicación!
Ejem.
¡GUAU!

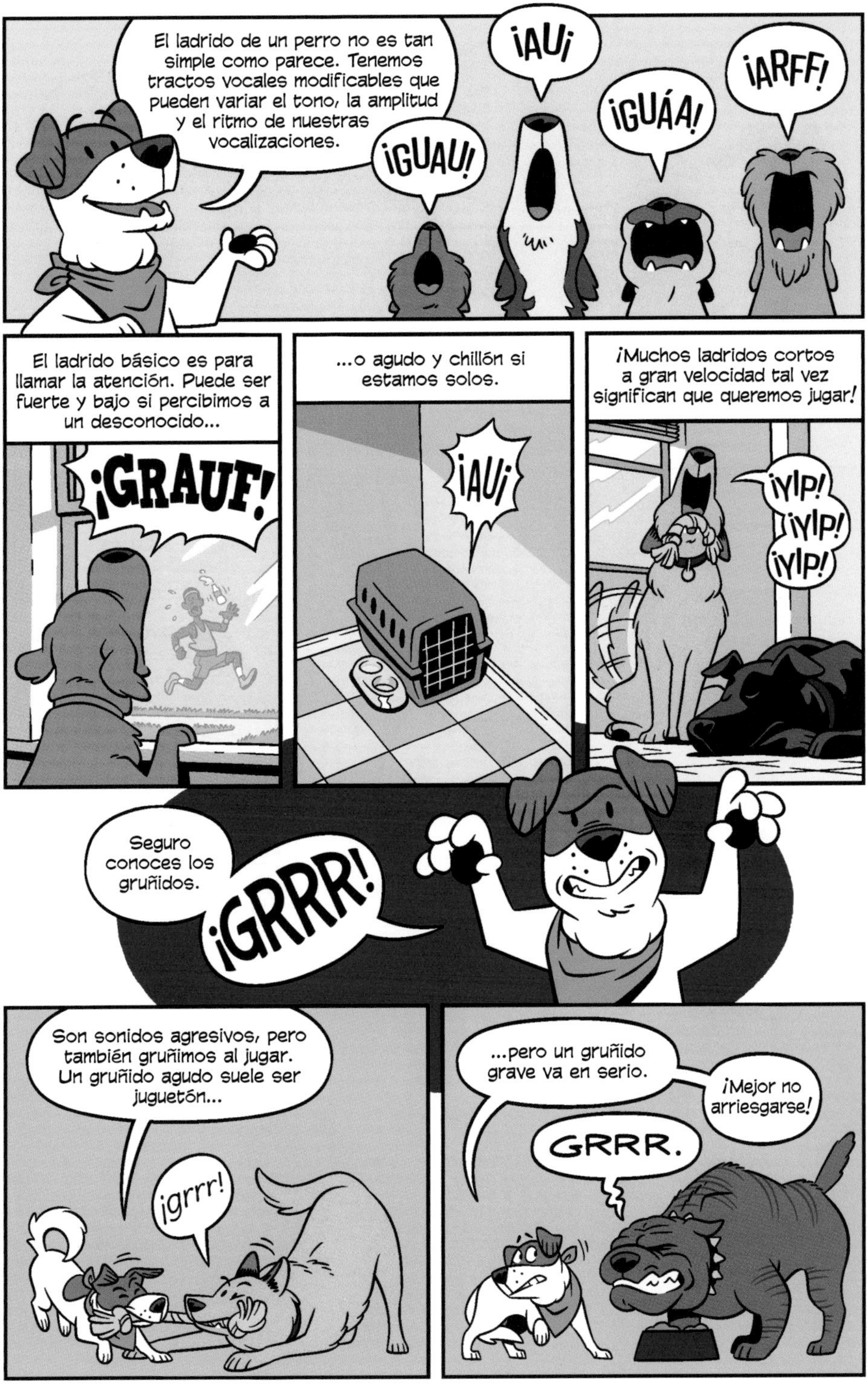
El ladrido de un perro no es tan simple como parece. Tenemos tractos vocales modificables que pueden variar el tono, la amplitud y el ritmo de nuestras vocalizaciones.
¡GUAU!
¡AUi
¡GUÁA!
¡ARFF!
El ladrido básico es para llamar la atención. Puede ser fuerte y bajo si percibimos a un desconocido...
¡GRAUF!
...o agudo y chillón si estamos solos.
¡AUi
¡Muchos ladridos cortos a gran velocidad tal vez significan que queremos jugar!
¡YIP!
¡YIP!
¡YIP!
Seguro conoces los gruñidos.
¡GRRR!
Son sonidos agresivos, pero también gruñimos al jugar. Un gruñido agudo suele ser juguetón...
¡grrr!
...pero un gruñido grave va en serio.
¡Mejor no arriesgarse!
GRRR.

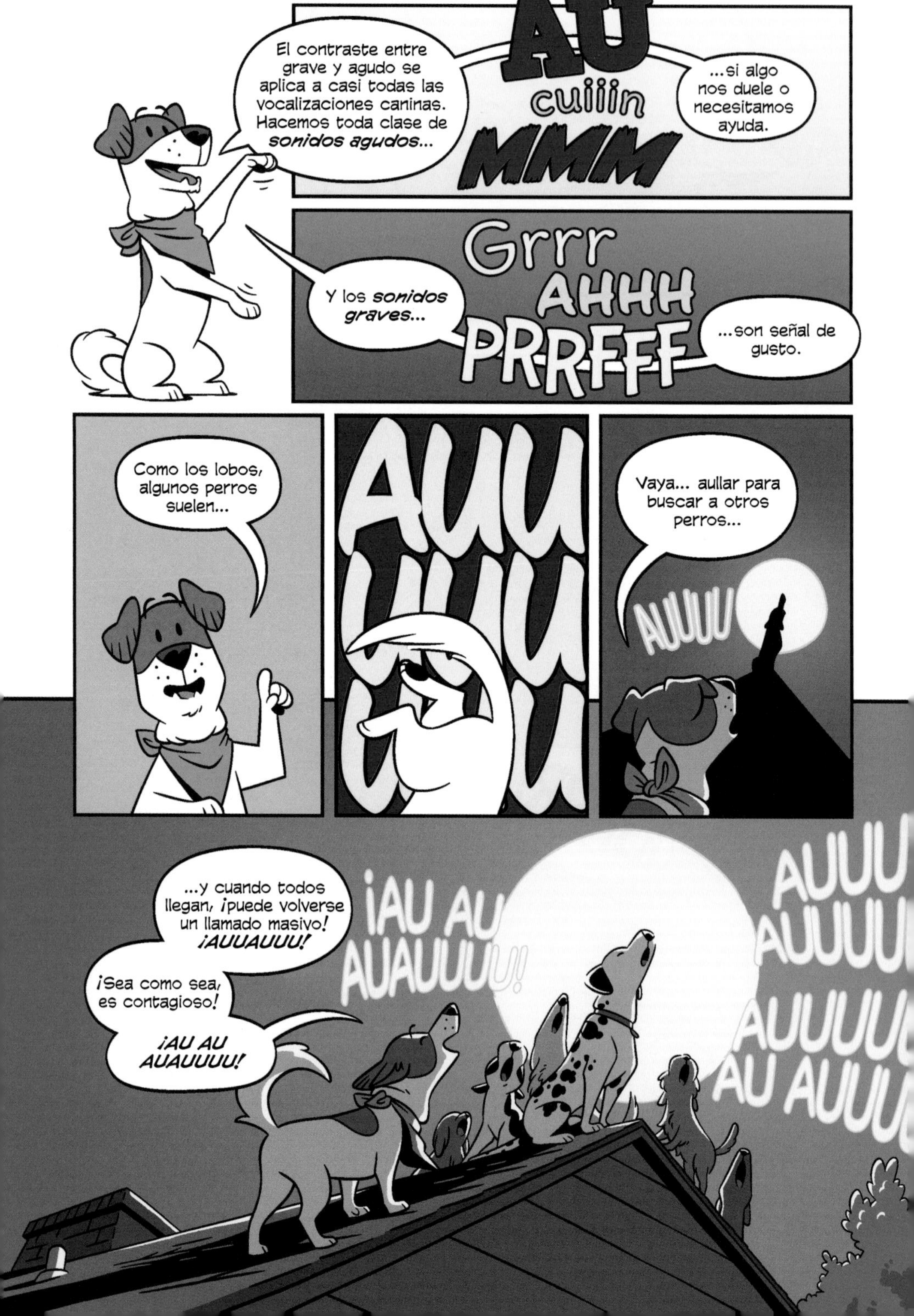

El contraste entre grave y agudo se aplica a casi todas las vocalizaciones caninas. Hacemos toda clase de *sonidos agudos*...
AU
cuiiin
MMM
...si algo nos duele o necesitamos ayuda.
Grrr
Y los *sonidos graves*...
AHHH
PRRFFF
...son señal de gusto.
Como los lobos, algunos perros suelen...
AUU UUU UUU
Vaya... aullar para buscar a otros perros...
AUUU
...y cuando todos llegan, ¡puede volverse un llamado masivo! ***¡AUUAUUU!***
¡AU AU AUAUUUU!
¡Sea como sea, es contagioso!
¡AU AU AUAUUUU!
AUUU AUUUU AUUUU AU AUUU

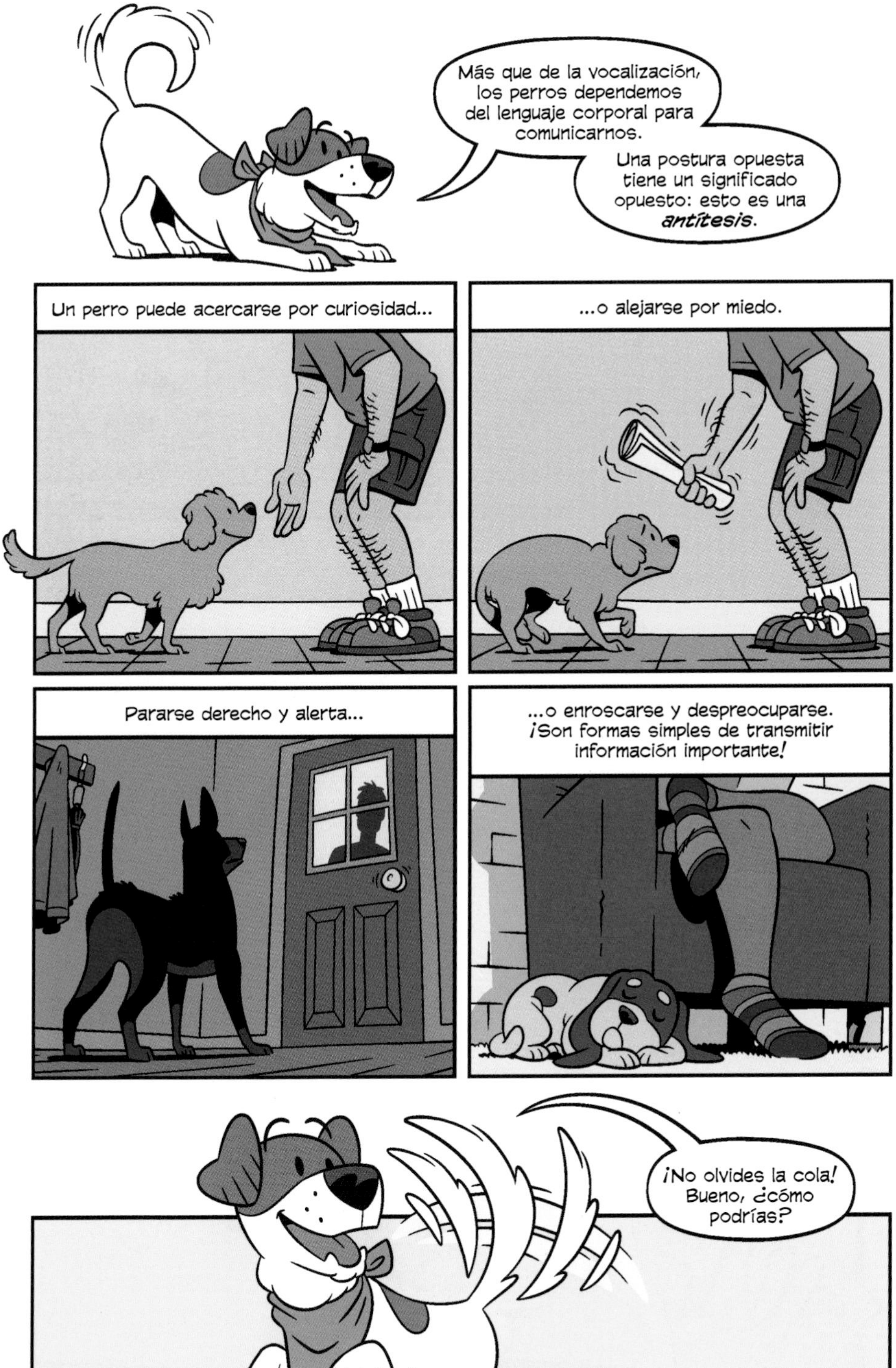
Más que de la vocalización, los perros dependemos del lenguaje corporal para comunicarnos.
Una postura opuesta tiene un significado opuesto: esto es una ***antítesis***.
Un perro puede acercarse por curiosidad...
...o alejarse por miedo.
Pararse derecho y alerta...
...o enroscarse y despreocuparse. ¡Son formas simples de transmitir información importante!
¡No olvides la cola! Bueno, ¿cómo podrías?

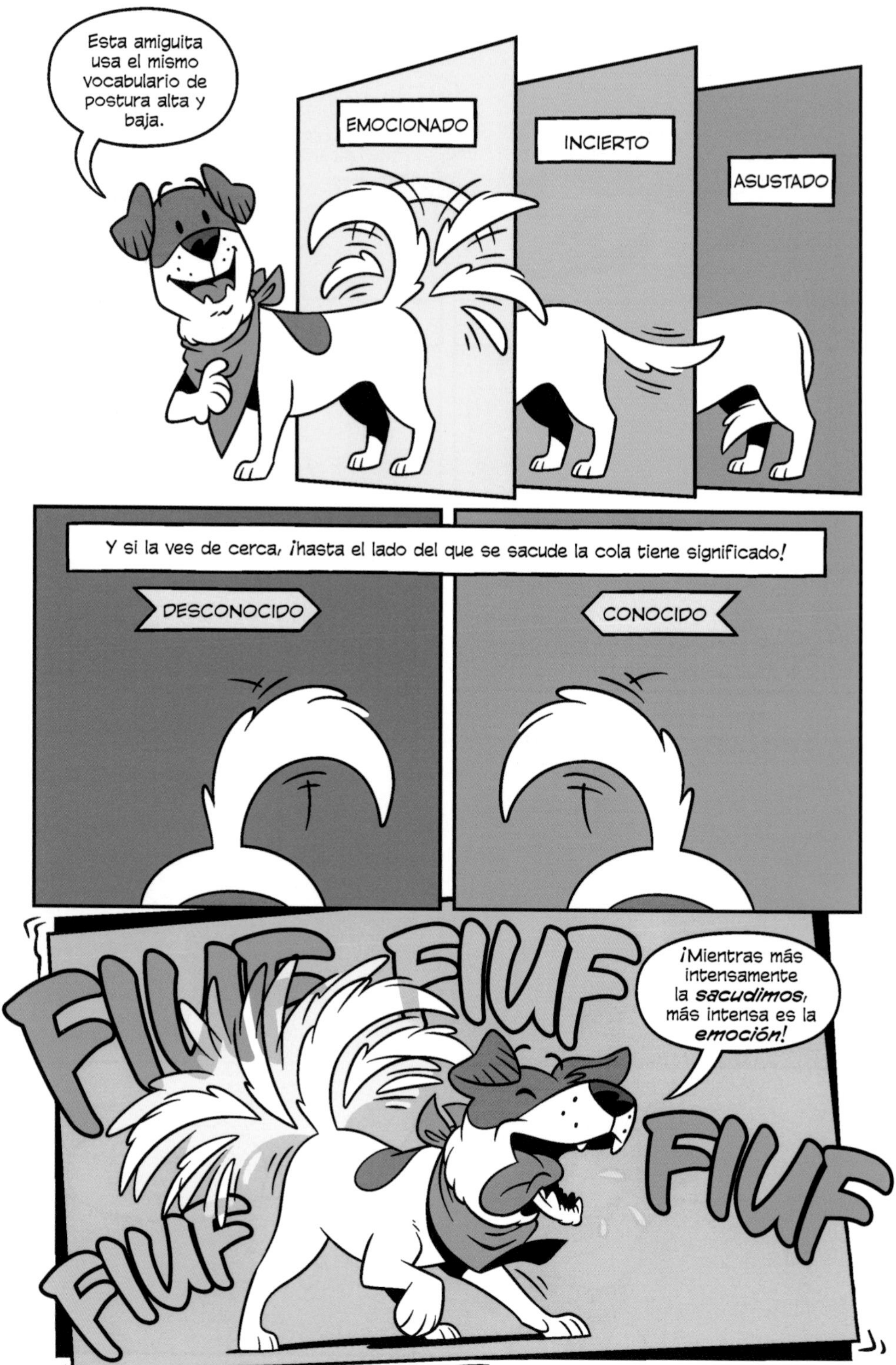
Esta amiguita usa el mismo vocabulario de postura alta y baja.
EMOCIONADO
INCIERTO
ASUSTADO
Y si la ves de cerca, ¡hasta el lado del que se sacude la cola tiene significado!
DESCONOCIDO
CONOCIDO
FIUF FIUF
¡Mientras más intensamente la **sacudimos**, más intensa es la **emoción**!
FIUF
FIUF

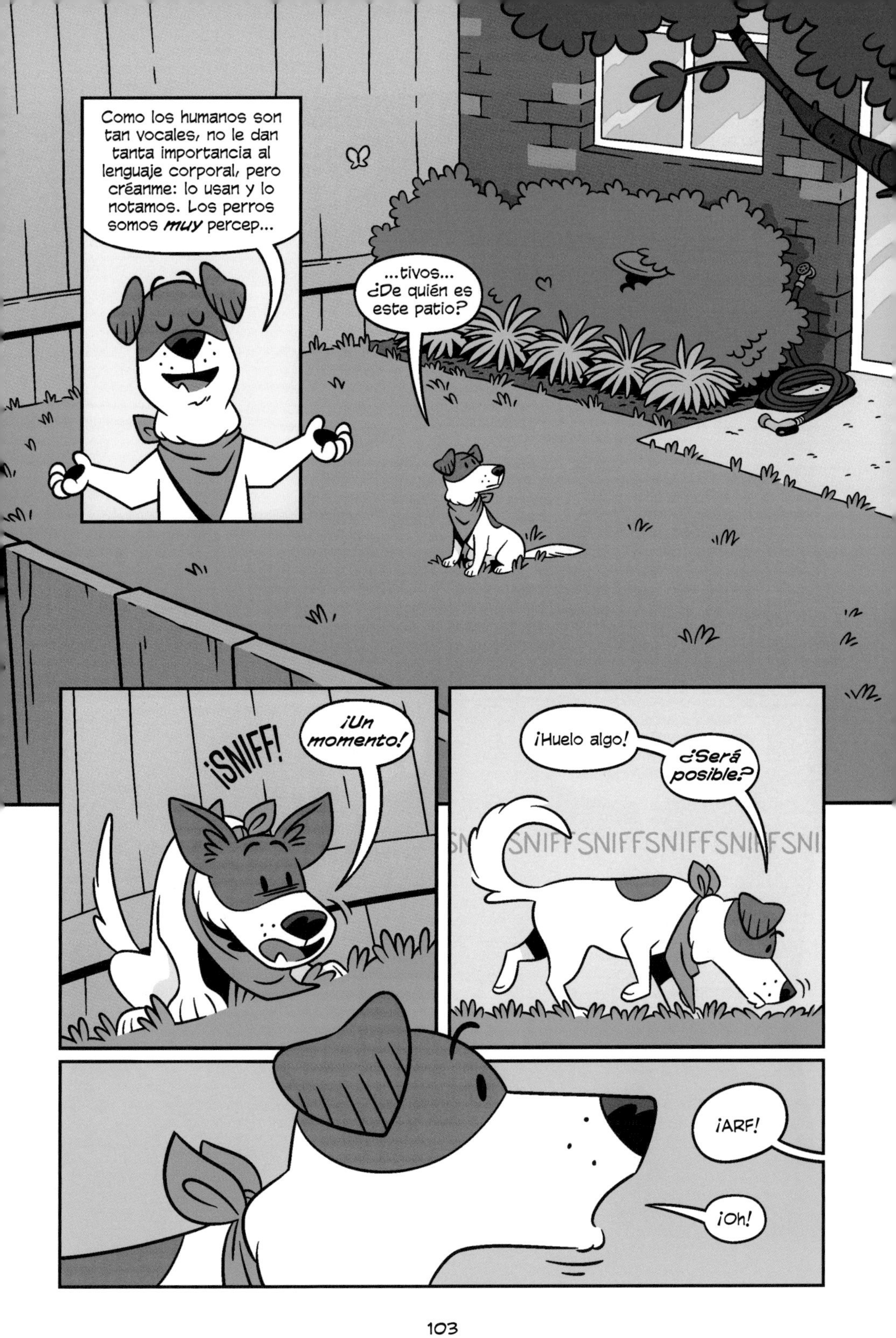
Como los humanos son tan vocales, no le dan tanta importancia al lenguaje corporal, pero créanme: lo usan y lo notamos. Los perros somos *muy* percep...
...tivos... ¿De quién es este patio?
¡SNIFF!
¡Un momento!
¡Huelo algo!
¿Será posible?
SNIFFSNIFFSNIFFSNIFFSNI
¡ARF!
¡Oh!

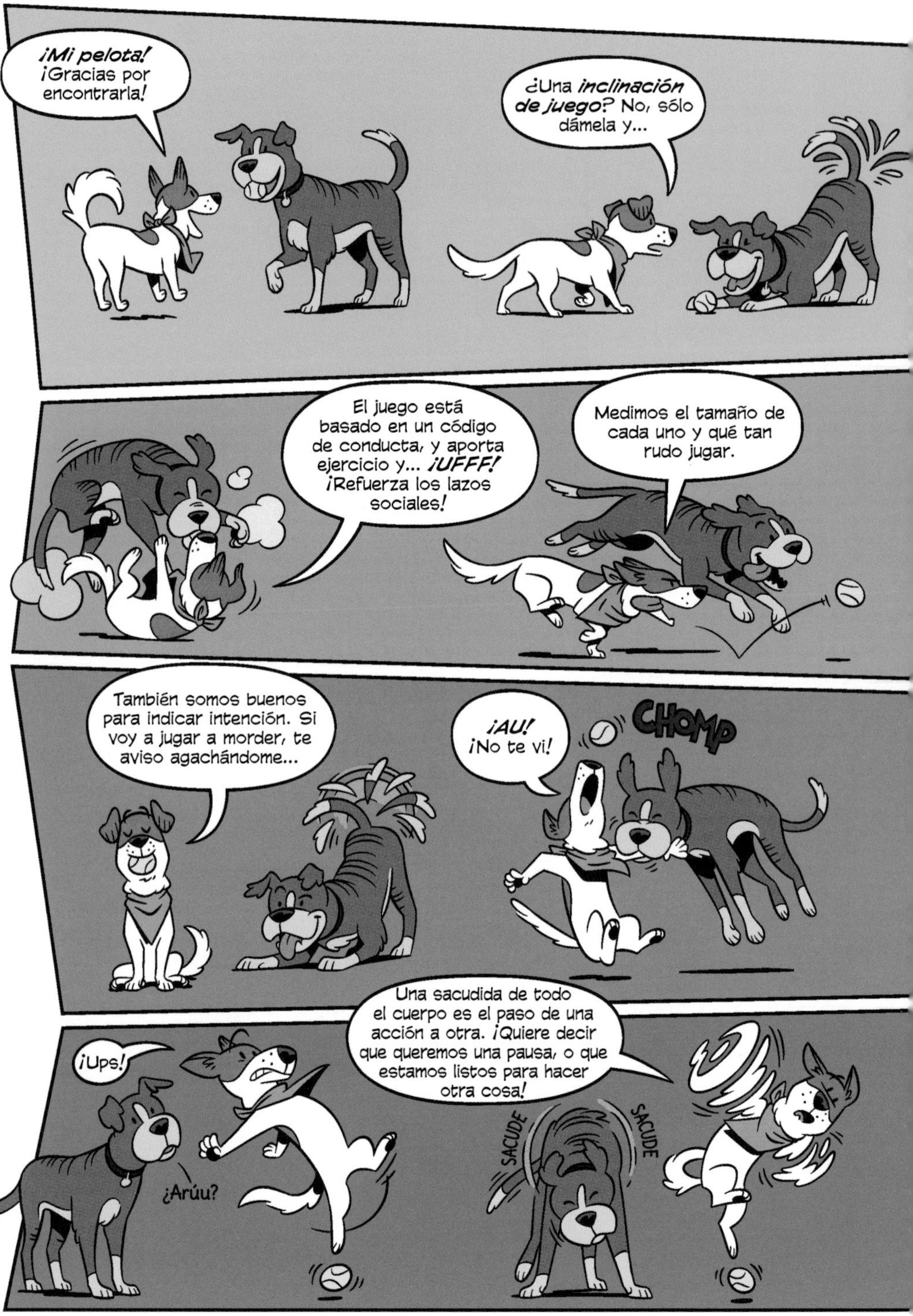

¡Mi pelota! ¡Gracias por encontrarla!
¿Una inclinación de juego? No, sólo dámela y...
El juego está basado en un código de conducta, y aporta ejercicio y... ¡UFFF! ¡Refuerza los lazos sociales!
Medimos el tamaño de cada uno y qué tan rudo jugar.
También somos buenos para indicar intención. Si voy a jugar a morder, te aviso agachándome...
¡AU! ¡No te vi!
CHOMP
¡Ups!
¿Arúu?
Una sacudida de todo el cuerpo es el paso de una acción a otra. ¡Quiere decir que queremos una pausa, o que estamos listos para hacer otra cosa!
SACUDE
SACUDE

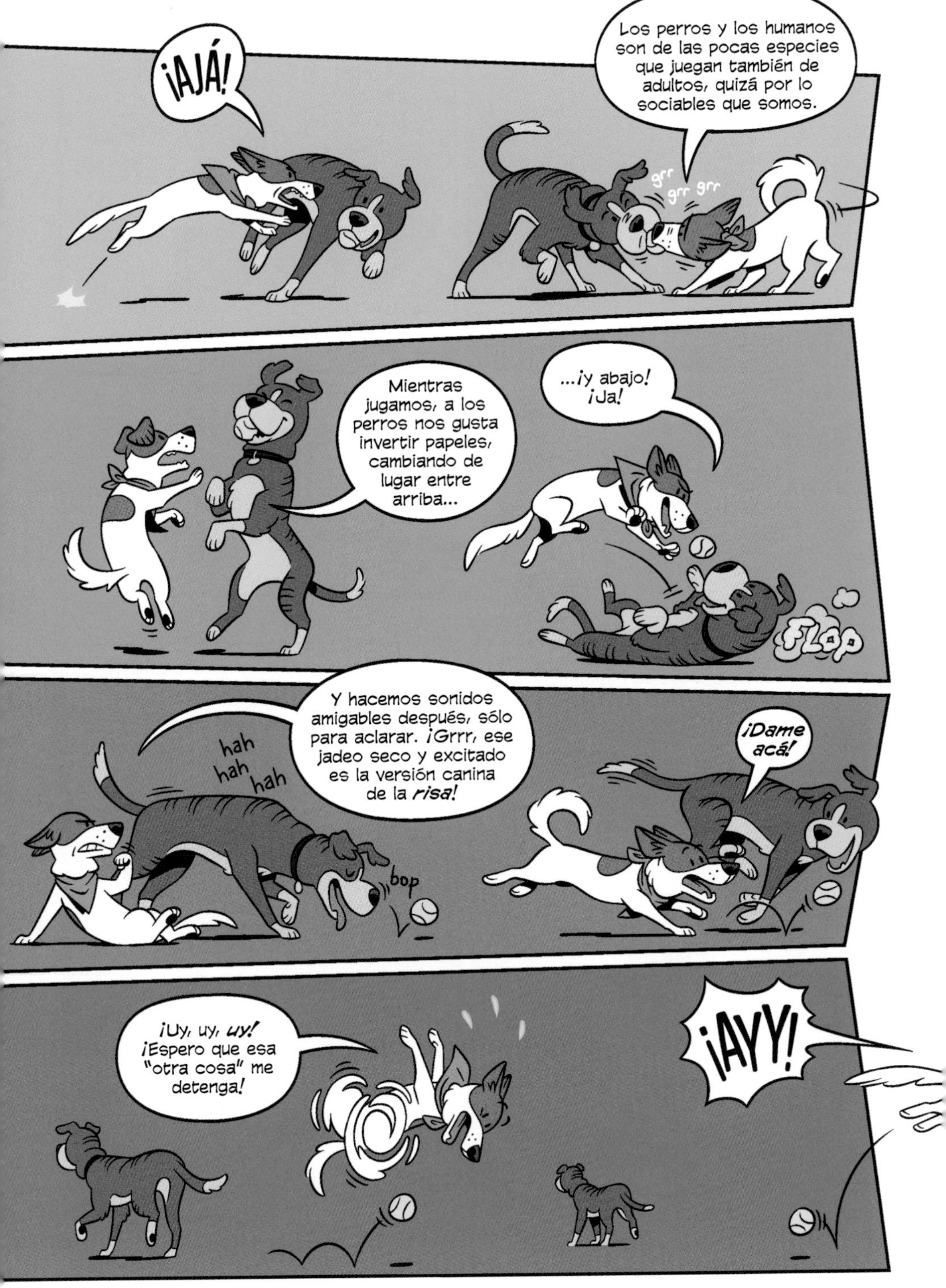
¡AJÁ!
Los perros y los humanos son de las pocas especies que juegan también de adultos, quizá por lo sociables que somos.
grr grr grr
Mientras jugamos, a los perros nos gusta invertir papeles, cambiando de lugar entre arriba...
...¡y abajo! ¡Ja!
FLOP
Y hacemos sonidos amigables después, sólo para aclarar. ¡Grrr, ese jadeo seco y excitado es la versión canina de la *risa*!
hah hah hah
bop
¡Dame acá!
¡Uy, uy, *uy*! ¡Espero que esa "otra cosa" me detenga!
¡AYY!

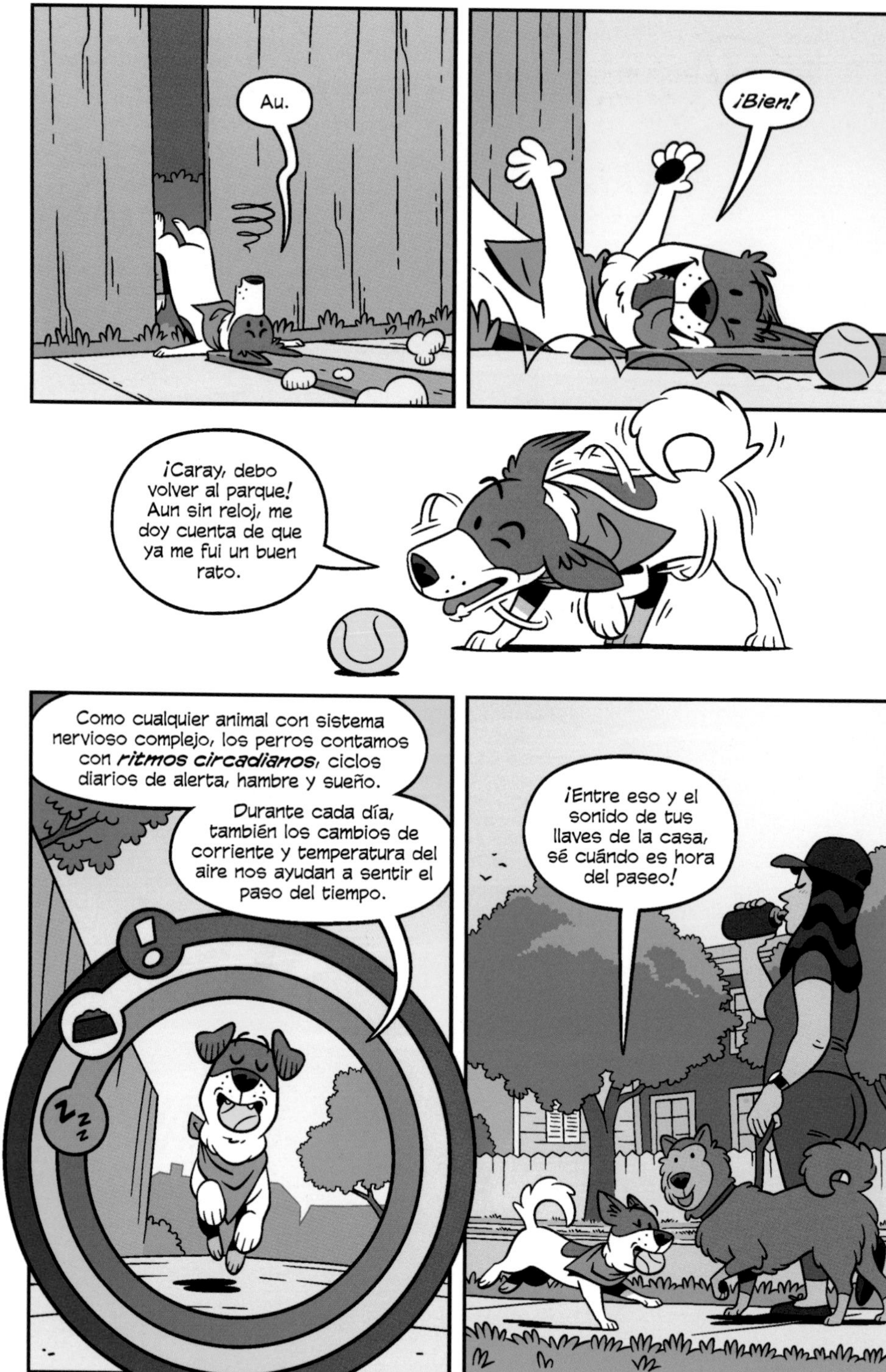
Au.
¡Bien!
¡Caray, debo volver al parque! Aun sin reloj, me doy cuenta de que ya me fui un buen rato.
Como cualquier animal con sistema nervioso complejo, los perros contamos con ***ritmos circadianos***, ciclos diarios de alerta, hambre y sueño.
Durante cada día, también los cambios de corriente y temperatura del aire nos ayudan a sentir el paso del tiempo.
¡Entre eso y el sonido de tus llaves de la casa, sé cuándo es hora del paseo!

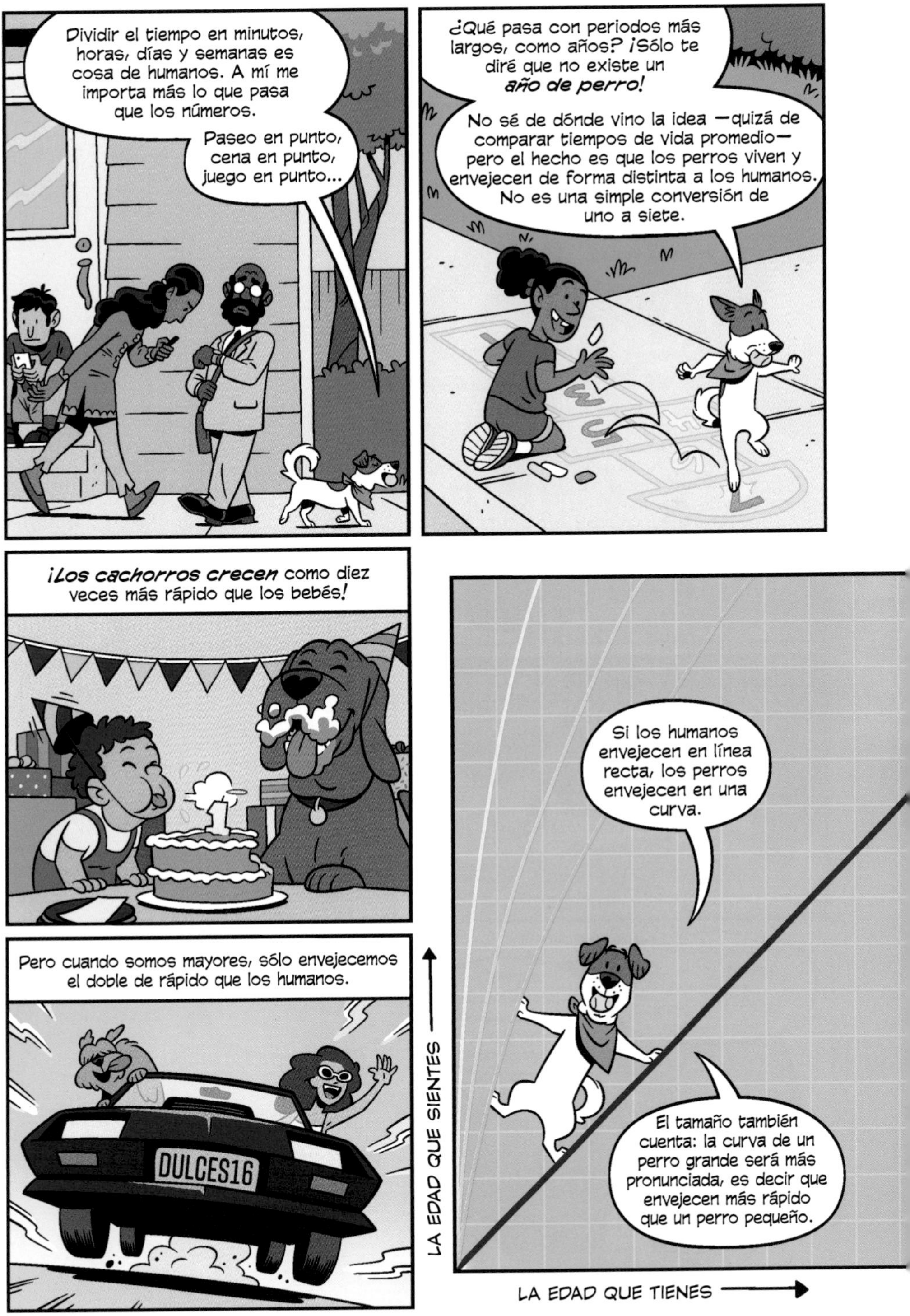
Dividir el tiempo en minutos, horas, días y semanas es cosa de humanos. A mí me importa más lo que pasa que los números.
Paseo en punto, cena en punto, juego en punto...
¿Qué pasa con periodos más largos, como años? ¡Sólo te diré que no existe un *año de perro*!
No sé de dónde vino la idea —quizá de comparar tiempos de vida promedio— pero el hecho es que los perros viven y envejecen de forma distinta a los humanos. No es una simple conversión de uno a siete.
¡*Los cachorros crecen* como diez veces más rápido que los bebés!
Pero cuando somos mayores, sólo envejecemos el doble de rápido que los humanos.
DULCES16
Si los humanos envejecen en línea recta, los perros envejecen en una curva.
El tamaño también cuenta: la curva de un perro grande será más pronunciada, es decir que envejecen más rápido que un perro pequeño.
LA EDAD QUE SIENTES
LA EDAD QUE TIENES

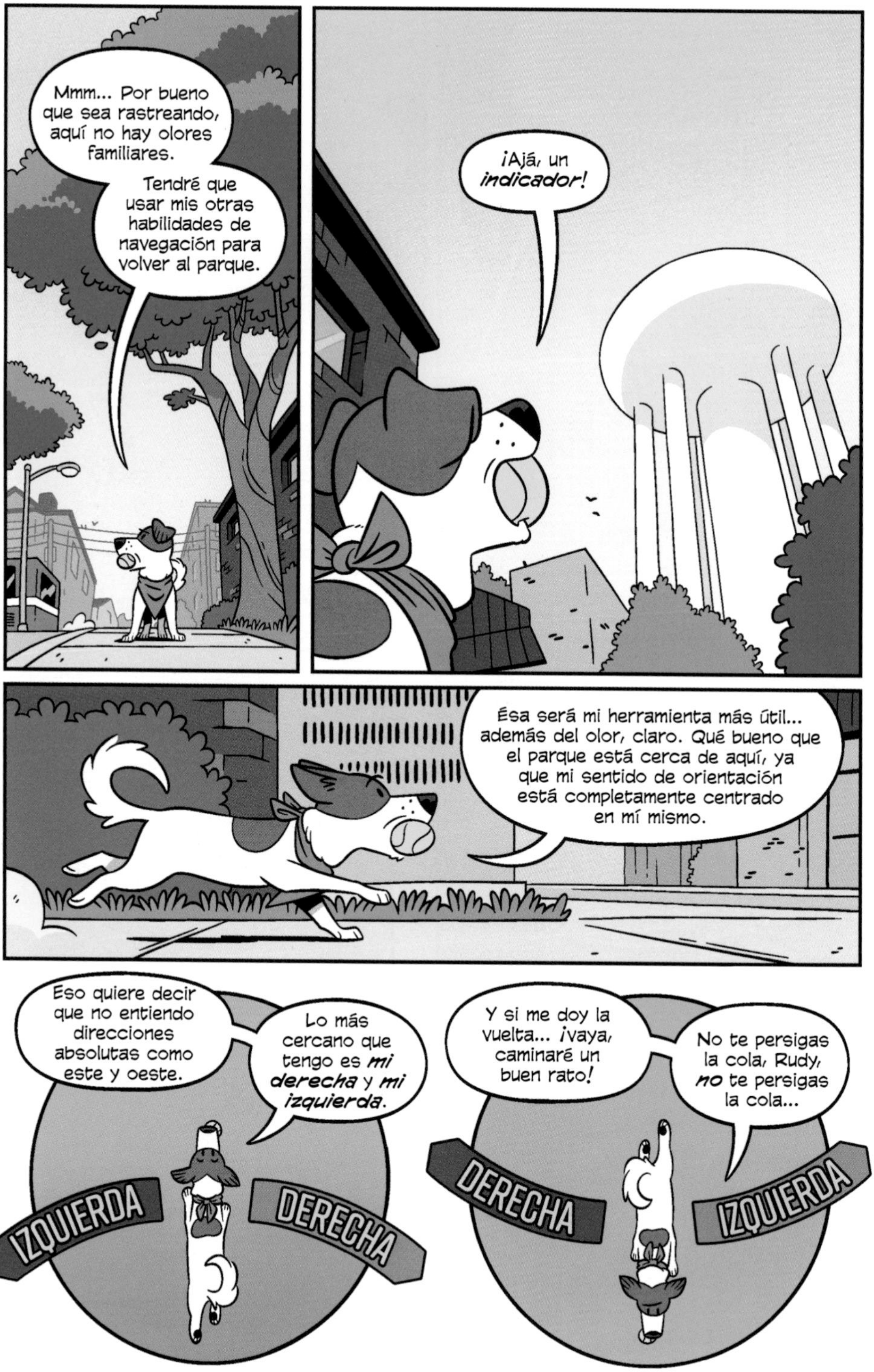
Mmm... Por bueno que sea rastreando, aquí no hay olores familiares.
Tendré que usar mis otras habilidades de navegación para volver al parque.
¡Ajá, un *indicador!*
Ésa será mi herramienta más útil... además del olor, claro. Qué bueno que el parque está cerca de aquí, ya que mi sentido de orientación está completamente centrado en mí mismo.
Eso quiere decir que no entiendo direcciones absolutas como este y oeste.
Lo más cercano que tengo es *mi derecha* y *mi izquierda*.
IZQUIERDA
DERECHA
Y si me doy la vuelta... ¡vaya, caminaré un buen rato!
No te persigas la cola, Rudy, *no* te persigas la cola...
DERECHA
IZQUIERDA

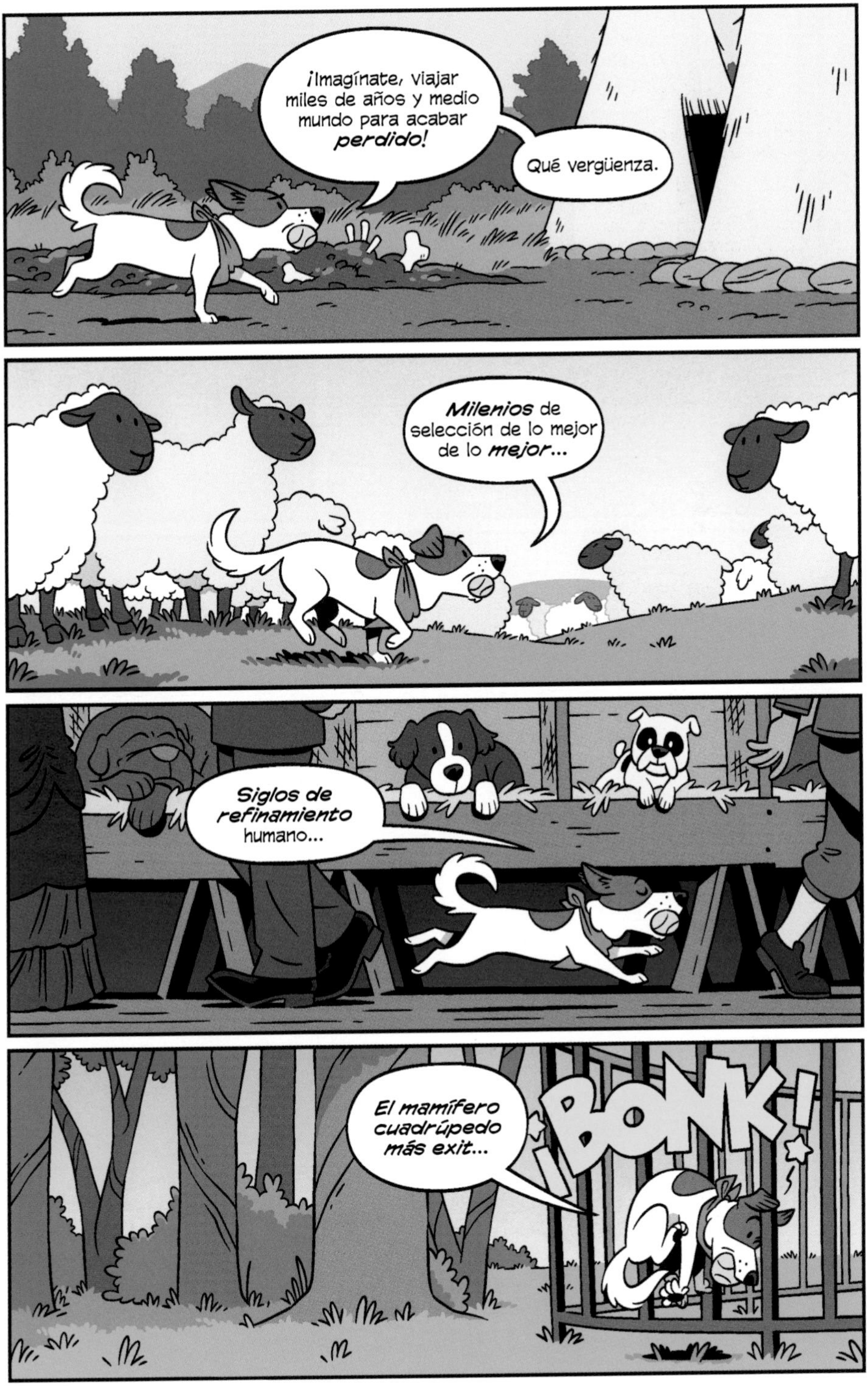

¡Imagínate, viajar miles de años y medio mundo para acabar *perdido*!
Qué vergüenza.
Milenios de selección de lo mejor de lo *mejor*...
Siglos de refinamiento humano...
El mamífero cuadrúpedo más exit...
¡BONK!

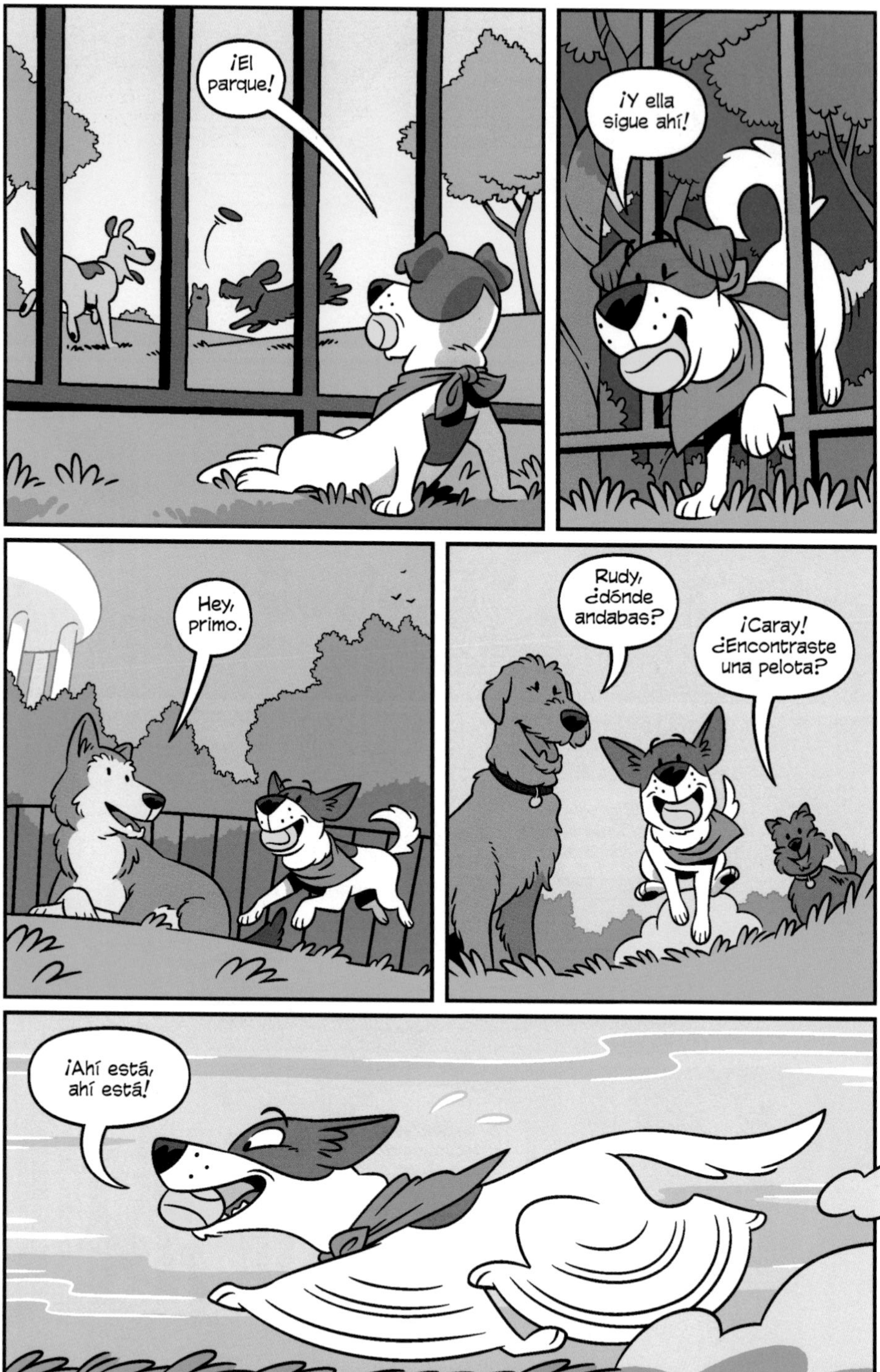
¡El parque!
¡Y ella sigue ahí!
Hey, primo.
Rudy, ¿dónde andabas?
¡Caray! ¿Encontraste una pelota?
¡Ahí está, ahí está!

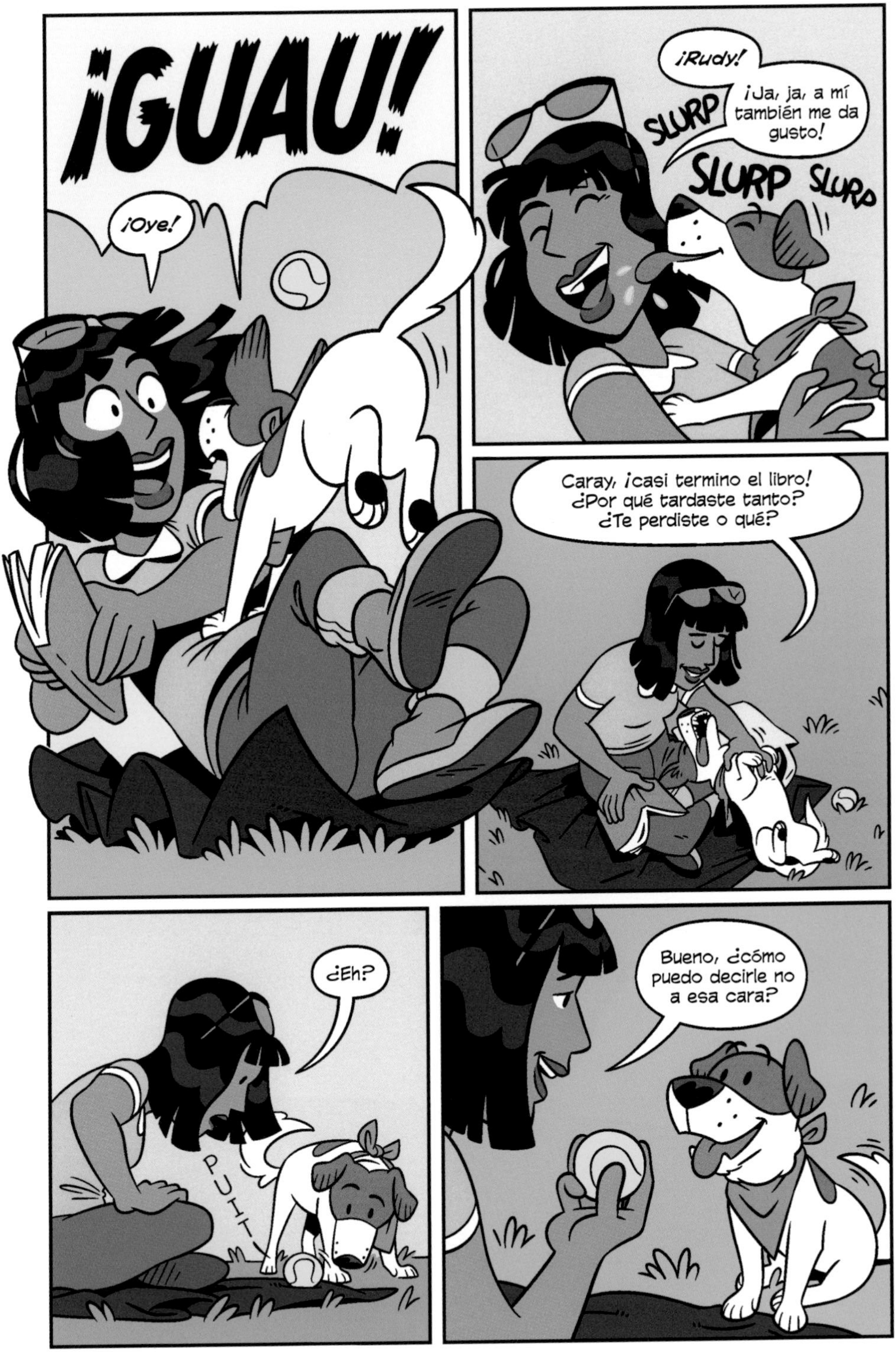
¡GUAU!
¡Oye!
¡Rudy!
SLURP
¡Ja, ja, a mí también me da gusto!
SLURP
SLURP
Caray, ¡casi termino el libro! ¿Por qué tardaste tanto? ¿Te perdiste o qué?
¿Eh?
PUIT
Bueno, ¿cómo puedo decirle no a esa cara?

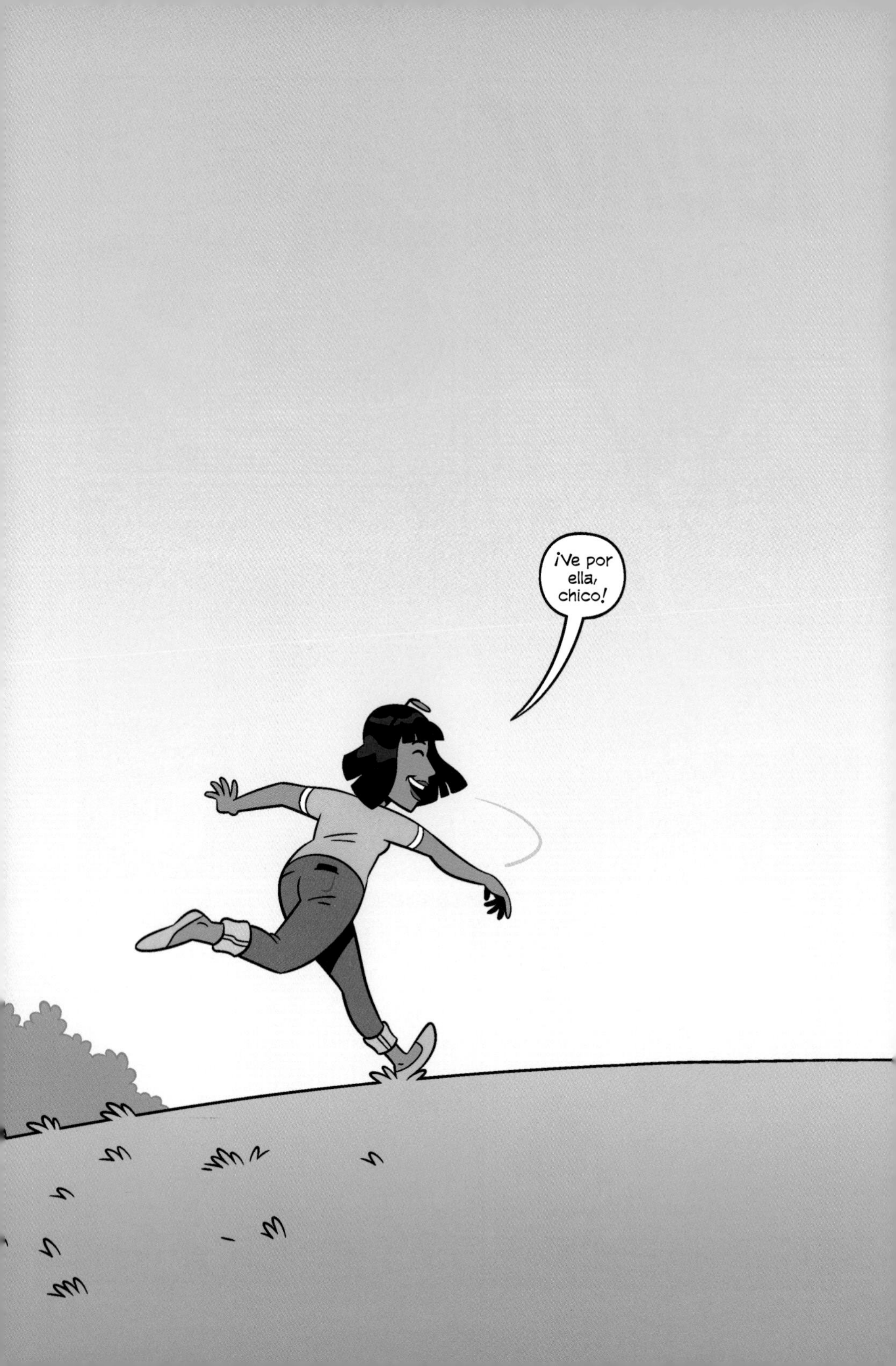
¡Ve por ella, chico!

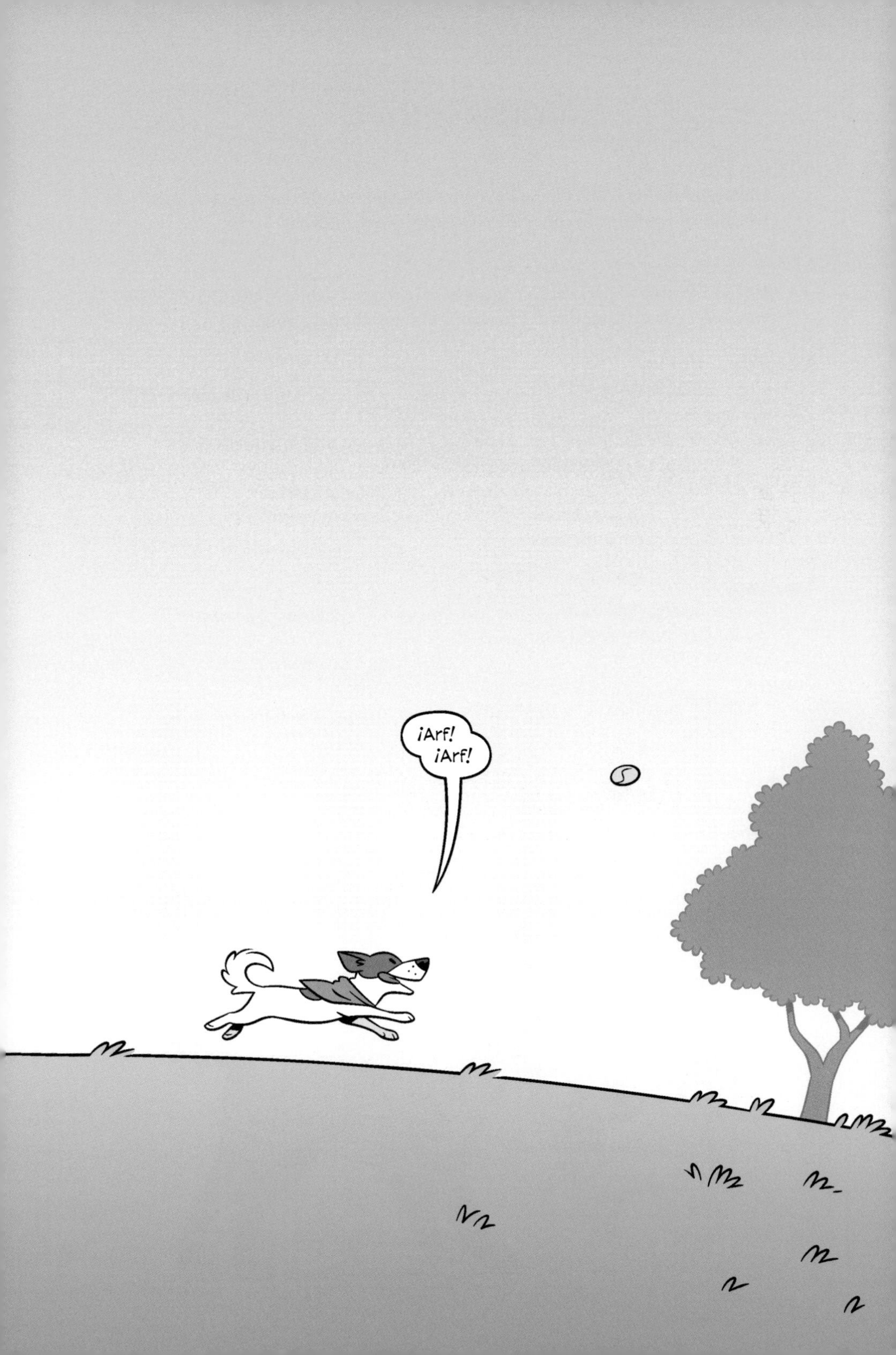
¡Arf! ¡Arf!

—GLOSARIO—

Adaptación

Un rasgo funcional que evoluciona por selección natural. Las adaptaciones hacen a un animal más apto para sobrevivir en su entorno.

ADN

Una molécula compleja hecha de adenina, timina, guanina y citosina. El ADN es la receta de un organismo y determina cómo va a desarrollarse y funcionar.

Alelo

Una versión de un gen. Hay dos alelos, uno de cada padre, en cada ubicación del genoma.

Dominante completo: Un par de alelos en el que sólo se expresa el alelo dominante y el alelo recesivo queda totalmente oculto.

Codominante: Un par de alelos en el que ambos se expresan.

Dominante incompleto: Un par de alelos que produce una mezcla o rasgo intermedio entre ambos.

Antítesis

En la conducta, la idea de que las posturas y vocalizaciones opuestas comunican información contraria.

Canino

Cualquier miembro del género *Canis*, que incluye perros, lobos, coyotes y chacales.

Cromosoma

Una hebra de ADN heredado de los padres de un organismo. Se organizan en pares, de los cuales los perros tienen 39.

Domesticación
El proceso de adaptar una especie al ambiente humano.

Especie
Tradicionalmente, un grupo de poblaciones que pueden aparearse entre sí y producir descendencia fértil.

Evolución
Los cambios en una especie a través del tiempo, que permiten a miembros de esa especie adaptarse y variar dentro de su entorno.

Selección artificial: El proceso que hace que sólo puedan reproducirse los organismos con rasgos elegidos por humanos.

Selección natural: El proceso que hace que los organismos más adaptados a su entorno sobrevivan, prosperen y se reproduzcan más rápido que los menos adaptados.

Fenotipo
Los rasgos visibles de un organismo, incluyendo apariencia y conducta.

Fósil
Los restos o huellas conservados de organismos ancestrales.

Gameto
Una célula que contiene la mitad de la información genética de un organismo. Durante la reproducción, dos gametos se combinan para crear una nueva célula hija.

Gen
Una sección de ADN con instrucciones para cierta parte del organismo. Los genes son la unidad básica de la herencia genética.

—GLOSARIO (continuación)—

Genotipo

La composición genética de un organismo. Puede contener códigos para rasgos que no se manifestaron.

Herencia

El proceso de pasar genes de una generación a la siguiente.

Heterocigótico

Un gen con un par de alelos no equivalentes.

Homocigótico

Un gen con un par de alelos equivalentes.

Meiosis

División celular para la reproducción. El proceso resulta en gametos.

Órgano vomeronasal

Un organismo sensorial secundario para detectar feromonas, ubicado sobre el paladar y al fondo del hocico de un perro.

Raza

Un tipo específico de perro, seleccionado por humanos, diferente de cualquier otro tipo en formas cuantificables. Se espera que los miembros de una raza se vean y comporten de cierta manera, de acuerdo con la descripción escrita en el documento de "estándares de la raza".

Pura raza

Una raza de perro cuyos miembros sólo se han reproducido entre sí por generaciones.

Taxonomía

La práctica de nombrar y clasificar.

—LECTURAS RECOMENDADAS—

LIBROS

Cascante, Jorge y Alexander Reverdin, *El gran libro de los perros. Los mejores relatos, ensayos y poemas de la literatura canina universal*, Barcelona, Blackie Books, 2018.

Guillerey, Aurelie, *Mi pequeña enciclopedia. Los perros*, Ediciones Larousse S.A. de C.V., México, 2007.

Kellett, Jenny, *Libros de perros. 101 asombrosos datos sobre perros*, Scotts Valley, Createspace Independent Pub, 2017.

Richards, Amber, *Un libro de razas de perros para los niños. Son todos los perros*, Scotts Valley, CreateSpace Independent Publishing Platform, 2014.

Rossi, Valeria, *El gran libro de los perros de raza*, México, De Vecchi Ediciones, 2019.

VV.AA., *Perro. La enciclopedia,* Barcelona, Librería Universitaria, 2018.

—LECTURAS RECOMENDADAS (continuación)—

ARTÍCULOS

S.A., "El mayor mapa evolutivo de las razas caninas muestra el origen y evolución del perro moderno", *Sr. Perro*, s.f., recuperado de https://www.srperro.com/consejos/curiosidades/el-mayor-mapa-evolutivo-de-las-razas-caninas-muestra-el-origen-y-evolucion-del-perro-moderno [2019-09-03].

S.A., "Perros que viajaron con los humanos", *National Geographic*, 20 de octubre de 2018, recuperado de https://www.nationalgeographic.com.es/ciencia/actualidad/perros-acompanaron-a-humanos-su-viaje-hacia-europa-neolitico_13344 [2019-09-03].

Morena, Raquel de la, "Un árbol genético revela secretos del origen de los perros", *Muy Interesante*, s.f., recuperado de https://www.muyinteresante.es/naturaleza/articulo/un-arbol-genetico-revela-secretos-del-origen-de-los-perros-871493283119 [2019-09-03].

Romero, Sarah, "El origen de la amistad entre perros y humanos", *Muy Interesante*, s.f., recuperado de https://www.muyinteresante.es/ciencia/articulo/el-origen-de-la-amistad-entre-perros-y-humanos-951465290104 [2019-09-03].

EN LA RED

Más información sobre perros en:
https://perros.paradais-sphynx.com/informacion.

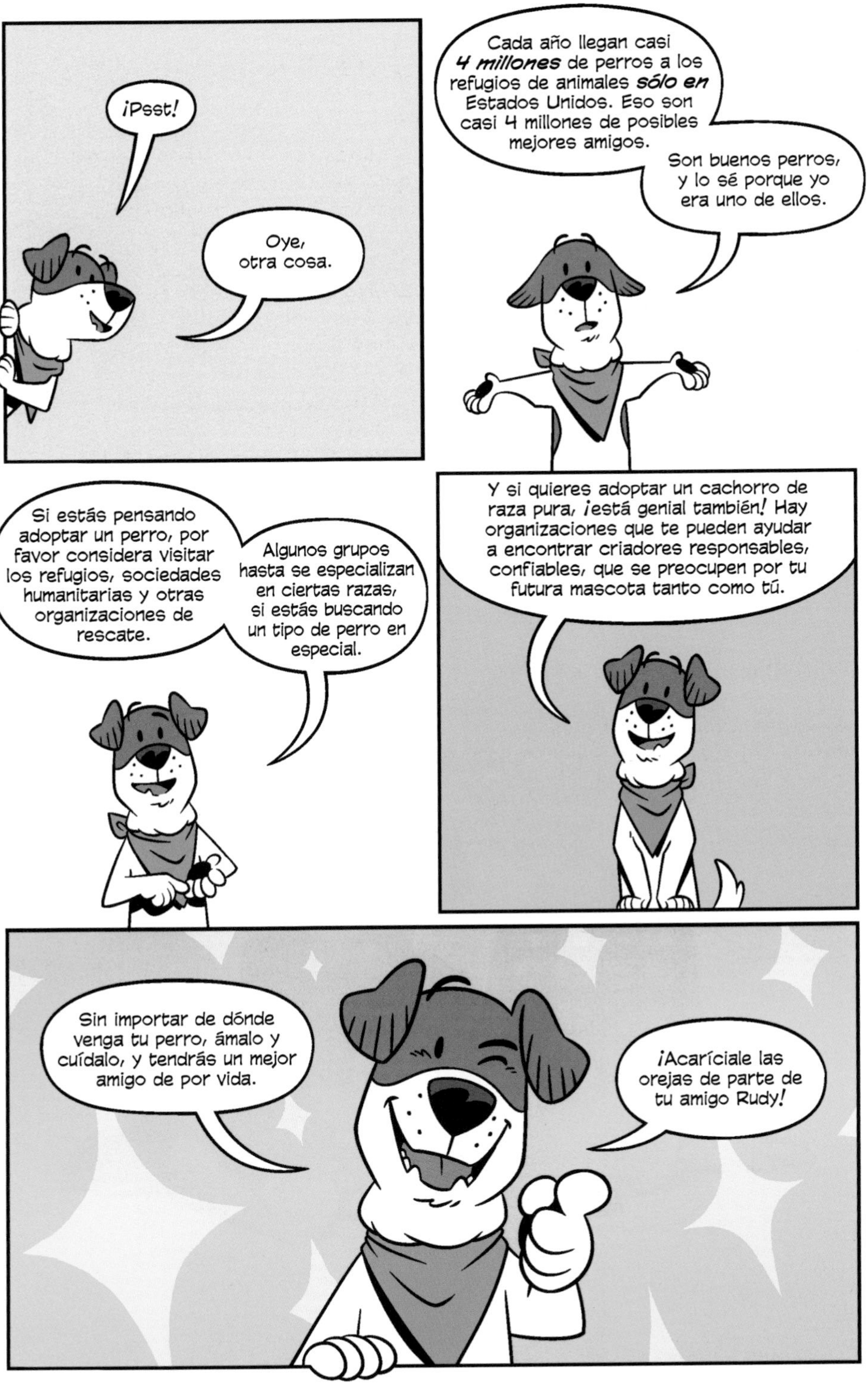
¡Psst!
Oye, otra cosa.
Cada año llegan casi **4 millones** de perros a los refugios de animales **sólo en** Estados Unidos. Eso son casi 4 millones de posibles mejores amigos.
Son buenos perros, y lo sé porque yo era uno de ellos.
Si estás pensando adoptar un perro, por favor considera visitar los refugios, sociedades humanitarias y otras organizaciones de rescate.
Algunos grupos hasta se especializan en ciertas razas, si estás buscando un tipo de perro en especial.
Y si quieres adoptar un cachorro de raza pura, ¡está genial también! Hay organizaciones que te pueden ayudar a encontrar criadores responsables, confiables, que se preocupen por tu futura mascota tanto como tú.
Sin importar de dónde venga tu perro, ámalo y cuídalo, y tendrás un mejor amigo de por vida.
¡Acaríciale las orejas de parte de tu amigo Rudy!

Gracias a la Sociedad Humanitaria de Richardson,
el Sistema de Bibliotecas Públicas de Plano y TexShare.